Georg Cornelissen
Der Niederrhein und sein Deutsch

W0086931

Eine Veröffentlichung des
Landschaftsverbandes Rheinland
Amt für rheinische Landeskunde Bonn

Georg Cornelissen

Der Niederrhein und sein Deutsch

Sprechen tun et fast alle

GREVEN VERLAG KÖLN

© Greven Verlag Köln, 2007
Zweite Auflage 2007
www.Greven-Verlag.de
Umschlag und Gestaltung: Thomas Neuhaus, Billerbeck
Kartographie: Amt für rheinische Landeskunde
Gesetzt aus der Palatino und der Folio
Gesamtherstellung: Friedrich Pustet GmbH & Co KG, Regensburg
ISBN 978-3-7743-0394-2

Inhalt

Inhalt

Vorwort des Herausgebers

Jede Region hat ihren Regiolekt, ihre Regionalsprache. Am Niederrhein klingt diese Sprache ganz anders als beispielsweise in Köln oder im Bergischen Land. Das Amt für rheinische Landeskunde (ARL) erforscht als Zentrum für die Alltagskultur im Rheinland die Besonderheiten der verschiedenen Sprachregionen mit dem Ziel, sprachliche Regionalprofile herauszuarbeiten. Was den Niederrhein ausmacht, was ihn sprachlich von anderen Regionen abhebt, wie die Niederrheiner und Niederrheinerinnen zu ihrer eigenen Sprache stehen – in diesem Buch ist es nachzulesen.

Gesprochene Sprache wandelt sich ständig. Spracheinstellungen ändern sich. Aber bei allem Wandel ist regionale Umgangssprache ein Identitätsfaktor ersten Ranges geblieben.

Das ARL, das sich seit 1979 mit seiner Abteilung Sprachforschung mit den Dialekten des Rheinlandes befasst, hat in den 1990er Jahren auch die Erforschung des regional geprägten Deutsch in sein Programm aufgenommen. 1999 veranstalteten wir eine Tagung mit dem programmatischen Titel „Umgangssprache – wat is dat?"; vier Jahre darauf erschien Peter Honnens Regionalwörterbuch „Kappes, Knies und Klüngel" (inzwischen in 5. Auflage). 2005 brachte Georg Cornelissen sein Buch „Rheinisches Deutsch" (jetzt in 2. Auflage) heraus, an das sich nun „Der Niederrhein und sein Deutsch" anschließt. Auch sein neues Buch zeichnet sich durch einen lebendigen und allgemein verständlichen Stil aus; dabei präsentiert es neue Forschungsergebnisse und enthält, wo es um das Verhältnis des Menschen zu seiner Sprache geht, so manchen Denkanstoß.

Vor zwei Jahren hat Georg Cornelissen eine große Fragebogenaktion zur regionalen Alltagssprache durchgeführt, an der sich insgesamt mehr als 3000 Menschen beteiligt haben. Die Ergebnisse der Erhebung sind in dieses Buch, nicht zuletzt in die zahlreichen Sprachkarten, eingeflossen. Das ARL dankt allen, die den Autor durch das Ausfüllen eines Fragebogens unterstützt haben. Nicht wenige Menschen haben aus eigenem Antrieb den Fragebogen weitergeleitet oder im

Kollegenkreis verteilt. Hier sei, stellvertretend für alle anderen, den Lehrern und Lehrerinnen herzlich gedankt, durch deren Mithilfe sich so viele Jugendliche beteiligt haben. Am Niederrhein waren dies Anja Bilski (Dülken), Paul-Rolf Essel (Mönchengladbach), Gerhard Halmanns (Geldern), Friedhelm Krupp (Duisburg), Ursula Salzberger-Baumm (Krefeld), Dr. Heinzgerd Schott (Wesel), Ulrich Siepe (Geldern), Dr. Berthe-Odile Simon-Schaefer (Düsseldorf), Christina Thomas (Erkrath), Michael Uhlrich (Neukirchen-Vluyn) und Theo Verheyen (Kevelaer).

An dieser Stelle seien auch die schulischen Vermittler und Vermittlerinnen außerhalb des Niederrheins genannt: Karl-Heinz Dicks (Essen), Georg Fischer (Overath), Christoph Hellenbroich (Brühl), Dr. Franz-Josef Hummelsheim (Bergheim/Erft), Dr. Harald Junge (Köln), Markus Meyer (Troisdorf), Friedhelm Petrovitsch (Eschweiler), Bernhard Schieren (Dormagen), Berit Schmidt-Fries (Rheinbach), Martin Sina (Mechernich), Rolf Sobolewski (Radevormwald), Theo Spiluttini (Bad Münstereifel), Reinhild-Christine Stell-Schleef (Gummersbach), Dr. Lothar Stresius (Monschau), Anne Sülzer (Bergisch Gladbach), Erich Thiemel (Euskirchen), Klaus Weiß (Düren), Dr. Hiltrud Westram (Erftstadt) sowie Prof. Dr. Paul Georg Meyer (RWTH Aachen).

Helene Schullenberg war an der Durchführung der Erhebung, Maike Madera an der Auswertung des Fragebogens beteiligt. Die Karten zeichneten Esther Weiss und Martina Schaper. Mit Peter Honnen hat der Autor innerhalb der Abteilung Sprachforschung einen Kollegen, für den ebenfalls die rheinischen Regiolekte ein Schwerpunkt sind. So hat die Regiolekt-Forschung wie auch die Vermittlung neuer Erkenntnisse vom ARL aus in den letzten Jahren einen kräftigen Schub bekommen.

Überall am Niederrhein ist das regionale Alltagsdeutsch zu hören: *sprechen tun et fast alle*, wie es im Untertitel heißt. Mit Georg Cornelissens Buch bietet das ARL eine Entdeckungsreise zu dieser Sprache an, in der sich der Niederrhein wiederfindet. Ich hoffe deshalb, *dat auch ganz viele dat Buch lesen.*

Bonn, im Januar 2007   *Fritz Langensiepen*

Einleitung

Der „Niederrhein" – wo fängt er an, wo hört er auf? Es gibt viele, zum Teil stark voneinander abweichende Versuche, seine Grenzen zu bestimmen. In der Optik der Menschen, die hier leben, hat der Niederrhein zwei Existenzformen: den Norden, der immer dazugehört, und den Süden, bei dem man Zweifel haben kann. Wo der Norden endet und der Süden beginnt, hat viel mit der eigenen Kirchturmperspektive zu tun. Von Goch oder Wesel aus betrachtet, ist der Raum um Kleve und Emmerich echter Niederrhein, Goch und Wesel natürlich auch. Aus Krefelder oder Duisburger Sicht bestehen bei Goch und Wesel keine Zweifel, die eigene Stadt rechnet man auch noch zum Niederrhein. Aber das sich südlich anschließende Gebiet, da muss man doch Abstriche machen? Wenn die Frage nach dem Niederrhein mit sprachwissenschaftlichen Kriterien beantwortet werden soll und dabei einmal die Sprachgeschichte ausgeklammert bleibt, macht auch die Landschaft südlich von Krefeld und Duisburg mit Viersen, Mönchengladbach und Meerbusch einen Teil des Niederrheins aus, Neuss und Düsseldorf eingeschlossen. Die individuelle oder relativistische Sicht auf den Niederrhein greift für Zyfflich, Niel, Keeken, Schenkenschanz und Elten im Norden des Kreises Kleve nicht, die unmittelbar an das Königreich der Niederlande grenzen. Wie groß oder klein man den Niederrhein auch immer halten möchte – die Orte zwischen Zyfflich und Elten gehören dazu.

Im Osten geht der Niederrhein ins Westfälische über, im Süden ins Rheinische. Zum Westen hin bildet die Staatsgrenze eine Schranke; die Menschen in Gennep, Venlo oder Roermond fühlen sich, wenn es um die regionale Identität geht, nicht als Niederrheiner, sondern als Limburger. Der Niederrhein liegt also auf deutschem Boden. Eine eindeutige, weil messerscharfe Abgrenzung zum Westfälischen und zum Rheinischen hin auf Grund sprachlicher Merkmale wird nicht gelingen. Dieses Buch macht aus praktischen Gründen im Osten an der politischen Grenze zu Westfalen Halt. Die Alltagssprache von Duisburg und Oberhausen, von der bisherigen Forschung meist als

Teil des „Ruhrdeutschen" gesehen, kann sehr gut als niederrheinisches Deutsch beschrieben werden. Auch die regionale Alltagssprache in Krefeld, Mönchengladbach oder Düsseldorf, im Kreis Viersen wie im Rhein-Kreis Neuss lässt sich mit guten Gründen zum Niederrheinischen rechnen – das wird sich auf den folgenden Seiten erweisen.

Nicht weniger begründet scheint es allerdings, die Sprache des südlichen Niederrheins in einem Zusammenhang zu sehen mit der rheinischen Umgangssprache, wie sie in Köln oder Aachen gesprochen wird. Genau das habe ich in dem vorangegangenen Buch „Rheinisches Deutsch" auch getan. Wer im Süden wohnt und das 2005 erschienene Buch schon gelesen hat, braucht allerdings auf die Lektüre des jetzt vorgelegten Folgebandes nicht zu verzichten (und umgekehrt auch nicht!). Denn ich habe alles darangesetzt, nicht mit Dubletten und Wiederholungen aufzuwarten, sondern Neues zu bringen, zu dem nicht zuletzt die Ergebnisse der jüngsten Fragebogenaktion der ARL-Sprachabteilung beitragen.

Dawet en bissken mehr sein? – Tus du noch wat trinken? – Kumma, da kommt schonn widder einer! – Ich habb gut gegessen, ich bin pupsatt. – Die is noch am schlafen. – Komm, wer gehn schliddern. So kann niederrheinisches Deutsch klingen.

Vor zwei Jahren, „Rheinisches Deutsch" war wenige Monate zuvor ausgeliefert worden, habe ich einen Fragebogen zur regionalen Alltagssprache verschickt. Es war der dritte flächendeckende Fragebogen zur Regionalsprache und der achte Sprachfragebogen des ARL überhaupt. An der Aktion von 2005 haben sich mehr als 3000 Menschen beteiligt, nicht nur am Niederrhein; aber der Raum Kleve-Düsseldorf war mit seinen 1060 Fragebögen sehr gut vertreten. Heißt es nun *Söller* oder *Speicher*, sagt man *Weckmann* oder *Stutenkerl*, ist *dat Auto* oder auch *der Auto* zu hören, bevorzugt man *haste* oder *hasse* (hast du)? So lauteten einige der Fragen, die 2005 gestellt wurden. Auf dieser Spracherhebung basieren die Wortkarten des dritten Kapitels („Niederrheinischer Sprachatlas"). Wer mehr über den Wortschatz des niederrheinischen Deutsch wissen will, dem sei Peter Honnens „Kappes, Knies und Klüngel" (2003, 5. Aufl. 2006) empfohlen. Weitere Ergebnisse der Fragebogenerhebung von 2005 sind an anderen Stellen in das vorliegende Buch eingeflossen. Das Gegenstück zum Kapitel „Niederrheinischer Sprachatlas" bildet die Beschreibung der „Merkmale des Niederrheinischen", die auf die Gemeinsamkeiten der in den verschiedenen Winkeln des Niederrheins gesprochenen Alltagssprache zielt.

Wat hat dat Jüngken denn? – Ja, dat wüsst ich abber! – Da bin ich noch lang nich von ab. – Dat is nich für Spass. – Ich weiß noch wie heute… – Lecker kalt hier! – Dat kann ich nich ab! Niederrheinische Sätze, zugeschickt von einer Krefelderin im Rahmen einer früheren Erhebung des ARL.

Eine Niederrheinerin, die es in die Eifel verschlagen hat, berichtete kürzlich von ihren Erfahrungen in der neuen Heimat: „Als wir in die Eifel zogen, war das gerade die Zeit, in der Elke Heidenreich abends im Fernsehen auftauchte, um ihre Ansichten zum Weltgeschehen aus ihrem Küchenfenster heraus im schönsten Ruhrdeutsch darzulegen. Natürlich war sie komisch und ihre Sprache verstärkte das auch noch." Wer Elke Heidenreich nur noch als hochdeutsch sprechende Moderatorin der ZDF-Sendung „Lesen!" kennt, der ersetze ihren Namen hier einfach durch Dr. Stratmann oder die Missfits. Seinerzeit, man denke nur an die Figur der Metzgergattin Else Stratmann (*nomma Stratmann!*), verbanden viele Menschen in Deutschland Elke Heidenreich mit der Sprache des Reviers.
Die niederrheinische Eifelerin fuhr fort: „Was wir aber nicht einsehen konnten, war die Tatsache, dass die Eifeler sich auch dann vor Lachen krümmten, wenn wir irgendwo den Mund aufmachten. Warum? so fragten wir dann und die Antwort war: Ihr sprecht wie Elke Heidenreich." Sprachbewertung und Sprachverwendung, Sprachverachtung und Sprachförderung sind die Themen der Kapitel „Niederrheinisches Deutsch im Alltag" und „Sprachwahl, Sprachspiel, Sprachspott", in denen das Verhältnis der Niederrheiner und Niederrheinerinnen zur eigenen Sprache und deren Position in der Gesellschaft behandelt werden. Den Abschluss bildet ein „Ausblick", in dem mit aller Vorsicht danach gefragt werden soll, wie es denn in Zukunft mit dem niederrheinischen Deutsch weitergehen könnte.
Das niederrheinische Deutsch ist nicht Platt und nicht Hochdeutsch; statt Platt könnte da auch Dialekt oder Mundart stehen. Das regionale Deutsch, für das die Forschung auch den Begriff ‚Regiolekt' kennt, ist eine im Alltag wahrscheinlich von der Mehrheit der Niederrheiner

gesprochene Sprache, allen ist sie bekannt. Wenn etwa auf dem Fußballplatz ein gefoulter Spieler ruft: *Ey, Schirri, pass doch auf, dat wa Foul*, wird kein niederrheinischer Schiedsrichter zusammenzucken und an Wortwahl und Aussprache etwas auszusetzen haben. So spricht man beim Sport – oder am Arbeitsplatz oder beim Familientreffen oder auch an der Theke. Es ist das niederrheinische Alltagsdeutsch.

Um ein mögliches Missverständnis von vornherein auszuschließen: Niederrheinisches Deutsch ist nicht mit „Hochdeutsch auf Klumpen" (oder „Hochdeutsch mit Knubbeln") gleichzusetzen. Hochdeutsch auf Klumpen war in einer Zeit oft zu hören, als es noch viele Menschen gab, die zwar gut Platt, aber nur sehr unvollkommen Hochdeutsch sprachen. Ein Klever Mundartautor stellte 1982 unter der Überschrift „Hochdeutsch auf Klumpen" Sätze wie „Paß mich gut auf!" oder „Ich geb dich gleich wat vor de Kunt, du lälk Blag!" an den Pranger. Sein Kommentar dazu: „Diese Reihe ließe sich beliebig lang fortsetzen, bis einem die Haare zu Berge stehen." Das war einmal. Heute leben am Niederrhein mehr Menschen, die zwar das Hochdeutsche gut, das Platt aber nur noch bröckchenweise oder gar nicht mehr beherrschen. *Niederrheinisch sprechen tun se abber wohl fast alle.*

Wer mit Sätzen wie *Dawet en bisskken mehr sein?* oder *Tus du noch wat trinken?* sympathisiert, wird in diesem Buch auf seine Kosten kommen. An solchen Äußerungen ist nichts zu beschönigen, nichts zu begradigen: So spricht der Niederrhein. Es wäre grundverkehrt, niederrheinische Sätze wie *Wat hat dat Jüngken denn?* oder *Ja, dat wüsst ich abber!* am Hochdeutschen (am Standarddeutschen) messen zu wollen, um dann vielleicht nach Fehlern oder Defiziten zu suchen. Der Ansatz dieses Buches ist ein ganz anderer: Wie am Niederrhein gesprochen wird und welche Varianten es gibt – darum geht es auf den folgenden Seiten.

Alle Ecken des Niederrheins kommen vor. Wenn aber das Gebiet um Kevelaer, ohne dass dieser Ortsname immer genannt würde, nicht nur mit durchschnittlichen Belegzahlen, sondern vielleicht sogar ein wenig überproportional oft mit Beispielen vertreten ist, dann liegt das an der Herkunft des Buchautors. Wer in Winnekendonk (das gehört heute zu Kevelaer) aufgewachsen ist und dort zwanzig Jahre lang gelebt hat, dem ist das niederrheinische Deutsch in seiner dortigen Färbung eben besonders vertraut. *Da kannse nix dran machen.*

Merkmale des Niederrheinischen

Kumma da, der Delphin!
Leitwörter

Kucken ist ein am Niederrhein oft gebrauchtes Wort. *Komma kucken, wat ich hier habb! – Da kuckse, wa? – Da brauchse ga nich so (ze) kucken!* Wer durch den Duisburger Zoo spaziert, wird immer wieder dieses *kumma* hören, im Delphinarium (*Kumma da, der Delphin!*) und überall. Sprächen die Niederrheiner noch mehr Dialekt, müsste man mit Ausrufen rechnen wie *Kiggens dor, dän Delphin!* Dem *kucken* entspricht im Dialekt nämlich *kieke* oder *kicke*. In Zeiten des regionalen Deutsch aber dominiert *Kumma*.

Im Jahr 1977 erschien der erste Band von Jürgen Eichhoffs „Wortatlas der deutschen Umgangssprachen". Die Karte 8 darin zeigt, wo man im deutschen Sprachraum *guck, kuck, sieh, schau* oder auch *lug* sagt. Das Verbreitungsgebiet von *kuck* umfasst den Norden Deutschlands, weiter Nordrhein-Westfalen und den nördlichen Teil von Rheinland-Pfalz; *kucken* ist aber auch im Maingebiet und in Teilen von Baden-Württemberg noch bekannt. *Kumma* oder *kuggemal* oder *kuck mal* wird man also noch in vielen anderen Zoos in Deutschland hören können.

Statt *kucken* bietet das Hochdeutsche *gucken, sehen* oder *schauen: sieh nur, schau mal!* Wenn Sie also im Duisburger Zoo einer Mutter begegnen, die ihre kleine Tochter mit den Worten *Schau mal, der Delphin!* auf ein besonderes Kunststück hinweist, dann können Sie sicher sein: Hier wird Hochdeutsch gesprochen!

Typisch für das Alltagsdeutsch am Niederrhein sind Verbindungen mit *ma*, das auch als *mal* auftauchen kann. *Komma* ‚komm mal', *samma* ‚sag mal', *geh ma, tu ma*, entsprechend *kommal, sach mal, geh mal, tu mal* usw. Dieses *ma(l)* nimmt einer Aufforderung die Schärfe, mildert den Befehlston. Noch sanfter klingt es in Kombination mit *eben: Komma eben, tu ma eben: Tu ma eben mit anpacken!* – das ist fast schon eine Bitte, der man sich dann auch kaum noch entziehen kann. *Ma eben* lässt sich noch einmal steigern: *Tu ma ebbkes mit anpacken!* Aber dieses *ebbkes*, das auf *effkes* im Dialekt zurückgeht, ist wohl ein sprachhistorisches Auslaufmodell: den Jüngeren ist das Wort schon nicht mehr geläufig.

Zu den Wörtern, die das Niederrheinische im Innersten zusammen-halten, gehören neben *kucken* und *ma* wohl auch *dat* und *wat, Kappes* und *Köpper, Bux* und *Blag, schliddern* und *Schluffen*: *Auf Schluffen kann-se nich schliddern!* Diesen Satz werden die meisten Menschen am Niederrhein verstehen. Auch dort, wo man noch *schlindern, schlibbern* oder *litschen* kennt (siehe S. 100); auch dann, wenn man selbst viel-leicht statt *Schluffen* eher *Puschen* oder *Hausschuhe* sagt. Weitere Bei-spiele für die Gemeinsamkeiten des Wortschatzes sind in „Kappes, Knies und Klüngel" zu finden.

Fümf fümmenfuffzich
Gesprochene Sprache

Fümf fümmenfuffzich. Das sind am Niederrhein 5 Euro und 55 Cent oder ausgeschrieben: fünf fünfundfünfzig. Ausgesprochen aber hört es sich vielleicht an wie *fümf fümmenfuffzich*. In diesem Buch geht es um ausgesprochene Sprache, um ausgesprochenes Alltagsdeutsch zwischen Kleve und Düsseldorf. Das ist nicht zu verwechseln mit dem in der Schule vermittelten Hochdeutsch. Es ist auch nicht zu verwechseln mit dem Platt, das im niederrheinischen Flachland in so vielen Nuancen existiert. Für das Zahlwort ‚fünf' kennen die Dialekt-sprecher beispielsweise die Varianten *fönnef, fiff, füff* oder sogar *feif*. *Fümf fümmenfuffzich* ist demnach weder Platt noch Hochdeutsch.
Die gesprochene Sprache hat ihre eigenen Regeln, viele davon variie-ren von Region zu Region. So unterscheidet sich die Aussprache des *r* in den verschiedenen Teilen des deutschen Sprachraums; Franz Be-ckenbauer mit seinem Bayern-*r* ist da ein bekanntes Beispiel. *Im An-fang wa das Wort*: Jeder Niederrheiner, wenn er die deutsche Recht-schreibung auch nur einigermaßen beherrscht, schreibt am Ende des dritten Wortes ein *r* – auch wenn er hier nie im Leben ein *r* sprechen wird. Niederrheinische Kinder, die eingeschult werden und dann zu schreiben beginnen, wissen in Wörtern wie *Garten* oder *Martin* kein *r* unterzubringen: es wird ja keins gesprochen. Das gilt für den Nor-den. Im Süden neigt man zu *Gachten* und *Machtin*; ein echtes *r* sieht anders aus.

Zaubara Matin
Ein I-Dötzchen, das vom Auftritt eines bestimmten Zauberers noch

ganz begeistert ist und, nach Hause zurückgekehrt, ein Bild von ihm malt, könnte es mit einem Text wie *Zaubara Matin* versehen. Von der Aussprache her verdient diese Verschriftung eine bessere Note als *Zauberer Martin*.

Nachdem es zunächst etwas gereeknet hat, scheint nun seit fünf Tagen bereits die Sonne. Wer sich so ausdrückt, dem wird man rasch nachsagen, er spreche „wie gedruckt". Alltäglich ist dieser Fall nicht. Bei einem Klever oder Reeser, der von den Balearen aus Freunde zuhause anruft, um ein bisschen zu *strunzen*, klingt das Gleiche vielleicht so: *Also, am Anfang haddet ja wat gereechnet, abber jetz scheint dat Sönneken schonn seit fünf Tage.* Eine Mönchengladbacherin macht aus dem nordniederrheinischen *gereechnet* möglicherweise *jereechnet* oder *jereeschnet*. Und *Tage* könnte aus ihrem Mund wie *Tare* klingen.
Thema meines Buches ist die „Sprechsprache" – auf den ersten Blick ist das vielleicht ein etwas sperriges Wort, es klingt nach doppelt gemoppelt; aber es hilft, den Blick für die Besonderheit des Alltagsdeut-

schen zu schärfen. Es ist das Gegenteil von „Schriftsprache", wie wir das geschriebene Deutsch mit seiner festen Rechtschreibung und seinem hohen Standardisierungsgrad nennen. Üblicherweise wird die Schriftsprache geschrieben und (still) gelesen; wenn sie laut gelesen oder wenn sie vorgetragen wird, fordert die Phonetik ihr Recht. Im Anfang war das Wort, das klingende, ausgesprochene Wort: Sprache kommt von sprechen. So steht der Begriff ,Sprechsprache' eigentlich für das, was „Sprache" ursprünglich bedeutet.

> *Die Millich kostet fünnefunfünnefzich Cent*
> Neben *fümf* und fein ziseliertem *fünf* steht den Niederrheinern auch die Lautvariante *fünnef* zur Wahl. Die zweite Silbe ist hier, wie auch in *Millich* oder *Berrech*, einem Einschub zu verdanken, den die Wissenschaft Svarabhakti-Vokal nennt. Dieser Sprosslaut mit seinem Namen aus dem Sanskrit ist auch in den niederrheinischen Dialekten bestens bekannt: *De Mellek kost fönnefonfönnefzech Cent.*

Dawet en bissken mehr sein?
Alltagsdeutsch und Platt

Daaf das ein büschen mehr sein? – Niederrheiner, die ihre Ferien gern im hohen Norden verbringen, werden diese Frage beim Einkaufen vielleicht schon mal gehört haben (*büschen* ist *bü-schen* zu sprechen, nicht *büs-chen*). Wer lieber nach Bayern fährt, kennt von der Wurst- und Käsetheke die Version: *Darfs ein bissl mehr sein?* Auf Niederrheinisch: *Dawet en bissken mehr sein?* Mit einem *r* in *darwet*, das man nicht hört.

Dieses *bissken* ist nicht irgendein Wort: *bissken* gehört zum Kernbestand des niederrheinischen Wortschatzes – und es markiert auf unzweideutige Weise den ,dritten Weg' des Alltagsdeutschen. Wer *bissken* sagt, weiß, dass er in diesem Augenblick nicht gerade Hochdeutsch spricht; wenn er wollte, würde er natürlich *bisschen* sagen. *Bissken* ist auch kein Dialektwort; auf Platt heißt es *bettje, bäche, bittsche* oder *betske,* im Osten auch mit *n*; eine fünfte Dialektvariante, *bättken,* kommt in der Nähe zum Westfälischen vor.

Im etymologischen Wörterbuch von Kluge/Seebold findet man unter *bisschen* (dort heißt es noch *bißchen*): „Eigentlich ,ein kleiner Bissen' (und dementsprechend mit verschiedenen regionalen Diminutivformen verwendet), z. B. in *ein Bißchen Brot* ‚ein kleiner Bissen Brot'. Im 17./18. Jh. verallgemeinert zu ‚ein wenig', also z. B. auch *ein bißchen Eisen, Holz* usw." *Bisschen* ist also mit *beißen* verwandt. In beiden Wörtern haben die Dialekte des Niederrheins ein *t*; dem hochdeutschen *beißen* entspricht also *bitte* bzw. *biete*, deshalb dann auch *bettje, bittsche* und *bättken*. Die Variante *bäche* ist aus *bettje* entstanden, *betske* tanzt ein bisschen aus der Reihe.

Im Regiolekt wird hochdeutsches *biss-* mit dialektalem *-ke+n* kombiniert. Die in den Dialekten des Niederrheins am häufigsten verwendete Verkleinerungssilbe ist *-ke*, im Osten *-ken*; so heißt es auf Platt *Boom* und *Bömke* ‚Baum, Bäumchen' oder *Bier* und *Bierke* ‚Bier, Bierchen'. Wörter, die im Dialekt auf *t* oder *d* enden, bilden die Verkleinerungsform aber anders, im Norden mit *-je*, im Süden mit *-sche*. Deshalb hört man am Niederrhein *Määdje* und *Määdsche* ‚Mädchen', entsprechend *bettje* und *bittsche*.

Ein westfälischer Werbetext, für den man am Niederrhein keine Übersetzungshilfe braucht.

Heute kommt ganz im Süden des Niederrheins *bisske* oder *besske* allerdings auch im Dialekt vor, so etwa im Platt von Düsseldorf und Mönchengladbach. Der erste Bestandteil des Wortes (*biss-*) hat sich den südlich benachbarten rheinischen Dialekten angeglichen, dort heißt es *bissje* oder *bessje*. Die Verkleinerungssilbe aber folgt dem niederrheinischen Muster. Im Mönchengladbacher Dialektwörterbuch findet man *bisske* und *bettsche* nebeneinander; in einem Beispielsatz heißt es dort: *Jank e bettsche op Sie*. Man wird im Dialekt heute also auch *Jank e bisske op Sie* hören können als Aufforderung an eine Person, die ein Stück zur Seite gehen soll. Ein älterer Mensch, der noch mit dem Dialekt groß geworden ist, formuliert im Alltagsdeutsch dann vielleicht den Satz: *Jeh en bissken auf Seite*.

> Alltagsdeutsch:
> *Geh en bissken an de Seite!*
> *Jeh en bissken auf Seite!*
> Platt:
> *Jank e bisske op Sie!*
> *Jank e bettsche op Sie!*

Den Dickkopp treib ich dir aus!
Platt und Alltagsdeutsch

Als die Düsseldorfer Leser der Neuen Rhein Zeitung (NRZ) im Jahr 2005 die Weihnachtsausgabe aufschlugen, konnten sie im Lokalteil eine große Überschrift lesen: „Dä driev ech dech us!" – „Platt, das interessiert mich nicht", werden die einen gedacht und gleich weitergeblättert haben. Andere werden den zu der Überschrift gehörenden Artikel gelesen haben, eben weil es um den Dialekt ging. Die Botschaft („Achtung: Platt!") dürfte bei allen angekommen sein: bei den Dialektsprechern wie bei den Lesern und Leserinnen, für die der Dialekt schon eine Fremdsprache ist; letztere haben die Überschrift gar nicht verstanden, was für sie bedeutete: das muss, wenn es nicht Kisuaheli oder Kantonesich ist, Platt sein!

Was es mit dem Zitat auf sich hatte, wurde im Artikel erklärt. Inge Cremerius, eine Mundartautorin und Mundartkursleiterin an der Düsseldorfer „Hans-Müller-Schlösser-Akademie", hatte dort ihre letzte Unterrichtsstunde als Lehrerin gegeben und bei dieser Gelegenheit aus ihrem Leben als Plattsprecherin erzählt. Sie war, wie sich herausstellte, als Kind ohne den Dialekt aufgewachsen! Aber ihre Großmutter hatte Platt gesprochen. „Leev Jott! Dä decke Schädel driev ech dech us!" An diese Drohung der Oma konnte sie sich noch lebhaft erinnern.

Wer mit der Deutschen Bahn reist und vergessen hat, etwas zum Lesen einzupacken, hat manchmal Glück und findet eine Zeitung, die eine andere Reisende liegengelassen hat. Nun ist es wahrscheinlich nicht jedermanns Sache, ‚gebrauchte' und oft auch so aussehende Zeitungen in die Hand zu nehmen, aber sei's drum. Nehmen wir einmal an, die Düsseldorfer NRZ-Ausgabe fiele einer Reisenden aus Krefeld in die Hände: auch sie würde die Überschrift „Dä driev ech dech us!" sofort als dialektal identifizieren. Selbst eine Bahnkundin aus dem schon weiter entfernten Kleve hätte in dieser Hinsicht keine Zweifel. Zwar liegen zwischen den Dialekten von Kleve und Düsseldorf schon kleine Welten, doch dieser Satz einer Düsseldorfer Großmutter macht es allen leicht.

Das ist vor allem dem *driev* zu verdanken. *Drieve* ist ein Verb, das in allen Dialekten des Niederrheins gleich klingt; das Platt um Moers und die Dialekte im Osten haben noch ein *-n* am Wortende (*drieven*). *Drieve(n)* lässt sich linguistisch sezieren. Den Anlaut bildet die Kombination *dr-*, dem im Hochdeutschen oft, aber nicht immer, ein *tr-* entspricht: *drieve – treiben, drööch – trocken, Druuf – Traube*. Der Gegensatz von *ie* und *ei* wiederholt sich in vielen Fällen: *blieve – bleiben, fien – fein, stief – steif* usw. Das gilt auch für die beiden Laute *v* und *b*: *gäve – geben, läve – leben, schrieve – schreiben* usw.

Der Regiolekt schließt sich bei diesen drei Merkmalen fast immer dem Hochdeutschen an: *treiben, Traube, bleiben, steif, geben* usw. sagt man im Alltagsdeutschen am Niederrhein. Ein Satz mit *drieve* wird deshalb überall dem Dialekt zugerechnet werden. Natürlich verwenden die Niederrheiner auch eine ganze Reihe ursprünglicher Dialektwörter im Alltagsdeutschen; Peter Honnen hat sie in seinem Wörterbuch „Kappes, Knies und Klüngel" gesammelt. Darin findet man dann auch *drööch*, Lautvarianten sind *dröge, drüch* oder *drüsch*. Im Alltagsdeutschen haben wir also die Wahl zwischen den Varianten *drööch* (*dröge, drüch, drüsch*) und *trocken*. *Trööch* oder *drocken* aber sagt wohl niemand.

Dem *us* der Düsseldorfer Mundart entspricht in den meisten Orten am Niederrhein ein *uut*, der Norden hat im Dialekt *ütt*. Im Regiolekt wird daraus flächendeckend *aus*. Dem dialektalen *Huus* oder *Hüss* entspricht im regionalen Alltagsdeutsch *Haus*; was im Dialekt *Krütt* oder *Kruut* genannt wird, heißt im Alltagsdeutschen *Kraut*. In allen Fällen handelt es sich um ein lautgeschichtliches (langes) *u*, das im Dialekt als *u* oder *ü* fortlebt; der Regiolekt schlägt sich in diesen Fällen ins hochdeutsche Lager.

> Varianten einer Drohung
> *Den Dickkopf treib ich dir aus!*
> *Dä Dickkopp treib isch dir aus!*
> *Den Dickkopp treib ich dich aus!*

In dem Buch „Rheinisches Deutsch" habe ich die regionale Alltagssprache beschrieben, wie sie gesprochen wird zwischen Krefeld und Eifel. Dieses Alltagsdeutsch „ist bei Menschen ohne Dialektkenntnisse wie bei Dialektsprechern zu hören. Mit dem Dialekt ist es nicht zu verwechseln, und es soll, von der Intention des Sprechenden aus betrachtet, kein (reines) Hochdeutsch sein." Das gilt genauso für das niederrheinische Deutsch: Es lehnt sich ans Hochdeutsche an, nicht an den Dialekt.

Wegen dieser Nähe zum Hochdeutschen hat der Regiolekt einen viel größeren Kommunikationsradius als die lokalen Dialekte: Wenn beispielsweise ein Emmericher einen Neusser problemlos versteht, kann der Dialekt nicht im Spiel sein. Im Regiolekt aber ist die Verständigung niederrheinweit möglich – auch wenn dann noch immer das eine oder andere Wort erklärt oder übersetzt werden muss. Man denke etwa an Fälle wie *Fitz* (siehe S. 87) oder *Buckmann* (siehe S. 82).

Mit „Krefelder Akzent"?
Über Joseph Beuys und niederrheinische Sprachakzente

Sprachdetektive sind Leute, die eine Zeitlang einem ihnen fremden Menschen zuhören, beispielsweise in einem Eisenbahnabteil oder bei einem Stehempfang, um dann unvermittelt zuzuschlagen: „Sie sind aber auch nicht von hier" oder „Sie stammen doch aus Norddeutschland?" oder „Kommen Sie aus den neuen Ländern?" Der

Mensch gegenüber, der vielleicht gerade bei einer Asienreise oder beim letzten Tatort-Krimi war, fällt aus allen Wolken. Besonders dann, wenn unser Detektiv völlig danebenliegt.

Manchmal ist es die Aussprache bestimmter Laute, manchmal sind es besondere Wörter, die uns auf eine bestimmte Fährte locken. Das *ou* mancher Norddeutscher in *Brot* oder *groß*. Das -*k* in *König* und *ewig*, das ein Bayer hören lässt. Oder Wörter wie *Sonnabend* oder *heuer*, die ein Niederrheiner im Alltag wohl nur in Ausnahmesituationen verwendet und die in sprachgeographischer Hinsicht jeweils verwertbares Beweismaterial darstellen. Manchmal ist es schlicht und ergreifend auch nur der landschaftliche Akzent, mit dem ein Mensch spricht: der Tonfall, die Sprachfärbung, die Sprechmelodie. Reiner Calmund hat einen rheinischen Akzent, Franz Beckenbauer einen bayerischen. Wie klingt's beim Niederrheiner?

Im Jahr 2005 widmete die Londoner Tate Modern Joseph Beuys eine große Schau unter dem Titel „Actions, Vitrines, Environments". Der Süddeutschen Zeitung war dies einen ausführlichen Artikel wert. Im Rahmen der Schau war auch ein 1972 an gleicher Stelle entstandenes Video zu sehen; dazu der SZ-Artikel: „Umgeben von einer andächtig lauschenden Zuhörerschaft entwirft Beuys auf mehreren Schultafeln eine Art Systematik des Bewusstseins, von der reinen Materie bis hinauf zum denkenden, fühlenden Menschen – ein bisschen Aristoteles, etwas Rudolf Steiner und Helmuth Plessner und viel originärer Beuys." Dann kommt's: „Als dieser schließlich mit eigentümlich anheimelndem Krefelder Akzent fragt, ob es ‚Kwestschns' gebe, legt sich große Stille über den Raum: die Tafeln voll und alle Fragen offen." Lassen wir einmal offen, was das ‚Anheimelnde' dieses Akzentes war – krefeldisch klang Joseph Beuys' Deutsch nicht!

Der Klever Beuys wurde in Krefeld geboren, weil der Hausarzt seine Mutter vor der Entbindung in die dortige Frauenklinik eingewiesen hatte. Kindheit und Jugend verbrachte Joseph, damals noch *Jüppken* genannt, in Kleve und im nahe gelegenen Rindern. Dort eignete er sich den örtlichen Dialekt an und auch den Akzent, der auf dem Londoner Video von 1972 zu hören ist. Es ist ein nordniederrheinischer Akzent, den weder ein Klever noch ein Krefelder mit dem typisch Krefelder Tonfall verwechseln könnte. Für Nordniederrheiner schwingt im Deutsch eines Krefelders viel stärker die – als ‚rheinisch' empfundene – Sprechmelodie des südlichen Niederrheins mit. Ob beide Akzente für fremde Ohren (zum Verwechseln) ähnlich klingen?

Ich vermute nicht. Wenn der Autor des SZ-Artikels bei Joseph Beuys einen Krefelder Akzent hören wollte, dann wohl nur deshalb, weil er vom Geburtsort auf die Sprachherkunft geschlossen hatte. Bei ‚Sprachdetektiven' geht Beuys nicht als Krefelder durch.

Beuys, 1921 geboren, gehörte einer Generation an, die am Niederrhein noch Platt lernen konnte – wenn nicht zu Hause, so doch beim Spiel mit Gleichaltrigen. Weder Beuys' Vater noch seine Mutter stammten aus Kleve; wenn sie, wie Beuys 1975 in einem Interview mit einem Radiosender im niederländischen Maastricht erzählte, selbst auch Platt sprachen, so war es nicht jenes Klever Platt, von dem Beuys im Rahmen des Interviews eine Kostprobe geben sollte. Seine sprachlichen Lehrmeister dürften die Klever und Rinderner Jungs gewesen sein, mit denen er spielte.

> „Ich bin Niederrheiner"
> „Beuys' Charakter ist", so Franz Joseph van der Grinten, „niederrheinisch-flämisch bestimmt, und er war sich dessen bewußt. Als ihn ein Freund fragte, ob er denn wirklich Anthroposoph sei – im formellen Sinne war er es nie – antwortete er: ‚Ich Anthroposoph? Ich bin Niederrheiner.'" *Un dat konnt man auch hören.*

Hier hört der Spass auf!
Kurze Laute

„Stadt wie Samt und Seide" – so nennt sich die Stadt Krefeld, die, wenn sie für sich wirbt, gern noch den Slogan hinzufügt: „… macht einfach Spass". *Spass* – viele Niederrheiner und Niederrheinerinnen werden, wenn sie *Spass* lesen, nicht mit der Wimper zucken. Die Schreibung passt zu *dass, express, Gruss* und *Kuss*. Seit der deutschen Rechtschreibreform haben wir uns daran gewöhnt, dass auch am Wortende *ss* erscheinen kann; vorher mussten wir *Spaß, daß, expreß, Fuß, Gruß* und *Kuß* schreiben. Das Ganze hat aber einen Pferdefuss bzw. Pferdefuß: Nur nach einem kurzen Vokal darf *ss* geschrieben werden; ist der vorangehende Laut lang, verlangt die neue Orthographie das althergebrachte *ß*. Richtig wären also *Pferdefuß* und *Urlaubsgruß*, falsch *daß, expreß* und *Kuß*.

Für viele ist hier Schluss mit lustig. Wie jeder heute beobachten kann, haben die gültigen Rechtschreibregeln zu einem neuen Wirrwarr ge-

führt. Schrieben früher, als die alten Regeln noch galten, manche auch mal *Schüße* oder *Küße*, liest man jetzt – und nicht nur in seltenen Ausnahmefällen – *Gesunde Füsse mit…*oder *Viele Grüsse*. Es scheint nicht jedem jederzeit klar zu sein, welches *ü* lang und welches kurz ist. Die Probleme tauchen analog bei anderen Buchstaben auf; wie heißt es also: *Spass* oder *Spaß*?

Am Niederrhein ist oft *Spass* zu hören, mit kurzem *a*: *Spass an der Freud* hat man hier. *Hier hört der Spass auf!* wird gesagt, wenn Dialog oder Auseinandersetzung eine neue Qualität erreichen. *Kannse Spass vertragen?* lautet eine Frage, für deren Bejahung mancher schon kräftig bezahlen musste. Spätestens im Deutschunterricht sollten die Niederrheiner aber gelernt haben, dass man *Spaß* auch mit langem *a* aussprechen kann – und dass diese Aussprache in der Standardsprache die einzig vorgesehene ist. Und auf ein langes *a* folgt, wenn wir schreiben müssen, eben *ß*, nicht *ss*: also ist *Spaß* im Schriftdeutschen gefordert.

Noch einmal zum Krefelder *SPASS*. Die Stadtwerber haben für ihren Slogan eine Schrifttype gewählt, bei der Groß- und Kleinbuchstaben in bunter Reihe wechseln. Das *a* in *SPASS* ist klar ein Kleinbuchstabe, beim *p* und bei den beiden auf das *a* folgenden *s* könnte es auch anders sein. Geht man einmal von zwei großen Lettern am Wortende aus, wäre *SPASS* also als *Spaß* und nicht als *Spass* zu lesen; denn der verdoppelte Großbuchstabe verträte dann das kleine *ß*. Oder ist die mehrdeutige Schreibung der Absicht des Krefelder Stadtmarketings zu verdanken, die darauf zielte, dass der Slogan gleichzeitig regional (*Spass*) und überregional (*Spaß*) klingen sollte? Das wären die berühmten zwei Fliegen mit einer Klappe. Werbetexten macht SPASS. Es sind nicht gerade wenige Wörter, bei deren Aussprache der Niederrhein eigene – regionale – Wege geht. *Spass, abber, übber, schonn, widder, Tach, Zuch* usw. – die Menschen am Niederrhein tendieren hier zu kurzen Vokalen, sowohl im Norden (Kranenburg, Krudenburg [*wo liecht dattenn?*], Duisburg) als auch im Süden (Kaldenkirchen, Korschenbroich, Düsseldorf). Oft gibt hier der Kurzvokal im Dialekt den Ausschlag: *abber* folgt dem Beispiel *ävver*, *übber* ähnelt *övver* usw. Michael Elmentaler, der sich 2005 mit Nord-Süd-Gegensätzen im Regiolekt des Niederrheins beschäftigte, stufte diese Tendenz zum Kurzvokal mit Recht als gesamtniederrheinisches Phänomen ein. Auch im benachbarten Westfalen wird so gesprochen.

Die Beispiele *Tach* und *Zuch* verraten noch mehr. Gemeinsam mit den Menschen in Köln, Münster und in anderen Gegenden Deutschlands neigen die Niederrheiner dazu, das *-g* in Wörtern wie *Tag* oder *Zug* als *ch* auszusprechen, auch das ein Erbe des Dialekts. Im Standarddeutschen ist das nur bei der Endung *-ig* vorgesehen. Folglich ist die Aussprache *Könich* und *wenich* richtig, *Könik* und *wenik* nicht. *Geoich* und *Weech* (Weg) wären zu korrigieren, *Geork* und *Week* muss es standardsprachlich heißen.

> Bin ein kleiner Könich
> *Bin ein kleiner Könich / Gibb mir nich zu wenich / Lass mich nich zu lange stehn / Denn ich muss noch weitergehn.* Das ist die nordniederrheinische Version eines bekannten „Heischeliedes". Im Süden des Niederrheins könnte es ein wenig anders klingen, was mit der rheinischen *j*-Aussprache und der „Koronalisierung" des *ch* (siehe S. 102) zu tun hat. Im Extremfall wäre dann zu hören: *Bin ein kleiner Könisch / Jibb mir nisch zu wenisch / Lass misch nisch zu lange stehn / Denn isch muss noch weiterjehn.*

Hasse se noch all?
Wortmoleküle

Sätze im Schriftdeutschen haben eine weitgehend ‚atomare' Struktur: Jedes Wort steht für sich, der Satz besteht aus einer Folge einzelner Wörter: *Sätze – im – Schriftdeutschen – haben – eine – weitgehend – ‚atomare' – Struktur.* In diesem Beispiel fällt *im* allerdings aus dem Rahmen, handelt es sich doch eigentlich um zwei Wörter, *in* und *dem*, die hier zum ‚Wortmolekül' *im* verschmelzen. Auch wenn wir *ins*, *hinterm* oder *unters* (*unters Bett*) schreiben, ‚molekülisieren' wir: Wörter werden zusammengezogen und phonetisch reduziert. In *Auf geht's!* oder *Wird's bald!* passiert zwar etwas Ähnliches, aber wir dürfen das Wortmolekül nicht zusammenschreiben; hier verlangt die Orthographie den Apostroph, obwohl *gehts* oder *wirds* durchaus möglich wären. Bei Molekülen wie *hastus?* oder *hasten?* sind gleich drei Wörter beteiligt: *hast du es/ihn?* Kein Kind wird jedoch *hastus* oder *hasten* in einem Schulaufsatz schreiben – obwohl solche Formen im gesprochenen Deutsch natürlich gang und gäbe sind.
Die niederrheinische Frage *Hasse se noch all?* zielt auf den Geisteszustand des so Angesprochenen. Ob er noch bei Trost sei oder ob er noch alle Tassen im Schrank habe, ist gemeint. Man könnte auch *Hassese noch all?* schreiben und drei Wörter zusammenziehen, doch soll es jetzt nur um dieses *hasse* gehen, dessen schriftsprachlich-atomistische Schreibung *hast du* wäre. Aus dem alltagsdeutschen *du has* wird, wenn in einer Frage die Wortreihenfolge umgekehrt wird, schnell *hastu* oder sogar *haste* oder auch *hasse*. Aus *du weiß* wird *weißtu*, *weißte* oder *weiße*: *Weiße überhaupt, wat hier los is? Willse* geht auf *du wills* und *musse* auf *du muss* zurück. Das volle Pronomen *du* wird zu einem in die zweite Silbe integrierten Vokalrest verkürzt, der hier durch den Buchstaben *e* angedeutet wird. Bei einer lautgetreuen Schreibung wird dafür ə verwendet. ‚Schwache Formen' nennt der Phonetiker Klaus J. Kohler solche Varianten.
Auf dem ARL-Fragebogen 8 war nach den Formen *hasse* und *haste* ‚hast du' gefragt und als dritte Antwortkategorie „beides" angeboten worden; ein Kreuzchen bei „beides" wurde für die Karte als *hasse*-Beleg gewertet. Auf der Karte ist gut zu erkennen, dass *hasse* fast überall der Mehrzahl der Gewährspersonen vertraut ist. Für Straelen musste 0 Prozent eingetragen werden, weil bei den beiden einzigen Informanten, die hier den Fragebogen ausgefüllt haben, kein *hasse*-Kreuzchen

27

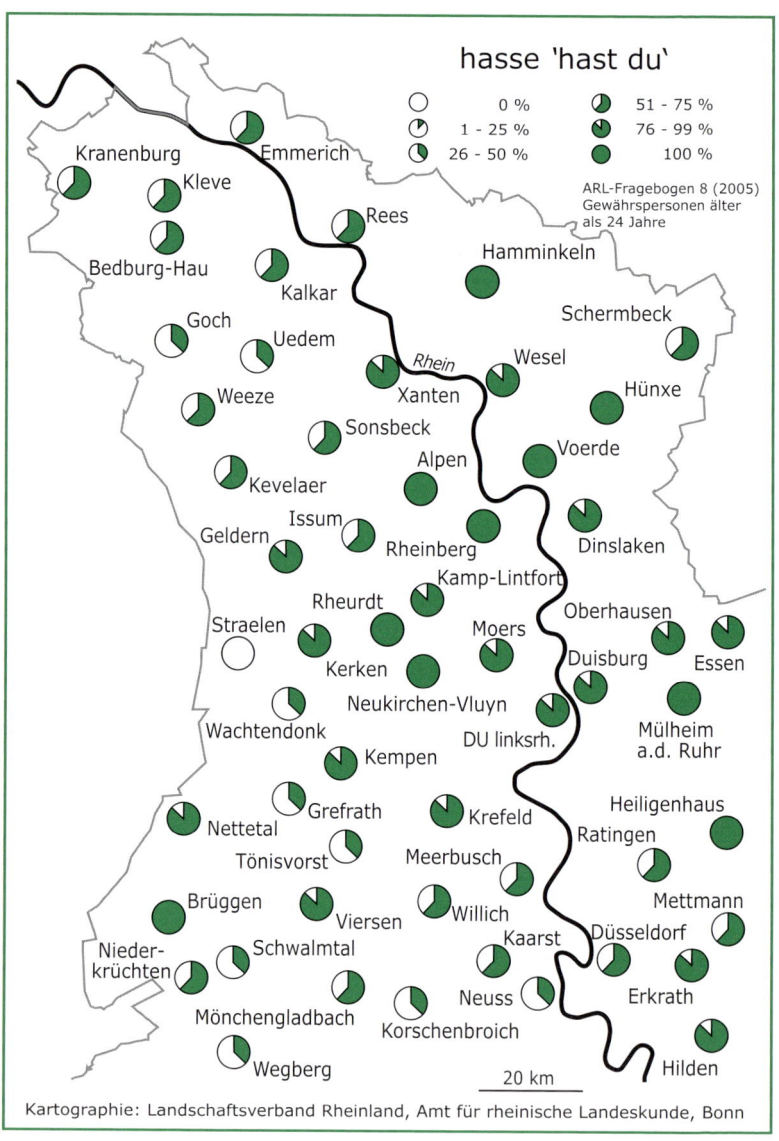

hasse 'hast du'

○ 0 %	◕ 51 - 75 %
◔ 1 - 25 %	◕ 76 - 99 %
◑ 26 - 50 %	● 100 %

ARL-Fragebogen 8 (2005)
Gewährspersonen älter
als 24 Jahre

Kranenburg · Emmerich · Kleve · Rees · Bedburg-Hau · Kalkar · Hamminkeln · Goch · Uedem · Rhein · Wesel · Schermbeck · Weeze · Xanten · Hünxe · Sonsbeck · Alpen · Voerde · Kevelaer · Issum · Geldern · Rheinberg · Dinslaken · Kamp-Lintfort · Rheurdt · Straelen · Moers · Oberhausen · Kerken · Duisburg · Essen · Neukirchen-Vluyn · Wachtendonk · DU linksrh. · Mülheim a.d. Ruhr · Kempen · Grefrath · Krefeld · Heiligenhaus · Nettetal · Ratingen · Tönisvorst · Meerbusch · Brüggen · Mettmann · Viersen · Willich · Nieder-krüchten · Schwalmtal · Kaarst · Düsseldorf · Mönchengladbach · Neuss · Erkrath · Korschenbroich · Wegberg · Hilden

20 km

Kartographie: Landschaftsverband Rheinland, Amt für rheinische Landeskunde, Bonn

auftauchte. Hätten sich mehr Straelener und Straelenerinnen beteiligt, wäre vermutlich ein anderes Ergebnis zustande gekommen.

kommße und kommze
Lesen Sie einmal einem Niederrheiner die Sätze *Kommße heute oder morgen?* und *Kommze heute oder morgen?* vor. Jeder wird sofort wissen, dass im ersten Fall *du* und im zweiten *sie* (Einzahl) gemeint ist: *kommst du – kommt sie*. Wie solche Wortmoleküle zu schreiben sind, ist eine Frage für sich. In diesem Buch würde *kommse* und *kommtse* der Vorzug gegeben. *Kommse heut nich, kommse morgen* wäre also eine niederrheinische Übersetzung des spanischen *mañana*.

In den Dialekten des Niederrheins lauten die Entsprechungen *hässe* und *häste*. Vieles deutet darauf hin, dass am südlichen Niederrhein *häste* die üblichere Form ist, während im Raum Geldern-Rheinberg-Duisburg-Dinslaken *hässe* im Dialekt dominiert. Im Mönchengladbacher Dialektwörterbuch findet man Belege für (hier in veränderter Schreibung) *wennsde, watsde* oder *datsde* ‚wenn du, was du, dass du': Offensichtlich ist die Silbe *-sde* (*-ste*) hier so geläufig, dass sie auch in eigentlich unpassender Umgebung auftauchen kann; aus wissenschaftlicher Sicht handelt es sich um Fälle von Resegmentierung. Für das Alltagsdeutsch am südlichen Niederrhein ist – zumindest bei älteren, mit dem Dialekt noch vertrauten Menschen – mit Sätzen zu rechnen wie *Wennste nich bald komms, jibbet Ärjer* oder *Watste da jesacht hass, kannste in de Tonne kloppen*. Nördlich bzw. westlich einer Linie Geldern-Rheinberg-Wesel-Hamminkeln, im Gebiet zwischen Kevelaer und Emmerich also, kennen die Dialekte das Pronomen *du* oder *do* überhaupt nicht; dort sagt man *gey*. *Hebb gey* oder *hechey* oder *hey* entspricht dort auf Platt dem *hasse* der regionalen Umgangssprache.

Danze – dat kannste
Vor wenigen Jahren brachte die Kölsch-Rock-Band Brings ein Lied heraus, das wegen seines Refrains für Wogen der Entrüstung sorgte: „poppe, kaate, danze dat kannste". Gestört hat man sich am Verb *poppe*, umgangssprachlich *poppen*. Soweit ich weiß, hat sich niemand über den unreinen Reim *danze – kannste* aufgeregt. Am Niederrhein hätte man aus diesem *kannste* leicht ein *kannse* machen können, das sich auch *kannze* schreiben lässt. *Danze – dat kannze*.

Wortmoleküle wie *hasse, willse, musse, kommse* oder *tuse* (siehe S. 61) hat der Niederrhein mit dem benachbarten Ruhrgebiet gemein. Solche Lautungen gehören geradezu zu den Leitformen der dortigen Alltagssprache, die von der Wissenschaft auch Ruhrdeutsch genannt wird.

Männchen machen oder Männekes machen?
Der kleine (grammatische) Unterschied

Drei Arten von ‚kleinen Männern' kennt die niederrheinische Grammatik: *Männchen, Männekes* und *Männlein*. Die Varianten sind allerdings nicht ohne weiteres austauschbar. Wenn ein Hund beispielsweise *Männchen macht, macht* er noch lange nicht *Männlein*. Denn *Männlein* ist eine Form, die nur in einigen wenigen Zusammenhängen zu benutzen ist. Etwa wenn von *Männlein und Weiblein* die Rede ist oder wenn ein Junge liebevoll mit *Männlein* angeredet wird. *Männlein* taugt aber auch für Drohungen: *Männlein, komm du mir noch ma hier, dann sollse wat erleben!*

Regional verankert ist die Verkleinerungsform *Männeken*, sie geht auf mundartliches *Männeke* zurück. Im Raum Viersen-Mönchengladbach sagt man *Männke* (im Dialekt) und *Männken* (im Regiolekt). *Fräuken, Jüngsken* oder *Jüngken, Öppaken* und *Ömmaken* sind weitere Personenbezeichnungen, die man im Alltagsdeutsch des Niederrheins hören kann. Bei *Männeken* sind Einzahl- und Mehrzahlform nicht miteinander zu verwechseln: ein *Männeken*, zwei *Männekes*, während *Männchen* und *Männlein* ohne diese grammatische Unterscheidung auskommen müssen. Auch wenn zwei Hündchen *Männchen* machen, ist immer nur ein *Männchen* gemeint; man lese oder höre dazu Karl Valentin, der sich ausgiebig mit dem Plural im Deutschen (*Semmelknödel* oder *Semmelnknödeln*) beschäftigt hat.

Die Dialekte im Linksrheinischen haben, bis auf den Raum Moers-Rheinhausen, in der Einzahl die Endung *-ke*: *Männeke (Männke), Fräuke, Jöngske/Jöngke*. Im regionalen Deutsch wird das *n* angehängt, wodurch sich diese Sprachlage vom Platt abhebt; auf Platt *lope* – im niederrheinischen Deutsch *laufen*, dann auch *Strote – Straßen* oder *Männeke – Männeken*. Als denkbare Mehrzahlformen von *Männeken* kommen *Männekes, Männekens* und *Männeken* in Frage. Die Variante *Männekes* entspricht dem Dialekt. Bei *Männekens* wird an die regionalsprachliche Einzahlform das Mehrzahl-*s* angefügt. *Männeken* schließlich ist eine Einheitsform wie *Männchen* und *Männlein*.

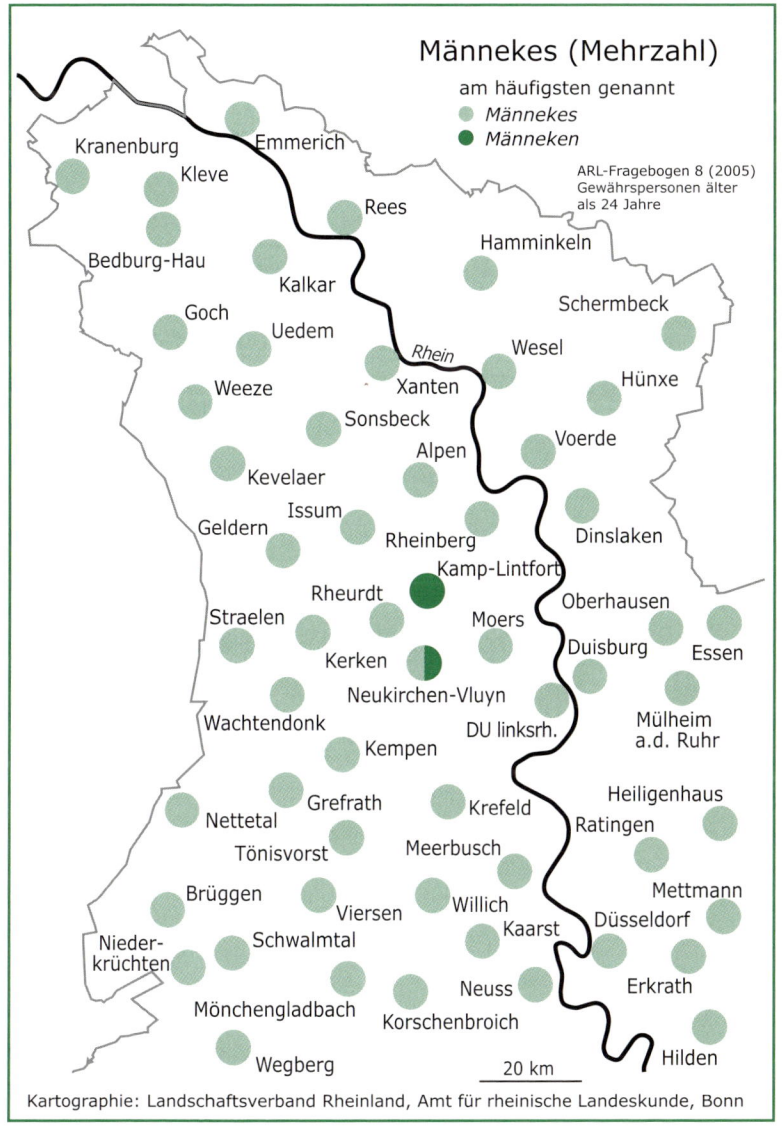

Männekes (Mehrzahl)

am häufigsten genannt
- *Männekes*
- *Männeken*

ARL-Fragebogen 8 (2005)
Gewährspersonen älter
als 24 Jahre

Kranenburg
Emmerich
Kleve
Rees
Hamminkeln
Bedburg-Hau
Kalkar
Schermbeck
Goch
Uedem
Rhein
Wesel
Weeze
Xanten
Hünxe
Sonsbeck
Voerde
Alpen
Kevelaer
Issum
Geldern
Rheinberg
Dinslaken
Kamp-Lintfort
Rheurdt
Oberhausen
Straelen
Moers
Kerken
Duisburg
Essen
Neukirchen-Vluyn
Wachtendonk
DU linksrh.
Mülheim
a.d. Ruhr
Kempen
Grefrath
Krefeld
Heiligenhaus
Nettetal
Ratingen
Tönisvorst
Meerbusch
Brüggen
Mettmann
Viersen
Willich
Nieder-
krüchten
Schwalmtal
Kaarst
Düsseldorf
Neuss
Erkrath
Mönchengladbach
Korschenbroich
Wegberg
20 km
Hilden

Kartographie: Landschaftsverband Rheinland, Amt für rheinische Landeskunde, Bonn

31

Auf dem im Jahr 2005 verschickten ARL-Fragebogen zum regionalen Deutsch wurde nach diesen drei Mehrzahlvarianten gefragt. Die niederrheinischen Ergebnisse der Untersuchung zeigt die Karte: Fast überall dominiert *Männekes* (einschließlich *Männkes*). *Männekens* wurde nirgendwo häufig genannt. Für Kamp-Lintfort und Neukirchen-Vluyn war allerdings *Männeken* in die Karte aufzunehmen; beide Fälle sind wohl der kleinen Anzahl der dort ausgefüllten Fragebögen zu verdanken. Es ist also die Dialektform *Männekes*, die sich im Alltagsdeutsch am Niederrhein etabliert hat. Analog dazu sagt man hier auch *Fräukes, Ömmakes* und *Öppakes*.

Männekes machen bzw. *Männkes machen*: Im Dialekt von Grefrath, so ist im dortigen Wörterbuch nachzulesen, wird diese Wendung in verschiedenen Kontexten gebraucht. Er mache *Männkes*, sagt man über einen Mann, der in der Gegenwart von Frauen scharwenzelt. Auch jemand, der sich sprachlich dreht und wendet, der Ausflüchte macht und um die Sache herumredet, macht *Männkes*. Wenn man jemanden kurz abfertigt oder mit ihm kurzen Prozess macht, dann, so heißt es wieder im Grefrather Platt, macht man mit ihm *körte Männkes*.

Dabei sollste doch de Männekes kriegen!
In Herbert Ackermanns „Grefrather Mundartwörterbuch" ist auch die Wendung *de Männkes krieje* verzeichnet. Im Alltagsdeutsch würde dem *de Männkes* (oder *Männekes*) *kriegen* entsprechen. Ein Ausruf wie *Dabei sollste doch de Männekes kriegen!* könnte also bedeuten ‚zuviel bekommen und nervös oder ungeduldig werden'.

In „Rheinisches Deutsch" habe ich ein Kapitel „Üteken aus Düsseldorf" überschrieben. Es geht darin unter anderem um Verkleinerungsformen, wie sie im Düsseldorfer Deutsch zu hören sind. Bei einer Lesung in der Landeshauptstadt wurden diese Passagen natürlich nicht ausgespart; Lokalkolorit zieht immer, dachte ich. Ich erntete unmittelbar Protest. Mehrere der Zuhörer und Zuhörerinnen, allesamt aus Düsseldorf, ergriffen das Wort und sagten, nie im Leben die Form *Üteken* gehört zu haben. Eine Frau konnte sogar darauf verweisen, dass ihre Schwester Ute heiße. Zum Glück meldeten sich auch andere, ebenfalls aus Düsseldorf, die *Üteken* kannten. Am nächsten Tag bekam ich dann eine E-Mail, deren Absenderin Ute hieß und ebenfalls im Publikum gesessen, sich aber nicht an der Diskussion beteiligt hatte. Sie schrieb: „Eine Kollegin (aus Neukirchen-Vluyn) hatte irgendwann angefangen, mich ‚Ütchen‘ zu nennen, und schnell übernahmen das die anderen Kolleginnen. ‚Ütchen‘ mutierte dabei bei einer Kollegin aus dem Bergischen Land schnell zu ‚Üteken‘, ebenso manchmal bei einer Kollegin aus Kamp-Lintfort. Meine Oma (teils in Köln, teils an der Mosel aufgewachsen) und meine Mutter (geboren und aufgewachsen in Düsseldorf) nannten mich dagegen manchmal ‚Uteken‘, also ohne Ü. […] Auch ‚Uti‘ habe ich schon öfters gehört. So viel zum ‚Üteken aus Düsseldorf‘."

Zwei Ütekes in Äutekes
Die Wahrscheinlichkeit, in einem kleinen Auto zwei Frauen namens *Ute* anzutreffen, die beide *Üteken* gerufen werden, ist zwar nicht sehr hoch; für den Fall der Fälle sei jedoch festgehalten: man könnte dann von *Ütekes* sprechen. Führen beide im jeweils eigenen Fahrzeug: dann säßen die *Ütekes* in zwei *Äutekes*.

Is dat Laura ihr Stern oder is der von Lena? Richtig falsches Deutsch?

Eltern, deren Nachwuchs in den Kindergarten oder zur Schule geht, kennen vielleicht Klaus Baumgarts „Lauras Stern", ein 1996 erschienenes Kinderbuch, von dem schon mehrere Millionen Exemplare verkauft worden sind; ein echter Bestseller also. Das Buch wurde verfilmt und in viele Sprachen übersetzt, auch in Dialekte. Die für die Schweiz bestimmte Ausgabe trägt den Titel „Em Laura sii Steern", in Luxemburger Buchhandlungen findet man „Dem Laura säi Stär".
Die kleine Laura im grammatischen Sinn als Neutrum zu behandeln und ihr das besitzanzeigende Pronomen *sein* zuzuordnen, wie es in der Schweizer und Luxemburger Titelversion geschieht (*sii Steern – säi Stär*), ist am Niederrhein nicht möglich: *Laura sein Stern* oder sogar *dem Laura sein Stern* hört sich für unsere Ohren sehr fremd an, *Laura ihr Stern* nicht. Jürgen Eichhoff hat in den 4. Band seines „Wortatlas der deutschen Umgangssprachen" eine Karte aufgenommen, die genau dieses Phänomen am Beispiel von *Ruths Kleid* behandelt. *(D)em Ruth sein Kleid* kennt man danach in der Schweiz und in Luxemburg sowie im benachbarten Saarland und in der südlichen Eifel.

Wer am Niederrhein *dem Laura sein Stern* oder *dem Anna sein Fahrrad* sagen würde, fiele fies auf.

Neben *Laura ihr Stern* wäre in unseren Breiten vielleicht auch *der Laura ihr Stern* eine akzeptable Variante, zumindest im Süden und in den Städten des Ruhrgebietes. Denn hier erhält der Vorname schon mal leicht einen Artikel: *der Jupp lässt grüßen* (siehe S. 94). Weibliche Vornamen mit dem sächlichen Artikel zu garnieren (*et Käthe, dat Sabine*) ist aber eher eine rheinische als eine niederrheinische Angelegenheit. Auf dem ARL-Fragebogen von 2005 ist am Beispiel von *Maria* danach gefragt worden; hier einige der Ergebnisse, ausgehend von den Fragebögen der Menschen über 24 (*et Maria* steht für *dat* oder *et Maria*):

	Maria	die Maria	et Maria
Emmerich	5	1	0
Xanten	5	0	1
Oberhausen	9	15	0
Willich	8	14	3
Neuss	3	5	16

Im niederrheinischen Alltagsdeutsch, wie es zwischen Kleve und Düsseldorf gesprochen wird, kommt auch *der Stern von Laura* infrage. *Lauras Stern, der Stern von Laura* und *(der) Laura ihr Stern*: diese Wahlmöglichkeiten hat der Niederrheiner also. Konstruktionen wie *der Stern von Laura* oder *dat Kleid von Ruth* sind hier bestens bekannt und zumindest im Norden auch geläufiger als *Laura ihr Stern* oder *dem Maurice sein Eimerken*. Auf der Eichhoff-Karte geht der Niederrhein mit *Ruths Kleid* und dem *Kleid von Ruth* mit dem Norden Deutschlands, wo beides dominiert. Wuppertal ist auf dieser Karte der nördlichste Ort Nordrhein-Westfalens, für den *der Ruth ihr Kleid* gemeldet wurde.

„Dativ-Possessiv-Konstruktion" kann man *der Laura ihr Stern* nennen. Die Duden-Grammatik dazu: „Trotz ihrer Geläufigkeit in den regionalen Umgangssprachen und in Dialekten wird sie schriftsprachlich nicht verwendet". *Der Stern von Laura, das Haus von meiner Tante* oder *die Arbeit von seinem Vater* – solche Konstruktionen werden vermutlich aber doch auch in geschriebener Sprache benutzt. Was macht die niederrheinische Deutschlehrerin in solchen Fällen? Vergibt sie Grammatikfehler; ist das falsches Deutsch? Oder, im Gegenteil, akzeptiert sie diese Bildungen? Oder weist sie vielleicht auf unterschiedliche Stilebenen und Einsatzbereiche für *das Haus (von) meiner Tante* hin?

Wer sich auf der Straße mit seiner Nachbarin unterhält, mit der er seit Jahr und Tag in niederrheinischem Deutsch zu sprechen pflegt, der wird ganz schön auffallen, wenn er dann auf einmal vom *Haus meiner Tante* redet, das eine Kusine von ihm gerade geerbt hat: *Da wird se noch viel Spass dran haben. Dat Dach des Hauses is kaputt, der Boden des Kellers is nich dicht, un wat dat Schlimmste is: Die Leute, die dat Haus der Gemeinde nebenan gemietet habm: dat sin vielleicht Rabauken! Nää, mit Tante Marias Haus könnste mich jagen!* Etwas nüchterner formuliert: Nicht jede der Regeln, aus denen sich die Grammatik des Standarddeutschen zusammensetzt, gilt auch in der Alltagssprache. „Falsches Deutsch" kann richtig guter Regiolekt sein und „gutes Deutsch", am falschen Ort, zur falschen Zeit, ganz schön deplatziert klingen.

Ich wa sowwat von am schwitzen
Verlaufsformen, die sich nicht verkrümeln

Muss man *am schwitzen* nun klein oder groß schreiben? Im Deutschen werden Substantive großgeschrieben: *Haus, Feuermelder, Sportplatz: ich war am Haus, am Feuermelder, am Sportplatz.* Auch andere Wörter, die in die Wortklasse der Substantive überwechseln, also „substantiviert" werden, müssen wir nach den Regeln der Rechtschreibung mit einem großen Anfangsbuchstaben versehen: *im Großen und Ganzen, im Allgemeinen.* Handelt es sich bei *am schwitzen* um ein substantiviertes Verb? Muss ich also *wir schwitzen,* aber *wir sind am Schwitzen* schreiben? Oder hat es bei *am schwitzen* zu bleiben, wie es ja auch *am besten* oder *am größten* heißt?

Vielleicht hilft ein kleiner Test; nehmen wir einmal die beiden Sätze:
Sie ist sich am waschen.
Sie ist sich beim Waschen.
Den zweiten Satz wird kein Niederrheiner verwenden. Schon deshalb nicht, weil das *am* dem *beim* vorgezogen wird. Man sagt *Ich bin grade am essen,* seltener *Ich bin grade beim Essen. Ich wa am baden (als dat Gewitter anfing),* weniger oft *Ich wa beim Baden. Ich wa am schwitzen* oder *Ich wa am kucken* ist total normal, *Ich wa beim Schwitzen* oder *beim Kucken* wird man wohl nicht zu hören bekommen. Der zweite Grund, der gegen *Sie ist sich beim Waschen* spricht: *beim Waschen* lässt

sich nicht mit einem Pronomen verbinden. *Ich bin mich beim Waschen*: unmöglich. *Sie ist die Wäsche beim Waschen*: ebenfalls. Aber *Ich bin mich am waschen* oder *Sie ist die Wäsche am waschen*: beides geht. Die Variante mit *am* funktioniert also wie ein Verb: *Sie wäscht sich. Sie ist sich am waschen. Sie war den Alexander am waschen.* Dagegen ist die Variante mit *beim* als Substantiv zu verwenden: *Sie war beim Frisör ihres Vertrauens. Sie war beim Waschen der Bettwäsche. Sie war beim Umgraben des Gartens.*

Niederrheinischer aber klingt: *Sie wa den Gaten am umgraben.* Verlaufsform wird diese *am*-Konstruktion genannt. Sie bringt zum Ausdruck, dass etwas dauert und noch andauert, und erweitert so die grammatischen Möglichkeiten. Wenn diese Form im Standarddeutschen verpönt ist, dann fehlt da etwas. *Sie wa velleicht am schwitzen. Ich bin mich grade am ausziehen. Wir waren die Hütte grade am abbrechen (als et anfing zu reechnen).*

Im Dialekt sagt man *am afbräke* oder *ant (annet) afbräke*. Früher konnten die Dialektsprecher Verben wie *afbräke* oder *opschriewe* auch trennen. Sätze wie *Ich wa alles am auf am schreiben* oder *Wir waren am herum am tanzen* könnten im Alltagsdeutsch die Folge gewesen sein.

Ich wa sowwat von am schwitzen. Der Inhalt des Satzes lässt sich so erläutern: ‚Ich habe sehr stark geschwitzt und dieses Schwitzen dauerte an'. *Ich wa sowwat von am schwitzen: Ers habbich den halben Gaten umgegraben, un dann musstich aunoch den alten Birnbaum fällen. Und dat bei deer Hitze! Ich habben halben Kasten Wasser leergemacht.* Kein Wunder, dass er (oder sie) so am schwitzen war.

> *Ich habb mir vleicht einen abgeschwitzt*
> Wenn es darum geht, die Intensität des Schwitzens, nicht aber sein Andauern zum Ausdruck zu bringen, ist auch *sich einen abschwitzen* zu hören. *Ich habb mir vleicht einen abgeschwitzt* ‚stark geschwitzt'. Man kann *sich* auch *einen absuchen*; dann sucht man bis zum Abwinken oder bis zur Erschöpfung oder bis zum Gehtnichtmehr. Und wenn *sich* jemand *einen abkloppt*, dann handelt es sich in der Regel nicht um einen Fall von Selbstverstümmelung; vielmehr *kloppt* hier jemand so lange, bis er oder sie (fast) nicht mehr kann.

Tu ers ma wat essen!
Was man mit *tun* alles machen kann

Grammatik – für viele Menschen nicht gerade der Stoff, aus dem die Träume sind. Sie erinnern sich vielleicht an Grammatikunterricht und Grammatikfehler; sie denken zurück an Regeln und Ausnahmen, die zu lernen waren, die abgeprüft wurden: bestenfalls spröde und drög. Wer sich allerdings für eine Sprache interessiert, wer wissen will, was sie im Innersten zusammenhält, wird immer wieder auf ihre grammatische Struktur stoßen. In der Grammatik des niederrheinischen Deutsch spielt *tun* ein wichtige Rolle. *Tus du noch wat essen?* Dieser Satz war auf dem Fragebogen zu finden, den das ARL 2005 verschickt hat. Wie die Auswertung zeigte, kennt man Fragen wie diese überall am Niederrhein.

In einer Ende 2005 erschienenen Kurzgrammatik für das Krefelder Platt ist diesem Thema ein eigener Paragraph gewidmet. Die Plattbeispiele, die darin genannt werden, können veranschaulichen, wie es zu analogen Konstruktionen im regionalen Deutsch kommt. Da ist etwa zu lesen: *Ech don de Stroet kehre* oder *Ech don Buohne poete*. Spricht ein Krefelder sein regionales Deutsch, könnten diese Sätze als *Ich tu die Straße kehren* oder *Ich tu Bohnen flanzen* wieder auftauchen. Zum Beispiel als Antworten auf die Frage: *Wat tus du grade?* Tun + Verb dient hier also als klassische Verlaufsform, es könnte auch *Ich bin die Straße am kehren* oder *Ich bin Bohnen am flanzen* heißen (siehe S. 35).

Tun wird unter anderem verwendet, wenn wiederkehrende Handlungen beschrieben werden. Im Krefelder Platt: *Ech don mech jeden Oevend en Jläske Wien drenke;* im Krefelder Alltagsdeutsch wäre dann denkbar: *Ich tu mir jeden Abend en Jläsken Wein trinken.* Aus dem Dialektsatz *Hä dieet morjes döx jett länger schloepe* könnte im Regiolekt werden: *Er tut morgens oft wat länger schlafen.* Im Krefelder Dialekt wird *duon* ‚tun' auch als Teil einer Aufforderung verwendet, zum Beispiel in *Don dä Pott op et Schaap sette!* Im Regiolekt könnte es heißen: *Tu den Topf* (oder: *den Pott*) *innet Regal stellen! Tu ers ma wat essen!* ist ein Satz, den viele Menschen am Niederrhein schon einmal gehört haben dürften.

Was die Niederrheiner wann und warum mit ihrem *tun* anstellen, ist aber noch lange nicht erforscht. Manchen Menschen am Niederrhein wäre es vielleicht auch lieb, wenn das so bliebe. Denn Konstruktionen wie *Dat tu ich dir morgen erzählen* oder *Tus du noch wat essen?* finden nicht bei jedermann Gefallen. Einige Kommentare, die Fragebogenbearbeiter im Jahr 2005 dazu abgaben, lauteten „Aber ziemlich primitiv" (Kleve, geb. 1929), „selten, in weniger gebildeten Kreisen" (Mülheim, geb. 1954), „leider" (Düsseldorf, geb. 1935). Ein Mann aus Mönchengladbach (geb. 1965) notierte: „z. T. massive Verwendung von ‚Tun' in jeder denkbaren Kombination mit einem Verb – Tu' mir das mal geben – Tuste was essen? Teilweise sogar in höheren Bildungsschichten". Und mehrfach wurde hervorgehoben, die *tun*-Konstruktionen seien auf dem Rückmarsch: „aber vor 30 Jahren hörte man das öfter als heute" (Emmerich, geb. 1962), „jein, die ältere Generation" (Dinslaken, geb. 1932), „aber heute seltener" (Krefeld, geb. 1923), „bei ganz alten Leuten" (Viersen, geb. 1941). *Ob sich unser tun denn tatsächlich verpieseln tut?*

> *Tu misch mal dä Kääs!*
> Als das ARL einmal Krefelder Dialektsprechern und -sprecherinnen einen Fragebogen zum Platt ihrer Heimatstadt zugeschickt hatte, schrieb eine Gewährsfrau: „Die Bevölkerung spricht eher ein nachlässiges Deutsch". Als Beispielsätze für diese Form des Deutschen nannte sie *Tu misch mal dä Kääs* (und *jibb misch mal dä Kääs*). Hier hat *tun* also die Bedeutung ‚geben'. Auch in Aufforderungen wie *Tumma noch zwei*, an niederrheinischen Theken zu hören, oder *Tumma die Kette ab*, vor Spiegeln in niederrheinischen Schlafzimmern zu hören, ersetzt *tun* andere Verben. Auf Hochdeutsch könnte man *Zapfe doch noch zwei Bier* und *Nimm bitte einmal die Kette ab* sagen.

Niederrheinisches Deutsch im Alltag

Da hat mein Schwager mich für ausgeschimpft Alltagsdeutsch, auch für sonntags

Der Rückgang des Dialekts am Niederrhein ist wiederholt Gegenstand wissenschaftlicher Untersuchungen gewesen. Einhelliges Ergebnis: Von Generation zu Generation wird weniger Platt gesprochen, bei Jugendlichen ist es (fast) nicht mehr zu hören. Wer selbst aus einer Dialekt sprechenden Familie stammt, kann eigene Erfahrungen beisteuern. Als im Oktober 2005 in der Klever Lokalausgabe der Rheinischen Post ein neues Mundartbuch vorgestellt wird, schneidet die Journalistin auch dieses Thema an. Der Autor des Mundartbuches, 75 Jahre alt, antwortet auf ihre entsprechende Frage: „Meine Kinder, die verstehen ja zumindest noch etwas, aber selber reden…?" Kopfschüttelnd ergänzt er: „Allerhöchstens kennen sie ein paar Sprichwörter". Und das Enkelkind, so erfahren die Leser auch noch, spreche am liebsten Italienisch.

Der Dialekt war früher einmal die dominierende Sprache im niederrheinischen Alltag. Eltern sprachen mit ihren Kindern Platt, Handwerksmeister mit ihren Gesellen; auf dem Fußballplatz war Platt ebenso Trumpf wie an der Theke oder auf dem Schulhof. Ein aus St. Tönis im Kreis Viersen stammender Dialektsprecher beschreibt die Situation so: „als wr 1931 mit 53 Jungens in St. Tönis auf de Schule kamen, mussten wr ers richtich Deutsch lernen, weil in St. Tönis noch viel Platt jesprochen wurde." (Das war jetzt natürlich kein Dialekt, sondern niederrheinisches Alltagsdeutsch.)

Das Dialektzeitalter liegt weit zurück; heute dominiert in den alltäglichen Gesprächssituationen das niederrheinische Deutsch. „Alltagssprache" sprechen wir in alltäglichen, wiederkehrenden Zusammenhängen, in vertrauter Umgebung, in Situationen, in denen es um nichts geht: werktags wie an Sonn- und Feiertagen. „Normalsprache" wäre auch ein passender Begriff dafür. Aber die Niederrheiner beherrschen natürlich auch das Hochdeutsche, von „Standarddeutsch" spricht hier die Sprachwissenschaft. Diese Sprachlage bringen sie vielleicht ins Spiel, wenn sie auf der Straße einen Fremden ansprechen müssen oder wenn sie einen wichtigen Behördentermin haben. Wer sich aber wann für welche Sprachoption entscheidet, ist noch weitgehend unerforscht.

Manche Menschen am Niederrhein weisen es weit von sich, jemals niederrheinisches Deutsch in den Mund zu nehmen. Als Elisabeth Peerenboom vor gut anderthalb Jahrzehnten in Grietherort und Grietherbusch (bei Rees) Niederrheiner zu ihrer Sprachverwendung im Alltag befragte, stieß sie auch auf solche Personen. Es waren Menschen, die als Kind den Dialekt noch erlernt hatten und ihn auch jetzt im Alltag benutzten. Die regionale Umgangssprache fanden sie „primitiv", das sei „nichts Halbes und nichts Ganzes". Sie selbst, so meinten sie, wechselten je nach Bedarf zwischen Platt und (reinem) Hochdeutsch (siehe S. 130).

Es wird auch Niederrheiner und Niederrheinerinnen geben, die weder Alltagsdeutsch noch Platt sprechen – die also in allen Gesprächssituationen und allen Gesprächspartnern gegenüber Hochdeutsch den Vorzug geben. Vielleicht haben bei ihnen die Eltern seinerzeit großen Wert auf „korrekten" Sprachgebrauch gelegt. Aber Kinder bleiben nicht ewig Kinder, und sie können sich später natürlich von den elterlichen Vorgaben lösen. Das scheint so bei einer Frau aus Düsseldorf der Fall gewesen zu sein, die mir im Rahmen einer Fragebogenaktion zum regionalen Deutsch schrieb: „In Düsseldorf geboren, hatte ich aber eine dänische Mutter u. ging auf's Goethe-Gymnasium – bis dahin also nur hochdeutsch gesprochen. Aber, wenn man es nicht anders hört, wird man im täglichen Leben etwas nachlässiger, was durchaus nicht schlimm ist, man kann gerne hören, dass ich aus dem Rheinland stamme."

Da hat mein Schwager mich für ausgeschimpft: Diese Formulierung wählte eine Frau aus Meerbusch, als sie mir einmal erzählte, dass sich ihr Schwager früher an ihrer regional gefärbten Sprache gerieben habe; vor allem ihr *dat* und *wat* hatten ihm nicht gefallen. Ob er auch an ihrem auseinander gerissenen *da – für* Anstoß genommen hätte? In der gesprochenen Sprache des Niederrheins ist diese Trennkonstruktion jedenfalls völlig normal.

Die stanken aber ganz schön, wa?
Eine Jugend in Uedem

„Zwischen Kirchturm, Kornfeld und Karl May" lautet der Titel eines Buches, das auf der Grenze zwischen Autobiographie und Fiktion angesiedelt ist. Darin beschreibt Hans-Josef Arts, 1952 in Uedem geboren, aus der Kinderperspektive eigene Erlebnisse zwischen 1960 und 1963. Arts veröffentlichte sein Buch 1997 und damit zu einem Zeitpunkt, als die wissenschaftliche Forschung die regionale Alltagssprache des Niederrheins – sieht man einmal von der Sprache in den Großstädten an der Ruhr ab – noch kaum in den Blick genommen hatte.

In den Dialogen lässt Arts die Personen konsequent Alltagsdeutsch oder Platt sprechen; Hochdeutsch (= Schriftdeutsch) legt er nur wenigen Personen in wenigen Gesprächssituationen in den Mund. Der kleine Hans-Josef selbst spricht mit fast allen Menschen seiner Umgebung regionales Alltagsdeutsch. So zum Beispiel mit „Tante Paeßens", einer Bäuerin: *Gibt et da mehrere von?* fragt er sie, als sie andeutet, dass in Keppeln, einem Nachbardorf Uedems, viele Familien mit den Namen Janssen oder Aymans wohnen.

Beide Eltern, von Hause aus Dialektsprecher, benutzen im Umgang mit Hans-Josef und mit dessen Bruder den Regiolekt, wobei der Vater auch nicht davor zurückschreckt, mit den Kindern hin und wieder Platt zu sprechen. Mit den meisten Menschen im Dorf wird Platt oder, seltener, Alltagsdeutsch geredet. Hans-Josef ist sich bewusst, dass die Mutter nur in Ausnahmefällen zum „Hochdeutschen" greift: „Ich wußte nur zu gut, wie gefährlich es werden konnte, wenn Mama begann, Hochdeutsch zu sprechen".

Eine dieser seltenen Situationen tritt ein, als eines Tages betrunkene Müllmänner an der Tür läuten, Neujahrsgrüße entbieten und offensichtlich auf ein Schnäpschen warten. Die Mutter, der das Szenario gar nicht gefällt, wendet sich in ihrem besten Hochdeutsch an den Sohn: „Hans-Josef, sei bitte so lieb und hole oben aus dem Küchenschrank zwei Tafeln Schokolade für die beiden Herren." Als die Männer gegangen sind, macht sie ihrem Herzen Luft – auf Platt: „Dat fällde noch, dat die van min enne Schnaps krege! Schittbesoope än dann mar Auto fahre!" Hans-Josef, der den Wutausbruch erschrocken verfolgt, bleibt bei seiner Normalsprache: „Die stanken aber ganz schön, wa?" Als seine Mutter danach noch einmal ins Hochdeutsche fällt

(„Wenn du damit meinst […].“), wird es dem Jungen langsam unheimlich; wird sie sich denn gar nicht mehr beruhigen? Er unternimmt einen neuen Versuch: „Ich mein' doch nur, Mama. Die rochen doch wirklich etwas streng, Mama." Der Junge passt sich (*etwas streng* statt *wat streng*) dem Hochdeutsch der Mutter an. Endlich lächelt sie und entspannt sich: „Ach Gott ja, Jung. ‚Streng riechen'. Dat haste schön gesacht. Aber dat war früher viel schlimmer." Sie hat sich also wieder *eingekricht*, wie man am Niederrhein sagt.

Der Wechsel vom Hochdeutschen zum Regiolekt wiederholt sich an einer anderen Stelle des Buches; dort wird er vom Autor mit den Worten „Gott sei Dank! Mama sprach wieder normal!" kommentiert. Alltagsdeutsch ist „normal".

> *Gibt et da noch mehr von?*
> Andere Varianten, die am Niederrhein möglich sind:
> *Gibbet no mehr davon?*
> *Gibbet da noch mehr von?*
> *Jiptet da noch mehr davon?*

Sind gerutsch wie sons wat
Duisburger Hauptschüler unter sich

Un auf Wangerooge hamwer en Spiel gemacht. Da wa et am reechnen. Wiese, da fast, wa fast nur Matsche, nä. Und die, die da wohnten in Wangerooge, die hatten natürlich alle Fußballschuhe an mit so Stollen, nä. Und wir hatten nur Turnschuhe. Sind gerutsch wie sons wat, hamwer verlorn. Hamwer ja au nur gegen Große gespielt. Wir waan ja so kleine dünne Männchen, äh. Dat waan so Klötze.

Duisburg in den 1980er Jahren: Ein Hauptschüler, um die 15 Jahre alt, erzählt von einer Reise auf die Insel Wangerooge, von einem Fußballspiel gegen einheimische Kinder oder Jugendliche und von der Niederlage gegen eine Mannschaft, deren Überlegenheit auf Körpergröße und Ausrüstung beruhte: Die kleinen dünnen Duisburger hatten keine Chance. Der Jugendliche erzählt in regionalem Deutsch.

Der Bericht wurde mit dem Tonbandgerät aufgenommen, weil der Schüler bei einem Forschungsvorhaben der Universität Duisburg mitmachte. Ziel des Projektes war es, den (wechselnden) Sprachgebrauch von Jugendlichen in Industriezentren zu erforschen. Das Sprachmaterial wertete Beate Scholten später für ihre Doktorarbeit aus, die 1988 als Buch erschien. Sie wählte Tonaufnahmen aus Duisburg-Laar aus, auf denen elf Jugendliche im Alter von etwa 15 Jahren zu hören waren. Alle besuchten die Hauptschule und stammten aus Arbeiter- und Handwerkerfamilien.

Der methodische Dreh- und Angelpunkt war ein Wechsel in der Gesprächssituation: Die Jugendlichen waren einmal in lockerer Runde aufgenommen worden, Ort des Geschehens war ein Jugendfreizeitheim, und dann bei einem fiktiven Vorstellungsgespräch. Die Wangerooge-Episode stammte natürlich aus dem Freizeitheim. Wenn die Jugendlichen unter sich waren, so lautete ein wichtiges Ergebnis dieser Studie, spielten die Regeln des Hochdeutschen eine viel geringere Rolle als beim Vorstellungsgespräch. Das ließ sich beispielsweise an der Verwendung von *dat* und *wat* festmachen und auch an der Aussprache des *g* in Wörtern wie *reechnen* oder *gesacht* ,gesagt'.

Den Jugendlichen war offenbar sehr bewusst, dass sie hier zwischen standarddeutschen und regionalen Varianten wählen konnten. Dass sich die Hauptschüler beim Gespräch miteinander so deutlich für regionale Merkmale entschieden, lässt sich, so Beate Scholten, durch die „Identifikation mit der Gruppe" erklären: „Die beobachteten Tendenzen deuten jedoch darauf hin, daß der Substandard vor allem für die ,ingroup'-Kommunikation geeignet ist". Mit dem in der Sprachwissenschaft geläufigen Begriff ,Substandard' bezeichnet Scholten hier das (regionale) Alltagsdeutsch.

Von denselben Jugendlichen gab es Tonaufnahmen, die acht Jahre vorher gemacht worden waren; damals gingen sie gerade ins erste Schuljahr. Die Unterschiede zwischen den beiden Zeitschnitten waren frappant. Natürlich hatten die Kinder mit den Jahren ihre Ausdrucksmöglichkeiten im Hochdeutschen verbessert; die Vergleichsergebnisse zeigten allerdings auch, „daß der Substandard mit zunehmendem Alter sehr stark an Bedeutung und Beliebtheit gewinnt". Scholten folgert daraus, dass junge Menschen im Duisburg der 1970er und 1980er Jahre ihr regionales Alltagsdeutsch nicht unbedingt aus dem Elternhaus mitbringen, sondern erst später, im Umgang mit Gleichaltrigen, entwickeln und ausweiten. Jahrzehnte zuvor, als am Niederrhein der Dialekt noch in der Luft lag, gab es ähnliche Prozesse des Spracherwerbs und des Sprachausbaus. Menschen, die der Generation von Joseph Beuys angehörten, lernten ihr Platt, wenn es zu Hause nicht gesprochen wurde, dann eben von ihren Spielkameraden und Freunden (siehe S. 24).

Die 15-Jährigen machten, auch wenn sie stark regional gefärbt sprachen, kaum Fallfehler der Art *un dann könnse dich nix machen* (siehe unten); sie beherrschten die Regeln des Hochdeutschen – und die wurden auch dann angewendet, wenn man unter sich war. Grammatisch falsches Deutsch, etwa die Verwechslung von *mir* und *mich*, von *dir* und *dich*, war bei den Duisburger Jugendlichen ganz offensichtlich verpönt.

73 im Juni krichtich dann Bescheid, dat die Rente duich wa, nä
Varianz im Bergarbeiterdeutsch

Duisburger, die die Großväter dieser Hauptschüler (siehe oben) hätten sein können, sprachen in den 1980er Jahren mit einer viel stärkeren Regionalfärbung; ein Beispiel:

73 im Juni krichtich dann Bescheid, dat die Rente duich wa, nä. Ja, dann habbi aber noch, weil ich 63 bei Schmitt-Söhne angefangen hatte, da hieset, wer zehn Jahre is un wirdann Rentner, der krich dann fümfzich Maak Betriebsrente. Un da habbijedacht, jetz abeit noch mal, abeit nomma Juli und August, nä. Dann hasse deine zehn Jahre voll, un dann könnse dich nix machn, nä. Ja, un dat wa gut so, nä. Un dann bini in Rente gegang. Da wolltnse mi no ni gehn lassn, abber da habbichesach: Nä, ichabb fümfzich Jahre geabeitet, nä, dat genücht.

Hier erzählt ein Bergarbeiter aus Duisburg-Homberg aus seinem Leben; dabei läuft ein Tonbandgerät mit. In der späteren Verschriftung der Aufnahme wurden viele Eigentümlichkeiten gesprochener Sprache kenntlich gemacht, die man auch hätte glätten, also den Regeln des Schriftdeutschen anpassen können; deshalb sieht hier vieles auch ungewöhnlich aus. Ein Beispiel: Aus *habbichesach* hätte sich auch *habb ich gesach* machen lassen, also: ‚habe ich gesagt'. Tatsächlich hat der Homberger aber die drei Wörter so geknautscht, dass das *b* von *habb* zur folgenden Silbe hinübergezogen wurde (siehe S. 27). Und ob das *ch* nun zu *ich* oder zu *gesach* (*chesach*) zu rechnen wäre – wer wollte das bestimmen?

In den Jahren 1982 bis 1985 nahm Hans-Georg Weigt ehemalige Bergarbeiter mit dem Tonbandgerät auf. Die Aufnahmesitzungen fanden bei ihnen zu Hause statt: in Duisburg-Homberg, Duisburg-Neumühl und in Dortmund-Dorstfeld. Weigt arbeitete an einem Projekt der damaligen Universität Duisburg mit, das unter der Leitung von Arend Mihm stand und in dem es darum ging, „möglichst alltagsnahe Gespräche" zu dokumentieren. Das ist, liest man die Verschriftungen der Tonbänder, gut gelungen. Denn den Mitschnitten ist anzumerken, dass die ehemaligen Bergleute, geboren zwischen 1907 und 1920, Vertrauen zu dem Duisburger Forscher gewonnen und sich auf Gespräche mit ihm eingelassen hatten, „die einer alltäglichen Unterhaltung sehr nahe kommen". Die Kumpel aus dem linksrheinischen Homberg waren am Ort geboren und hatten alle auf der Zeche gearbeitet; sie lebten gemeinsam in derselben Siedlung. Genauso homogen setzten sich auch die beiden anderen Gruppen zusammen, nur dass eben das rechtsrheinische Neumühl bzw. der Dortmunder Stadtteil Dorstfeld der jeweilige Lebensmittelpunkt war.

Dann könnse dich nix machn
Dann hasse deine zehn Jahre voll, un dann könnse dich nix machn, nä.
Von Kabarettisten werden grammatische Schnitzer wie die Verwechslung von *dir* und *dich* gern benutzt, um Lacher zu erzielen. In der Realität kommen sie heute, zumindest bei jüngeren Leuten, wahrscheinlich kaum noch vor.

Später wertete Kerstin Salewski die Duisburger und Dortmunder Tonaufnahmen für ihre Dissertation aus. Ihr Augenmerk richtete sich dabei unter anderem auf die zwischen den drei Ortspunkten auftretenden Sprachunterschiede, sie interessierte sich aber natürlich auch für die individuellen Sprachvorlieben und für die sprachlichen Spielräume der einzelnen Sprecher. Jede der Zechensiedlungen ist mit vier Sprechern in ihrer Doktorarbeit vertreten, deren Titel lautete: „Zur Homogenität des Substandards älterer Bergleute im Ruhrgebiet". Der Begriff „Substandard" sei wieder durch „regionale Alltagssprache" ersetzt. Die Sprache des Ruhrgebietes, die in dieser Arbeit untersucht wurde, zeigte sich stark geographisch differenziert; die verschiedenen Ausprägungen kann man niederrheinisch (im Westen) und westfälisch (im Osten) nennen.

Insgesamt untersuchte Kerstin Salewski 16 Sprachmerkmale („Variablen", wie sie in der Fachsprache heißen), die sie von 1 bis 15a und 15b nummerierte. Die Ergebnisse für fünf dieser Merkmale, zusammengefasst für jede der drei Zechensiedlungen und in Prozentwerte umgerechnet, enthält die folgende Tabelle:

	Homberg	Neumühl	Dorstfeld
1. dat	96	71	31
5. Tach	92	91	91
13. l	0	6	49
14. Fennich	73	88	88
15.a r	0	0	46

Beim Merkmal 1 wurde ermittelt, wie oft die Bergleute *dat, wat* und *et* anstelle der hochdeutschen Entsprechungen gebrauchten. Das Ergebnis war so nicht zu erwarten gewesen: Die Kumpel in den beiden niederrheinischen Siedlungen benutzten die regionalen Varianten sehr viel öfter als ihre Kollegen in Dortmund-Dorstfeld. Beim Merkmal 5 ging es um die Aussprache des -*g* am Wortende, beispielsweise in ‚Tag'. Die angegebenen Prozentwerte stehen für lautliche Realisierungen wie *Weech* ‚Weg', *genuch* ‚genug' oder *Tach*. Überall tendierten die Bergleute sehr stark zur regionalen Aussprache. Das galt ähnlich für das Merkmal 14, die Entsprechung des schriftdeutschen *pf-* im Wort- und Silbenanlaut. In 88 Prozent der Fälle wichen die Sprecher in Neumühl und Dorstfeld von der hochdeutschen Aussprache ab, sie sagten also zum Beispiel *Fennich* statt *Pfennich/Pfennig*, während bei den Hombergern in etwa einem Fünftel der Fälle doch ein *pf-* zu hören war.

In der Tabelle stechen die drei Nullen ins Auge, bei den Merkmalen 13 und 15a: es sind niederrheinische Nullen, haben die Dorstfelder Bergleute an den entsprechenden Stellen doch Werte von 46 bzw. 49 Prozent. Beim Merkmal 13 geht es um die Aussprache des *l*; das *l* der Kumpel in Homberg klang immer, in allen Wörtern und in allen Positionen, wie das hochdeutsche *l*, während die Männer in Dorstfeld in etwa der Hälfte der Fälle ein ‚dickes' *l* hören ließen; es ist, in der linguistischen Fachterminologie, die „velare" Variante. Ungefähr ebenso oft war für die Dorstfelder ein Zungenspitzen-*r* zu notieren, dass bei den niederrheinischen Kollegen nie vorkam. Beide Lauteigentümlichkeiten, das dicke *l* und das Zungenspitzen-*r*, sind westfälische

Sprachelemente, die nicht nur, aber auch im östlichen Teil des Ruhrgebietes beheimatet sind. Sie fallen niederrheinischen Ohren sofort
auf.

Da, da hammwi gewohn, anne Glückaufstraße-Ecke, da is do sonne Bum-
fritt-Bude, nich. Ja, da hinten, da hammwi gewohn. Also, dat kamma getz
ma dat Bild machen. Wenn die Häuser nich stehn, nich wah, wemma da
duich geht, dat is genau sonne Straße gewesen wie hier auch. Nu dat die,
die da alle die Hochhäuser hiengesetz haam, nä.

Das war, im O-Ton, ein anderer Bergmann aus Homberg. Er erklärt
hier, wie die Straßenführung und die Bebauung ausgesehen haben,
als er noch ein Kind war. Dabei gebraucht er das für Klever Ohren
auffällige *getz*: *Also, dat kamma getz ma dat Bild machen.* An anderer
Stelle sagt er aber auch *jetz*. Bei Kerstin Salewski stand dieses Merkmal ebenfalls auf dem Untersuchungsprogramm; sie konnte feststellen, dass man die *g*-Variante (*getz, geder*), die manche ja gern mit dem
Ruhrgebiet assoziieren, in Dorstfeld viel öfter verwendete als in den
niederrheinischen Zechenorten. Aber auch in Dorstfeld gab es einen
Bergmann, der nie *getz(t)* sagte.
Die Analyse ergab auch, dass der einzelne Sprecher nicht sklavisch an
seine regionalen Sprachelemente gebunden ist. Nicht jedes *dat* muss
auch als *dat* realisiert werden, es darf auch mal *das* sein. Hier die (auf-
und abgerundeten) Ergebnisse für die regionalen Varianten der Varia-
blen 1 (*dat* statt *das*), 5 (*Tach* statt *Taak*), 6 (*getz* statt *jetz*) und 14 (*Fennich* statt *Pfennich*) in Homberg; A, B, C und D stehen für die vier
Bergleute:

	A	B	C	D
1. dat	95	100	93	98
5. Tach	96	86	88	96
13. getz	0	60	0	30
14. Fennich	100	100	40	50

Die vier Bergmänner wussten also durchaus zu variieren. Daraus lässt
sich ableiten, dass der Einzelne, wenn es um die Verwendung regionaler Varianten geht, durchaus seine Spielräume hat. Vive la diffé-
rence!

Der Flug der Orthographie
Gute Noten, schlechte Noten I

Gärtchen saß lange in seinem kleinen Gerdchen. – Wer fährt mit Veert und Wagen nach Pferd? – Der Fosten lehnte sich an den Posten. Zugegeben, diese Sätze sind erfunden, konstruiert. Aber am Niederrhein sind sie möglich. Möglich deshalb, weil *Gärtchen* (der kleine Garten) und *Gerdchen* (Gerd) gleich klingen; bei einem Diktat im Deutschunterricht wäre die Verwechslung also denkbar. *Wer fährt mit Veert und Wagen nach Pferd?* Dieser Juxsatz ist wahrscheinlich nur im Norden des Niederrheins auf Anhieb verständlich, dort, wo man den Namen des Dorfes *Veert* (bei Geldern) kennt. *Veert, Pferd* und *fährt*: die Aussprache dieser drei Wörter unterscheidet sich am Niederrhein nicht. Denn ein langes *ä* tendiert hier zum *e*, und das *pf-* am Anfang einer Silbe wird im regionalen Deutsch oft als *f-* ausgesprochen.

Wer wegen fehlender Lese- und Schreibübung die Schriftbilder der Wörter nicht kennt, schreibt notgedrungen nach Gehör; und zu hören sind eben oft *Ferd, Feife* oder *Fund.* Und umgekehrt: Wer weiß, dass einem gesprochenen *f-* im Schriftdeutschen oft ein *pf-* entspricht, der schreibt vielleicht auch schon mal *Pfinger* statt *Finger.* 1847 überquerte ein aus Loikum (im Norden des Kreises Wesel) stammender Bauernsohn auf einem Schiff den Atlantik; in den Tagebuchaufzeichnungen dieser Überfahrt beschrieb er auch die Begegnung mit Delphinen: (…) *und von innen sagte unser Kapttein waren sie auch beschaffen wie ein schwein sie sollten haben 3 pfinger dick pfleiß auf den rippen und solte schmecken wie anders fleis* (…). Im Fall von *Finger* (*pfinger*) und *Fleisch* (*pfleiß*) hat die Schriftsprache nur ein *f-*. Im Jahr 1847, als diese Zeilen niedergeschrieben wurden, waren die meisten Menschen am Niederrhein noch Dialektsprecher; im Dialekt kennt man kein *pf.* Die *pf*-Unsicherheit kann jedoch ebenso gut bei Niederrheinern auftreten, deren Ausgangssprache das regionale Deutsch ist. Schreibfehler wie *Flaume* und *Feife* oder *Pfinger* und *Pfleisch* sind also auch heute noch möglich.

Für den hochdeutschen *Pfosten* gibt es im Alltagsdeutsch zwei Aussprachevarianten: *Fosten* und *Posten*; bei *Posten* hat sich das mundartliche *p-* behauptet, auf Platt sagt man *Poss.* Hochdeutsch *Posten* meint etwas anderes: Man kann von einem guten Posten im Betrieb oder in der Behörde sprechen, es ist dann die ‚Anstellung' gemeint, oder von einem Posten Hosen oder Hemden, von einer ‚bestimmten Warenmenge' also. *Posten* ist im Hochdeutschen auch die Kurzform für ‚Wachtposten', *Posten stehen* heißt dann ‚Wache stehen'. In dem Satz *Der Fosten lehnte sich an den Posten* sind Hochdeutsch und Alltagsdeutsch hoffnungslos ineinander verknotet, dabei steht der *Fosten* für den Wache haltenden *Posten*, der an einem *Pfosten* Halt sucht.

22. Wie heißt es in dem Satz: *Ich warte, ...*
☐ *bis dat et vorbei is.* ☒ *bis et vorbei is.*
andere:...

23. Hört man einen Satz wie: *Tus du noch wat essen?*
☒ ja ☐ nein andere:...

24. ‚kleiner Junge': Wie sagt man (Mehrfachkreuzchen sind möglich!):
☒ *Jüngsken* ☐ *Jüngken* ☐ *Jüngchen* ☐ *Jüngelchen*
andere:.... Knirps, Pfurzknoten, Stöpken, Osel

25. ‚kleiner Sack': Wie sagt man (Mehrfachkreuzchen sind möglich!):
☐ *Säcksken* ☒ *Säckchen* ☐ *Säckelchen*
andere:...

26. Mehrzahl von ‚Männeken':
☒ *die Männekes* ☐ *die Männeken* ☐ *die Männekens*
andere:...

Bei Wörtern, die wir nur selten zu lesen bekommen, kann schon einmal die pf-Unsicherheit zuschlagen. Es muss Furzknoten heißen.

Im Schuljahr 1995/96 hat Birte Kellermeier, eine Studentin der Germanistik, die Aufsätze mehrerer Grundschulklassen in Duisburg analysiert. In diesen Klassenarbeiten fand sie insgesamt 937 „Fehler", von denen sie nicht weniger als zwölf Prozent (116 Fehler) auf das Duisburger Alltagsdeutsch der Schulkinder zurückführte! Gut, das war wohl in einer Stadt zu erwarten, in der viele Einwohner und damit auch viele Eltern im Alltag ein anderes Deutsch als das Schulhochdeutsch sprechen. Gesellschaftlich brisant wird die Aufsatzanalyse allerdings, wenn es stimmt, was Birte Kellermeier in Duisburg noch beobachten konnte. Sie hatte am Anfang ihres Schulversuchs mehrere Stunden im Unterricht jeder Klasse hospitiert und dabei besonders darauf geachtet, welche Schüler sich in ihren Redebeiträgen als Sprecher der regionalen Umgangssprache zu erkennen gaben und welche nicht. Von den 37 Kindern, deren Aufsätze sie später untersuchte, rechnete sie 24, also etwa zwei Drittel, zur Gruppe der Umgangssprachensprecher (Gruppe A); die anderen sprachen im Unterricht „relativ standardnah" (Gruppe B); Grundschüler, deren Muttersprache nicht Deutsch war, wurden bei dieser Untersuchung ausgeklammert.

Es waren Klassen des vierten Schuljahres, die Birte Kellermeier in Duisburg besuchte. Für die Eltern der Kinder stellte sich damals also die Frage, auf welche weiterführende Schule sie ihre Jungen und Mädchen denn nach dem Ende des Schuljahres schicken sollten. Und wie dachten die Lehrer über die Eignung der 37 Kinder – das wollte die Germanistikstudentin dann auch noch wissen. Natürlich verriet sie den Lehrern nicht, dass sie die Schüler nach ihrem sprachlichen Hintergrund eingeteilt hatte. Aus Lehrersicht eigneten sich in der Gruppe B zehn Kinder für das Gymnasium, die drei anderen für die Realschule, während – immer noch aus der Perspektive der Lehrpersonen – von den 24 Kindern der Gruppe A elf „nur" auf die Gesamtschule bzw. die Hauptschule wechseln sollten!

Gegenwärtig wird in der Bundesrepublik vehement über den Zusammenhang von Schichtzugehörigkeit und Schulerfolg diskutiert, PISA lässt grüßen. Viele fordern, dass alle Kinder gleiche Schulchancen haben sollten, unabhängig davon, welche Berufe und welches Einkommen Vater und Mutter denn nun haben. Die Schichtzugehörigkeit definiert sich bei uns nicht über die Sprache, aber wie sieht es umgekehrt aus? Wenn es stimmt, dass Kinder aus armen Familien und aus einfachen Verhältnissen häufiger mit regionaler Färbung sprechen als Gleichaltrige aus betuchtem Hause, dann kann der Regiolekt schnell zum Abzeichen der Schichtzugehörigkeit mutieren. Einen vergleichbaren Fall gab es ja vor Jahren, als der niederrheinische Dialekt zur Sprache der „einfachen Leute" werden konnte, weil sich die „oberen Zehntausend" von ihm verabschiedeten. Irgendwann wurde der Dialekt (das Platt) so zum Soziolekt.

Birte Kellermeier wirft die Frage auf, ob Regiolektsprecher dieselben Chancen in der Schule haben wie Kinder, deren Eltern großen Wert auf das Hochdeutsche legen. Stutzig gemacht hat sie die Analyse der Aufsätze, die nach der Meinung der Lehrer von Gymnasialaspiranten stammten; das waren insgesamt 15 Schüler und Schülerinnen. Der Aufsatz mit den mit Abstand meisten Fehlern stammte von einem Kind, dessen gesprochene Sprache Kellermeier als „relativ standardnah" eingestuft hatte. Die fünf Regiolektsprecher, die von den Lehrern für einen Wechsel zum Gymnasium vorgeschlagen wurden, hatten deutlich weniger Fehler gemacht. Kellermeier folgert daraus, dass Kinder, die dem regionalen Alltagsdeutsch verhaftet sind, möglicherweise bessere Leistungen aufweisen müssen als andere, um sich fürs Gymnasium zu empfehlen. Oder umgekehrt: Wer Hochdeutsch spricht, darf sich mehr Fehler im Schriftlichen erlauben, ohne dass an seiner Intelligenz und Schuleignung gezweifelt würde.

Wie können, sollen, müssen und dürfen Lehrerinnen und Lehrer sich hier verhalten? Was ist zu tun, wenn Schüler *Teich* sagen, aber *Teik* meinen (den ‚Teig' also) oder wenn sie *Fosten* schreiben, wo *Pfosten* verlangt ist? In der Lehrerausbildung werden die Themen Regionalsprache und Sprechsprache nach allem, was zu hören ist, vernachlässigt, wenn nicht gar unterschlagen. Es fehlt auch an Unterrichtsmaterialien dazu, so dass jeder Lehrer auf sich selbst gestellt ist. Das muss für die Schüler und Schülerinnen nicht unbedingt von Vorteil sein.

Die Orthographie des Deutschen hält aber auch für Kinder mit vorzüglichen Kenntnissen des Hochdeutschen Überraschungen und Fallstricke bereit: Schreiben lernen müssen alle. Ein schönes Beispiel dafür ist das Wörtchen *Fluk*, das ja *Flug* zu schreiben ist; die Kinder lernen hier, von der Mehrzahlform *Flüge* auszugehen und dessen *g* auf die Einzahl zu übertragen. Im niederrheinischen Alltagsdeutsch macht man allerdings oft keinen Unterschied zwischen ‚Flug', ‚Fluch' und ‚Pflug': die Einheitsaussprache ist *Fluch* (mit langem *u*). Wer so spricht, muss im Deutschunterricht tatsächlich etwas besser aufpassen.

Ich wohne hier in Zanten
Was ist „gepflegtes" Hochdeutsch?

Niederrheinische Sprachpfleger widmen sich entweder dem Deutschen oder dem Dialekt; wer das Deutsche (und dann ist das Hochdeutsche, die deutsche Standardsprache, gemeint) pflegen will, schließt sich beispielsweise der „Gesellschaft für deutsche Sprache" oder dem „Verein Deutsche Sprache" an. Die Pflege des Dialekts haben am Niederrhein die Heimatvereine auf ihre Fahnen geschrieben, während in Bayern mit dem großen „Förderverein Bairische Sprache und Dialekte" eine weitere Option besteht. Das Alltagsdeutsch wartet im Westen Deutschlands noch darauf, als Objekt sprachlicher

Pflege entdeckt zu werden. „X spricht ein gepflegtes Platt" ist dagegen oft zu hören oder: „selbst unsere tüchtige Haushilfe spricht gepflegtes Deutsch" (siehe S. 145). In einem Satz wie „Daher sind meine Bekannten und Freunde aus Kreisen, die eine gepflegte Umgangssprache für selbstverständlich halten" (siehe S. 144/5) ist mit dieser Umgangssprache natürlich wieder das Hochdeutsche und nicht etwa die regionale Alltagssprache gemeint.

Wann klingt gesprochene Sprache „gepflegt"? Vielleicht in der folgenden Radioaufnahme? Sie war 2005 in einer Sendung der Deutschen Welle zu hören, die der Sprache des Niederrheins gewidmet war und als Teil der Serie „Dialektatlas" gesendet wurde; die in Bonn ansässige Deutsche Welle sendet übrigens nur im Ausland. Hier nun die Verschriftung der Aufnahme, bei der eine Niederrheinerin nach ihren Spracherfahrungen gefragt worden war: *Ich wohne hier in Zanten, bin aber gebürtich aus Duisburk; und Niederrheinisch kannich ga nicht sprechen, und mir fehlt auch völlich der Bezuk dazu.*

Ist das „gepflegtes" Deutsch? Die Frau spricht in *nicht* oder *und* die latent gefährdeten Konsonanten am Wortende aus; am Niederrhein sind *nich* oder *un* alles andere als unüblich. Das *k* in *Duisburk* und *Bezuk* artikuliert sie nach den Regeln des Standarddeutschen; im Fall von *gebürtich* und *völlich* entsprechen die Ausspracheregeln des Hochdeutschen der niederrheinischen Alltagssprache. *Aber* hat das standardsprachlich verlangte lange *a*, am Niederrhein sagt man sonst gern *abber*. Das *r* in *gar* wird man am Niederrhein nie hören, auch nicht in „gepflegtestem" Deutsch. Bleibt das *kannich* ‚kann ich', bei dem das eigentlich zu *kann* gehörende *n* zum Anfangslaut der zweiten Silbe geworden ist: *ka-nich*. Dass wir in *kann* oder *Kanne* nur ein einziges *n* sprechen und dass der Buchstabe hier nur verdoppelt wird, um die Kürze des vorangehenden *a* zu signalisieren, sei noch kurz eingeflochten; die Aussprache von *Kahn* und *kann* unterscheidet sich, wie wir aus dem Deutschunterricht wissen (könnten), nicht beim *n*, sondern beim *a*. *Kannich* wird also auch nur mit einem *n* gesprochen. In der Sendung der Deutschen Welle kam auch eine Gocherin zu Wort, die sich mit der Verwandtschaft zwischen dem niederrheinischen Dialekt und dem Niederländischen beschäftigte: *Viele Gocher, die Platt sprechen, die denken auch, se können Holländisch, weil dat ja auch nahe an der Grenze is. Abber, is doch schonn, muss man bissken mehr lernen. Wenn man ma weiter in Holland reingeht, kommt man da ga nich mehr mit zurecht.*

In der Aussprache lassen beide Frauen unterschiedliche Strategien erkennen: *nicht – nich, und – is, aber – abber.* Während die eine die denkbaren Varianten *Düssbuich* und *Bezuch* meidet, benutzt die andere niederrheinisches *dat* und *bissken:* Sie will, so schließe ich daraus, gar kein „gepflegtes" Deutsch sprechen, ihre Zielsprache ist nicht das Hochdeutsche des Schulunterrichts. Die aus Duisburg stammende Frau aber ist erkennbar um ein normgerechtes Hochdeutsch bemüht. Die Sprachwissenschaft untersucht die „Normen" des Hochdeutschen. Wer bestimmt sie, wie verändern sie sich, wie werden sie „kodifiziert", also schriftlich festgehalten und unter das Volk gebracht? Für viele Deutsche steht der „Duden" für normgerechtes Hochdeutsch. Ein derzeit besonders interessantes Arbeitsfeld für die deutschen Sprachwissenschaftler ist der Übergangsbereich zwischen Hochdeutsch und regionaler Alltagssprache; beide Pole werden in der Forschung oft „Standard" und „Substandard" genannt. Die beiden niederrheinischen Frauen demonstrieren unterschiedliche Sprechintentionen in diesem Spektrum. Die eine will Hochdeutsch (Standard) sprechen, als sie von den Mitarbeitern der Deutschen Welle interviewt wird; „intendierte Standardsprache" ist der Fachbegriff dafür. Die andere hält eine saloppe Sprechweise mit *dat* und *bissken* für angemessen, ihr bestes Deutsch packt sie in dieser Interviewsituation nicht aus. Wer will, kann das Hochdeutsche der ersten Aufnahme sicherlich „gepflegt" nennen, wenn er sich dabei nur bewusst ist, dass damit ein ästhetisches Urteil gefällt wird; „gepflegtes" Deutsch ist schönes (und richtiges) Deutsch. Eine sprachliche oder sprachwissenschaftliche Kategorie „gepflegt" gibt es nicht.

Wie heißt *Zanten* denn nun wirklich? Auf dem Ortseingangsschild steht natürlich *Xanten,* und der in dieser Stadt zu findende Archäologische Park nennt sich *APX* und nicht *APZ.* Der Ortsname geht auf lateinisches *ad Sanctos* ‚bei den Heiligen' zurück, das sich schon im Mittelalter zu *Xanten* entwickelt hat. Im Dialekt nennt sich die Stadt *Sante,* wobei das *a* gedehnt wird, so dass man auch *Saante* schreiben könnte. *Zanten* ist eine Variante, die im regionalen Deutsch des Niederrheins sehr häufig verwendet wird; *ts* (geschrieben *z*) am Wortanfang ist für uns Deutsche nun einmal leichter zu sprechen als *ks* (geschrieben *x*). Ortsnamen wie *Zell, Zittau* und *Zanten* gehen uns geläufig über die Lippen; *Xanten* gehört eher in die Kategorie der Zungenbrecher à la *Zschopau.*

Der hat sich nich mehr eingekricht
„Hässliche" Wörter?

Die Verwendung bestimmter Wörter erstickt jeden Versuch, ein „gepflegtes" oder normgerechtes Deutsch zu sprechen, im Keim. Das niederrheinische *kriegen* scheint zu diesen gefährlichen Wörtern zu gehören. In Lexika wird es als „umgangssprachlich" eingestuft, als Beispiele seien hier der große Wahrig oder der zehnbändige Duden genannt. In seinem Bestseller „Der Dativ ist dem Genitiv sein Tod" widmet Bastian Sick *kriegen* (und *schmeißen*) einen eigenen Paragraphen, er kommt darin zu demselben Ergebnis.
Irritierend klingt für mich sein Satz „Besonders hässlich gerät das Verb im Perfekt: ‚Schau, was ich zum Geburtstag gekriegt habe.'" Dass man *kriegen* in der Schriftsprache durch *bekommen* ersetzen sollte, dass eine Zeitung mit der Überschrift *Der Kanzler kriegt die rote Karte* also danebenliegt – so weit, so gut. Aber was ist „hässlich" an der Form *gekriegt*? Und wenn wir dann noch die niederrheinische Variante *gekricht* ins Spiel bringen – ist die „oberhässlich"? Viele Menschen am Niederrhein werden diese Frage mit mir zusammen verneinen, aber: es geht um sprachästhetische Kategorien, um Geschmacksfragen sozusagen (siehe S. 51). Und über die lässt sich bekanntlich nicht streiten.
Kumma, wat ich zum Geburtstach gekricht habb – so könnte eine niederrheinische Variante des Satzes mit *gekriegt* lauten; in südniederrheinischer Lautung wird aus dem *gekricht* vielleicht dann noch *jekrischt*. Der Vollständigkeit halber hier noch die komplette Formenreihe von *kriegen* im nordniederrheinischen Regiolekt – mit größtmöglicher Distanz zum Hochdeutschen: *kriegen – ich krich, du kriss, er kricht, wir kriegen, ihr kricht, sie kriegen – ich krichte – ich habb gekricht.* Alle Formen, die hier nicht mit *ie* geschrieben werden, sind mit kurzem Vokal zu sprechen! *Der hat sich nich mehr eingekricht* (oder *einjekrischt*) sagt man am Niederrhein, wenn zum Ausdruck gebracht werden soll, dass jemand sich nicht hat beruhigen oder dass er sich vor Lachen nicht mehr hat halten können. Statt *eingekricht* ist wohl auch *eingekriekt* zu hören, vielleicht sogar auch *einbekommen*. Das ist dann aber kein umgangssprachliches Deutsch mehr, sondern schlicht und ergreifend falsch: *sich einbekommen* gibt es nicht.

Wat soll der Sch…?
Über das Derbe im Menschen

Manche Wörter müssen die Kinder aus dem Kindergarten mitgebracht haben. *Scheiße* gehört dazu, *Kacke, Arschloch. Mammi, da liegt Hundekacke auf dem Weg* – bei solchen Sätzen geraten Eltern ganz schön ins Schwitzen, die dann den lächelnd lauschenden Nachbarn erklären müssen, dass ihre Sprösslinge im Kindergarten halt den unterschiedlichsten Spracheinflüssen ausgesetzt sind. Aber im Ernst: Zu unserem Wortschatz gehören auch ganz derbe Wörter, die manche vielleicht nie im Leben benutzen. Andere Leute wohl. Dort, wo Menschen aneinander geraten, kracht's. Man beschimpft und beleidigt einander: *Du Saftsack – du Stinkstiefel. Du Arschgeige* usw. All diese Vokabeln werden auch in hochdeutschen Wörterbüchern aufgeführt, mit Mehrzahlform und Verwendungsbeispielen. Immer findet sich aber auch das Etikett „derb".

Regionales Alltagsdeutsch ist nicht von Natur aus derb, kann es aber sein. Es kommt auf den Menschen an. Wer es gern ein bisschen derber hat, dem bietet das niederrheinische Deutsche vielfältige Möglichkeiten; er muss allerdings damit rechnen, vom Rest der Menschheit „vulgär" genannt zu werden. Aber am einschlägigen Wortschatz kommen auch die anderen kaum ganz vorbei, wenn sie einmal schimpfen, fluchen oder beleidigen wollen, gerade dann nicht, wenn sie in Rage geraten. Da macht es dann auch keinen Unterschied, ob man von Hause aus Hochdeutsch spricht oder mit dem Niederrheinischen oder dem Dialekt groß geworden ist. *Aaschjeije* ist derb, aber auch nicht derber als *Arschgeige*.

Das zentrale Wort in dem Satz *Wat soll der Scheiß?* wurde nicht dem niederrheinischen Dialekt entlehnt. Darin heißt es *Driet*, im Süden vielleicht auch schon *Driss*.

Mein Stadtteil ist proll
Sprache und Sozialschicht

Am 22. September 2005 erschien in der taz zum ersten Mal eine Kolumne, in der Jan Feddersen im 3-Wochen-Rhythmus über „Parallelgesellschaften" berichten wollte. Den Anfang machte ein Artikel über

Neukölln: „Neukölln kennt im Übrigen blanke Not. Sittliche vielleicht auch, aber gewiss materielle." Not und Armut – das sind für Feddersen die Farben dieses Berliner Stadtteils, in dem er im Übrigen selbst wohnt.

Es ist ein Kiez, aus dem wegzieht, wer kann. Die hier leben, sind übrig geblieben, sie haben den Absprung, den Umzug nicht geschafft. Zum Beispiel den Umzug nach Schöneberg: „Auch ziemlich turkoid, Jugendliche, die kein ch sprechen können, sondern ‚Mülsch' sagen, wenn sie Milch meinen. Aber Schöneberg, das ist eben nicht proll."

Proll steht für runtergekommen und schmutzig, bewohnt von Menschen ohne Zukunftschancen. Der Autor gibt mehrere Kostproben, wie diese Neuköllner sprechen: „Juten Morgen, Sausocke", so begrüßt man sich hier. In Neukölln wird offenbar berlinert; auf die Frage, wie der andere bei der Bundestagswahl denn gestimmt habe, kommt als Antwort: „Ick find, Arbeiter müssen SPD wählen". Zustimmung vom Gegenüber: „Klar, hmmh, finde ick ooch".

„Mein Stadtteil ist proll" begann die zweite Zeile der Überschrift, als Haupttitel wählte man „Juten Morgen, Sausocke!": So klingt also ein prolliger Stadtteil. Und damit auch der dümmste Leser die Botschaft verstehen konnte, wurde noch eins draufgesetzt: „Mein Stadtteil ist proll. Na und? Dafür herrschen klare Verhältnisse: ‚Westerwelle, dit jeht jar nich!'" So sprechen die da unten.

Sprache und soziale Schicht. Mit deren Zusammenhang beschäftigt sich die Soziolinguistik. Kabarettisten und Comedians gehen der Frage nach schichtgebundenem Sprechen auf ihre Weise nach, wenn sie Hausmeistern und Malochern regional gefärbtes und oft genug falsches Deutsch in den Mund legen – und in der nächsten Nummer einen Arzt Hochdeutsch sprechen lassen. Die Sprache bei Feddersens Neuköllnern ist vom Kiez geprägt, „kumpelig": „es ist in diesem Viertel überhaupt ein Sound zu vernehmen, der auf Schickimicki und auf guten Geschmack nicht viel hält, weil es um so was hier nicht geht: ‚Juten Morgen, Sausocke', spricht der eine zum anderen kumpelig."

Wer am Niederrhein wann wie spricht, ist für das Spektrum Hochdeutsch – Regiolekt noch kaum untersucht worden. Meidet die „bessere Gesellschaft" das niederrheinische Deutsch? Sprechen vor allem die kleinen Leute so? Ist das niederrheinische Alltagsdeutsch also eine Art Soziolekt der Unterschicht? Können „Proleten" kein Hochdeutsch? Für die Sprachwissenschaft gibt es hier noch viel zu tun.

56

Weitgehend einig ist man sich in der Forschung, dass der Rückgang des Dialektes am Niederrhein sehr viel mit seiner sozialen Abwertung zu tun hat, genauer: mit der Verachtung für Platt sprechende Menschen (siehe S. 146). Im 19. Jahrhundert, stärker noch im 20. Jahrhundert wendeten sich die führenden Schichten vom Dialekt ab – mit dem Ergebnis, dass Platt immer stärker nach Unterschicht und Hilfsschule roch, auch am Niederrhein. Das hat der Dialekt nicht verkraftet.

Ihr seid euch auch nur am tergen
Schlesierinnen und andere Zugezogene

Kennen Sie Klöpperfier? So hieß ein Dorf im ehemaligen Kreis Neustettin, in Pommern also. Nachbarorte trugen Namen wie Alt Liepenfier, Pöhlen oder Neu Koprieben, bis Hinterpommern nach dem Zweiten Weltkrieg polnisch wurde. Wie das Pommersche in Klöpperfier einmal klang, lässt sich heute noch im Deutschen Spracharchiv in Mannheim erfahren, wo unter der Nummer I/3772 eine Tonaufnahme dieses Dialektes aufbewahrt wird. Die Aufnahme entstand 1958 im niederrheinischen Nieukerk. Das heute russische Kaliningrad hieß bis 1945 Königsberg. Zum Kreis Königsberg gehörte auch ein Ort namens Sperlings, dessen ostpreußischer Dialekt ebenfalls im Deutschen Spracharchiv akustisch dokumentiert ist. Die Sperlingser Aufnahme wurde übrigens ebenfalls in Nieukerk gemacht.
Beide Tonbänder sind einem groß angelegten Dialektprojekt zu verdanken, dessen Leiter Eberhard Zwirner war. Zwischen 1955 und 1960 ließ er in der Bundesrepublik mehrere Tausend Dialektaufnahmen machen; die am Projekt beteiligten Aufnahmeleiter und Toningenieure waren auch in Liechtenstein, in Vorarlberg, im Elsass und in den Niederlanden unterwegs. In jedem der ausgewählten Orte in Deutschland sollten nach Möglichkeit sechs Menschen mit dem Tonbandgerät aufgenommen werde, je drei Einheimische und drei Flüchtlinge und Vertriebene aus den ehemaligen deutschen Ostgebieten. So sollten auch die ihrer Sprechergemeinschaften beraubten und damit dem Untergang geweihten deutschen Dialekte aus dem Gebiet jenseits von Oder und Neiße für die Nachwelt dokumentiert werden. In Nieukerk, wo der Aufnahmewagen 1958 Station machte, ergab sich ein tatsächliches Zahlenverhältnis von 4:2. Vier einheimi-

sche Dialektsprecher, im Alter zwischen 48 und 71 Jahren, machten mit und die zwei Flüchtlingsfrauen, geboren um 1900 bzw. 1901.

Wie passten sich die Menschen aus den ehemals deutschen Ostgebieten ihrer neuen Umgebung sprachlich an? Wer erlernte den Dialekt seiner neuen Heimat? Für diese Fragen hat sich die Sprachforschung kaum interessiert. In den Jahren nach 1945 wurde in vielen Orten am Niederrhein noch tüchtig Platt gesprochen. Auf den Bauernhöfen, auf denen junge Zuziehende als Haushaltshilfe oder Melker ihr Geld verdienten. In den Handwerksbetrieben, in denen die Kinder der Vertriebenen jetzt ihre Lehren absolvierten. Vermutlich auch in den Fußballmannschaften, wenn sie an den Wochenenden ihre Spiele austrugen. Und wie sprachen die Eheleute miteinander in den „Mischehen", die zwischen Niederrheinern und Schlesierinnen oder Ostpreußinnen geschlossen wurden?

Eine Schlesierin kam 1946, damals war sie 13 Jahre alt, an den Niederrhein. Als sie 2004 in der NRZ einen Fragebogen mit zehn hochdeutschen Sätzen fand, die in die Dialekte des Niederrheins übertragen werden sollten, schnitt sie ihn aus, trug ihre Antworten ein und schickte ihn dann von Rheinberg aus an die in der Zeitung genannte Adresse. Sie legte einen Zettel bei, auf dem stand: „Möchten Sie es auch auf Schlesisch-Platt hören? Dort lebte ich die ersten 13 Jahre. Seit 58 Jahren am Niederrhein." Sie war also „bidialektal" geworden, hatte einen zweiten Dialekt erlernt.

Von einer anderen Schlesierin stammt der Satz *Ihr seid euch auch nur am tergen*. Nach dem Zweiten Weltkrieg hat es sie in die Nähe Kevelaers verschlagen, das dortige Platt hat sie sich allerdings nicht mehr angeeignet. Wohl aber, wie dieser Satz zeigt, einzelne Wörter. *Tergen* heißt ‚zanken, ärgern, reizen', und ihre indirekte Aufforderung, mit dem Zanken doch endlich aufzuhören, war an zwei Enkelkinder gerichtet, die es in diesem Augenblick an Zeichen geschwisterlicher Liebe fehlen ließen. In den Jahren nach dem Zweiten Weltkrieg ist der Dialekt kontinuierlich zurückgegangen, heute sprechen sicherlich viel mehr Menschen Regiolekt als Dialekt – wie viel Regiolekt haben sich die am Niederrhein Zugezogenen also angeeignet?

Ein weiteres Beispiel. In den 1960er Jahren zog ein Ehepaar in den Raum Wesel, das aus Norddeutschland bzw. aus dem Saarland stammte. Im Jahr 2002 schrieb mir der Mann: „Beide sprachen wir vor Jahren noch erheblich anders als heute. Nun sind wir inzwischen Niederrheiner geworden und haben unbewusst im Laufe der Jahre

viele Worte und Begriffe dieser Gegend in unseren Sprachschatz aufgenommen, obwohl wir unsere alte Sprache und Sprachmelodie
nicht vergessen haben." Dann nannte er Beispiele: „Schon gleich zu
Anfang fielen uns eigenartige Wendungen auf, wie z. B.: ‚Komm mal
hier hin.' Ich hätte immer gesagt: ‚Komm mal hier her'. Oder die be-
rühmte Frage: ‚Wer gehört das Fahrrad?' Und die noch schönere Antwort: ‚Ich'."

Auf solche Sätze kann man nun ganz unterschiedlich reagieren: lächelnd, spottend, achselzuckend, schenkelklopfend. Der Briefschrei-
ber dazu: „Wir haben unsere Freude an diesen Redewendungen und
an Dialekten und Sprachen von allen Gegenden."

Ihr seid euch auch nur am tergen. Viele Niederrheiner und Niederrheinerinnen werden diesen Satz heute gar nicht mehr verstehen – die
beiden so angesprochenen Kinder konnten mit ihm übrigens auch
nichts anfangen. Wer kennt schon noch das Wort *tergen*?

tergen oder *zergen*

Tergen ist ein altes Dialektwort, das im Raum Kleve-Wesel mit *g*
ausgesprochen wird. In Krefeld oder Mönchengladbach ist aus
dem *g* ein *j* geworden, so dass es dort auf Platt *terje* heißt, während
die Dialektsprecherinnen in Düsseldorf schon die rheinische Aussprachevariante *zerje* benutzen oder benutzten. Im Hochdeutschen
kannte man es früher einmal als *zergen*. Als 1956 der 15. Band des
mehr als hundert Jahre zuvor von Jacob und Wilhelm Grimm be-
gonnenen Wörterbuches erschien, wurde die Bedeutung von *zergen*
mit „zum zorn reizen, necken, quälen, plagen" angegeben (zorn
klein geschrieben!).

Am Wochenende war ich in meiner Heimatstadt Krefeld
Fortgezogen vom Niederrhein

Der Sachse sächselt – damit beschäftigt sich auf seiner Homepage
auch der Heimatsender aller Sachsen, der Mitteldeutsche Rundfunk:
„Es gibt also ein ausgeprägtes Bewusstsein der Sachsen davon, im
Fremdurteil über sprachlich-dialektale Merkmale identifiziert zu
werden". Gleichzeitig wissen die Sachsen auch, dass sie außerhalb
Sachsens kaum jemand wegen ihrer Sprache beneidet: „Aktuelle Befragungen unter Sachsen, die nach 1990 in ein altes Bundesland ver-

zogen waren, belegen, dass zumindest auffällige Mundartmerkmale, das so genannte ‚Sächseln‘, schnell abgelegt wurden und man eine Anpassung an die neue sprachliche Umgebung versuchte, da der Druck wegen des geringen Prestiges der ostmitteldeutschen Mundarten sehr groß war und wohl noch ist." Eine Ausnahme von dieser Regel bildeten die in der neuen Umgebung scheiternden Sachsen: sie verstärkten sogar ihre sächsischen Sprachelemente. Trotz? Resignation? Rückzug?

Als 2005 mein Buch über das „Rheinische Deutsch" erschien, schrieb ein Leser: „Am Wochenende war ich in meiner Heimatstadt Krefeld. Ich gehe dann immer durch die Buchhandlungen und kucke in die Abteilung ‚Niederrhein‘. Als ich von Ihrem Buch ‚Rheinisches Deutsch‘ den Text auf der Rückseite las, wusste ich sofort, dass mich das interessiert. Ich habe ja gleich beim ersten Satz laut gelacht." Kurz eingeschoben: Der erste Satz auf der hinteren Umschlagseite lautete *Lass mich dat Bild mal kucken!* Was lässt uns bei dessen Lektüre lachen?

Vielleicht hat das Buch bei dem gebürtigen Niederrheiner Erinnerungen an Kindheit und Jugend geweckt: an Krefelder, die möglicherweise längst tot sind, an Vater und Mutter, deren Sprache für ihn in diesem Buch anklingt. Vielleicht hat es ihn auch auf sein eigenes Krefelder Deutsch gestoßen, das er heute, an seinem neuen Wohnort, so nicht mehr spricht. Der Ex-Krefelder lebt jetzt in der Nähe Bonns. Von dort schickte er mir ein oder zwei Tage nach dem Besuch in Krefeld die Mail, die mit den Sätzen endete: „Ich jedenfalls gehe heute noch in die Buchhandlung, um das Buch noch einmal zu kaufen. Ich schicke es meiner nach Niedersachsen verschlagenen Schwester, die daran ihre helle Freude haben wird". Ein 133-seitiger Gruß aus der alten Heimat.

Wie passen sich Niederrheiner und Niederrheinerinnen, die auf Dauer fortziehen, überhaupt – wir sagten früher: *behaupt* – ihrer neuen Umgebung an? Geben sie ihr *dat* und *wat* auf? Wird aus einem *bissken* ein *bisschen* – oder, in Bayern, etwa ein *bissl*? Statt *tschö* also *servus*? Machen sie die Fenster, die sie früher *losgemacht* haben, nun *auf*? Was wird zuerst aufgegeben, was zuletzt – und was gar nicht? Was entgeht ihrer Aufmerksamkeit? Wie unterscheiden sich sprachliche Akklimatisierungsprozesse in Niedersachsen oder Bayern? Womit fällt man schon in Köln oder Münster (negativ) auf?

60

22. Wie heißt es in dem Satz: *Ich warte,*....
☒ *bis dat et vorbei is.* ☐ *bis et vorbei is.*
andere:...

23. Hört man einen Satz wie: *Tus du noch wat essen?*
☐ ja ☐ nein andere:........*tuse uoch ...*................................

24. ,kleiner Junge': Wie sagt man (Mehrfachkreuzchen sind möglich!):
☒ *Jüngsken* ☐ *Jüngken* ☐ *Jüngchen* ☐ *Jüngelchen*
andere:...

25. ,kleiner Sack': Wie sagt man (Mehrfachkreuzchen sind möglich!):
☒ *Säcksken* ☐ *Säckchen* ☐ *Säckelchen*
andere:...

26. Mehrzahl von ,Männeken':
☒ *die Männekes* ☐ *die Männeken* ☐ *die Männekens*
andere:...

Tuse noch wat essen? Wo fällt mensch mit dieser Frage auf?
(Fragebogen aus Oberhausen; 2005)

Wer an der eigenen Sprache hängt, dessen Interesse erlischt in der Fremde nicht, wenn es dort, angesichts der so ganz anderen Sprachumgebung, nicht sogar noch zunimmt. Eine aus Mönchengladbach stammende Frau, die 13 Jahre zuvor nach Bayern gezogen war, schrieb mir einmal: „Das Interesse an Dialekt und Regiolekt ist in den letzten Jahren stetig gewachsen – vielleicht gerade wegen der raeumlichen Distanz zum Niederrhein". Sie bot in diesem Schreiben an, als Gewährsfrau bei Spracherhebungen des Amtes für rheinische Landeskunde für Mönchengladbach mitzumachen, auch wenn sie selbst kein Platt mehr spreche; aber wenn es um das Alltagsdeutsch, den Regiolekt, gehe, stehe sie gern zur Verfügung: „Regiolekt deshalb, weil in der Familie meiner Eltern und auch schon der Grosselterngeneration nur begrenzt Dialekt gesprochen wurde". Was für andere Niederrheiner, vor allem für ältere Menschen, der Dialekt ist, ist für diese innerdeutsche Migrantin der Regiolekt: die Sprache der (alten) Heimat.

Zu denen, die 2005 den Regiolektfragebogen des ARL ausfüllten, gehörte auch eine Bonnerin, die aus der Eifel stammte. Die Frage 34 dieses Bogens zielte auf das Wortgeschlecht von *Auto*: *das/dat Auto* oder *der Auto* (siehe S. 90)? Die Informantin kreuzte für Bonn die erste Variante an und ergänzte dann: „Hätte ich den Fragebogen für den Ort, in dem ich aufgewachsen bin >Nideggen (Nordeifel) ausgefüllt, sähe er völlig anders aus." Und sie nannte Beispiele: „Dort sagt man nicht nur >der Auto (vielleicht von der Wagen?), sondern auch der Klo!"

Niederrheinischer Sprachatlas

Im Castello auwem Söller
Dachboden

Den Mugello scheinen auch manche eingefleischte Toscanafahrer nicht zu kennen. Dieser Landstrich liegt nördlich von Florenz, ist eher herb als lieblich und bietet, folgt man Spiegel Online, der Touristin außer der „Begegnung mit Wolf und Wildsau" so einiges. Einen Besuch unbedingt wert ist das alte Castello di Trebbio.

Die Spiegel-Autorin hat es besucht: „Von uralten Zypressen wie Wachssoldaten gesäumt, führt der Feldweg in Serpentinen zum Castello di Trebbio hinauf. Hoch auf dem Söller bauscht sich die weißrote Linienfahne im Sommerwind, ein Zeichen, dass der heutige Schlossherr, ein Privatier, anwesend ist." An dieser Stelle wird sich manche Niederrheinerin fragen, wie es die Reisende denn fertig gebracht hat, vom Feldweg aus die sich auf dem *Söller* bauschende Fahne zu sehen. Denn der *Söller*, das ist doch der Dachboden?

Das deutsche Wort *Söller* geht auf lateinisch *solarium* zurück. In römischer Zeit wurde so ein flaches Dach oder eine Terrasse bezeichnet. Die Germanen haben das Wort übernommen, haben es ihrem Sprachsystem entsprechend lautlich verändert und ihm im Laufe der Zeit neue Bedeutungen gegeben. Als Ergebnis dieser Entwicklungen ist festzuhalten: Ein *Söller* ist heute etwas ganz anderes als ein *Solarium*, überall im deutschen Sprachraum. Und: *Söller* hat am Niederrhein eine andere Bedeutung als anderswo.

Vor hundert Jahren wurde viel mehr Platt gesprochen als heute. Auf Platt benutzten die Menschen am Niederrhein damals, wenn sie den Dachboden benennen wollten, überall das Wort *Sölder*, das auch *Söller* oder *Solder* ausgesprochen werden konnte; in den Orten östlich von Duisburg herrschten andere Bezeichnungen vor. Zu der Zeit reichte das mundartliche *Söller*-Gebiet linksrheinisch über Mönchengladbach, Düren und Aachen hinaus bis in die Nordeifel. Eine Karte im großen „Rheinischen Wörterbuch" dokumentiert diese Situation. Im regionalen Hochdeutsch des Niederrheins hieß der unbewohnte, unter dem Dach gelegene Teil des Hauses um 1900, analog zum Dialekt, *Söller*.

In vielen Orten sind die Dialektsprecher bis heute bei ihrem *Söller* (*Sölder, Solder*) geblieben. Im regionalen Alltagsdeutsch aber hat sich, wie auf der Karte (Dachboden (1)) gut zu erkennen ist, mehr und mehr *Speicher* durchgesetzt. *Speicher* schiebt sich von Süden her vor, so dass das *Söller*-Gebiet immer kleiner wird. Am „untersten" Niederrhein, im Raum Kleve-Wesel-Geldern, scheint sich *Söller* am besten zu behaupten.

Für jede Kommune wurde auf der Karte, die die Ergebnisse für die über 24-Jährigen verzeichnet, nur das in der Erhebung von 2005 am häufigsten genannte Wort eingetragen. Die Karte vereinfacht also, mit Varianz muss überall gerechnet werden. Das soll eine kleine Tabelle verdeutlichen, die für vier ausgesuchte Orte die exakte Zahl der Nennungen angibt. Dabei steht Sö für *Söller*, Sp für *Speicher*, Da für *Dachboden*; *Boden*, das vierte Wort auf dem Fragebogen, war von keinem der Informanten in diesen Orten angekreuzt worden:

	Sö	Sp	Da
Rees	14	1	0
Voerde	7	3	4
Moers	8	9	2
Grefrath	4	5	1

Am Beispiel Krefelds lässt sich gut nachvollziehen, wie die Entwicklungen im 20. Jahrhundert verlaufen sind. Im Krefelder Platt heißt es *Söller*. Bei der Fragebogenerhebung zum regionalen Alltagsdeutsch im Jahr 2005 zeigte sich, wie *Söller* in Krefeld permanent an Boden verliert. Hier die Ergebnisse im Altersgruppenvergleich (AG l: 65 Jahre und älter, AG 2: 45–64 Jahre, AG 3: 25–44 Jahre, AG 4:16–24 Jahre, Bo: *Boden*):

	Sö	Sp	Da	Bo
AG 1	13	10	1	0
AG 2	10	14	2	0
AG 3	1	5	2	0
AG 4	3	45	61	5

Söller wird also von älteren Krefeldern und Krefelderinnen noch recht häufig genannt, nimmt dann aber ab und spielt bei Menschen unter 45 Jahren kaum noch eine Rolle. *Speicher* kommt in der Altersgruppe

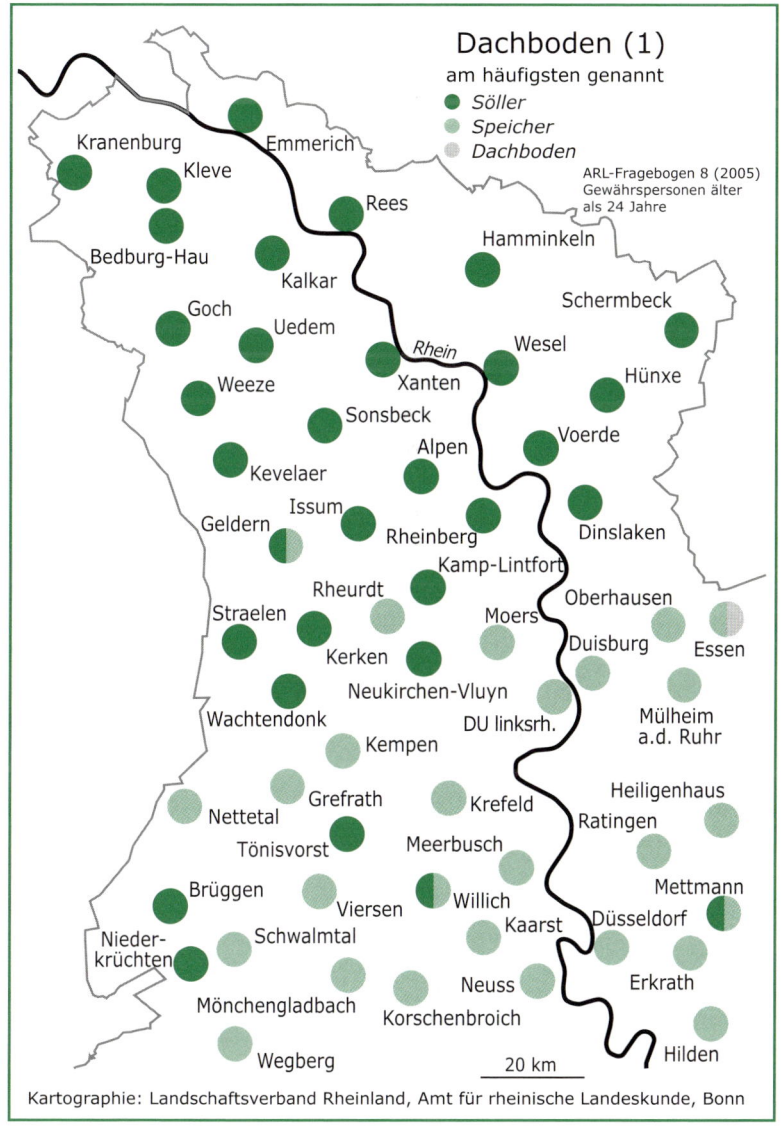

Dachboden (1)

am häufigsten genannt

- Söller
- Speicher
- Dachboden

ARL-Fragebogen 8 (2005)
Gewährspersonen älter
als 24 Jahre

Kartographie: Landschaftsverband Rheinland, Amt für rheinische Landeskunde, Bonn

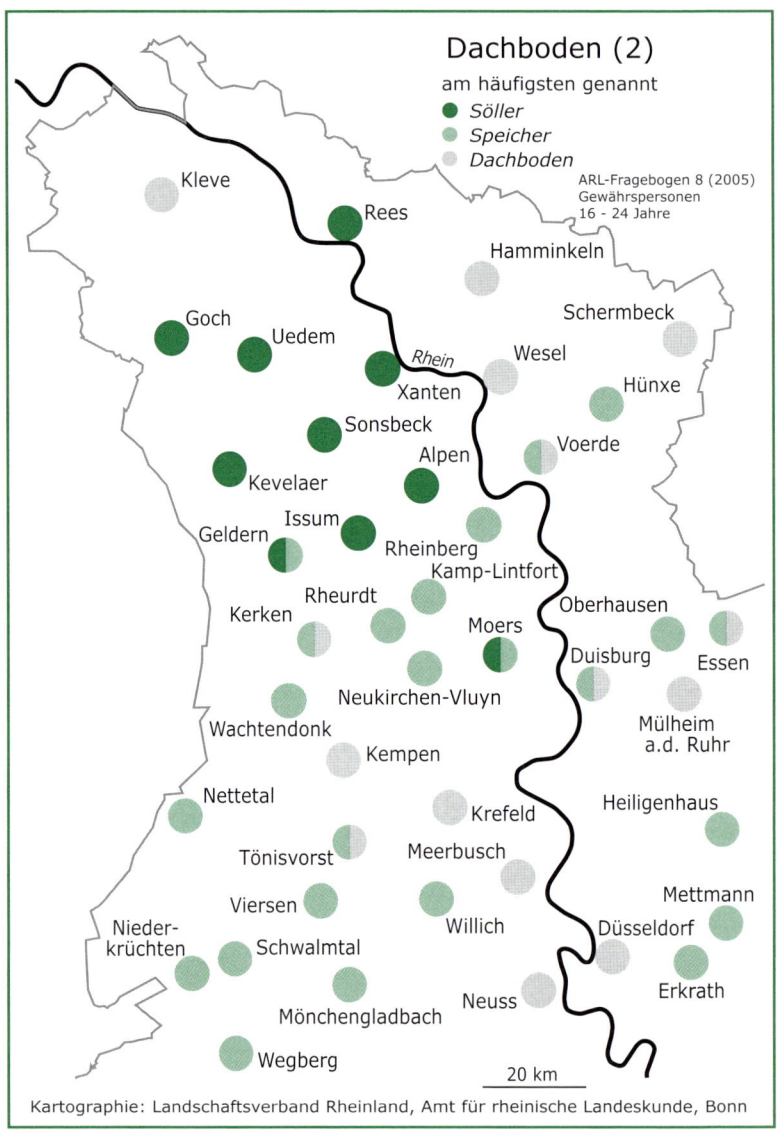

Dachboden (2)

am häufigsten genannt
- ● Söller
- ● Speicher
- ● Dachboden

ARL-Fragebogen 8 (2005)
Gewährspersonen
16 - 24 Jahre

Kleve

Rees

Hamminkeln

Goch

Uedem

Rhein

Wesel

Schermbeck

Xanten

Hünxe

Sonsbeck

Alpen

Voerde

Kevelaer

Geldern

Issum

Rheinberg

Kamp-Lintfort

Rheurdt

Kerken

Moers

Oberhausen

Duisburg

Essen

Neukirchen-Vluyn

Wachtendonk

Mülheim
a.d. Ruhr

Kempen

Nettetal

Krefeld

Heiligenhaus

Tönisvorst

Meerbusch

Viersen

Willich

Mettmann

Nieder-
krüchten

Schwalmtal

Düsseldorf

Neuss

Erkrath

Mönchengladbach

Wegberg

20 km

Kartographie: Landschaftsverband Rheinland, Amt für rheinische Landeskunde, Bonn

von 45 bis 64 auf den ersten Platz, muss ihn aber bei den jungen Leuten an *Dachboden* abtreten.

Mit Hilfe der Kontrastkarte (Dachboden (2)) lassen sich die Sprachauskünfte der Menschen, die 25 Jahre alt und älter sind, und der Jugendlichen zwischen 16 und 24 Jahren miteinander vergleichen. Ins Auge stechen zwei Entwicklungen: Grün geht zurück und grau ist im Vormarsch. Der Rückzug von *Söller*, das im Dialekt ja einmal ein großes Verbreitungsgebiet gehabt hat, geht also weiter. *Söller* ist heute vor allem noch Jugendlichen bekannt; in Kevelaer kreuzten noch 15 von 23 jungen Leuten dieses Wort an. *Speicher*, das in der Umgangssprache *Söller* beerbt hat, verliert vielerorts seine Position schon wieder an *Dachboden*. *Dachboden* ist das „hochdeutscheste" Synonym, das sich den Menschen am Niederrhein heute anbietet. *Söller,* das Wort, das hier verwurzelt ist und wohl bis in die römische Zeit zurückreicht, ist der große Verlierer des Wortrennens.

Für Mönchengladbach war auf beiden Karten hellgrün (*Speicher*) einzutragen. Das heißt jedoch nicht, dass hier alles beim Alten bleibt. Die Mönchengladbacher Zahlen im Einzelnen:

	Sö	Sp	Da	Bo
AG 1	15	35	3	0
AG 2	12	31	4	2
AG 3	0	13	0	1
AG 4	1	33	21	2

Anders als in Krefeld kreuzt in Mönchengladbach schon die älteste Altersgruppe mehrheitlich *Speicher* an. *Söller* nimmt in beiden Städten auf vergleichbare Weise ab. *Dachboden* kommt bei den Jugendlichen in Mönchengladbach stark auf, ohne allerdings *Speicher* vom Thron stürzen zu können – und daran wird sich wahrscheinlich in den nächsten Jahren auch noch nichts ändern. In Mönchengladbach haben noch jüngere Schüler und Schülerinnen den Fragebogen von 2005 ausgefüllt, 46 Jugendliche, die zwischen 1990 und 1992 geboren wurden. Sie machten ihre Kreuzchen, es waren oft zwei, ganz ähnlich wie die Altersgruppe 4:

	Sö	Sp	Da	Bo
AG 4	1	33	21	2
jünger	1	35	25	2

> *Speicher* ist wie *Söller* ein lateinisches Lehnwort. Vorbild war *spicarium*, ein Wort, in dem *spica* ‚Ähre' steckt. Das *spicarium* war also der Kornspeicher.

„Hoch auf dem Speicher bauscht sich die weißrote Linienfahne im Sommerwind". Hätte die Toscanareisende ihren Besuch auf dem Castello di Trebbio so geschildert, der Satz wäre bei der Redaktion durchgefallen. Denn auf einem *Speicher*, einem *Dachboden* also, kommt der Wind nicht an die Fahne ran, auf einem Castello ebenso wenig wie in einem Reihenhaus – mal abgesehen davon, dass die Fahne weder in dem einen noch in dem anderen Fall von außen zu sehen wäre. Aber auf einem *Söller* kann es durchaus windig oder auch stürmisch sein. Denn der *Söller*, um den es in der Mugello-Geschichte geht, ist eine Art Balkon mit Stützpfeilern. Und der ist auch vom Feldweg aus einsehbar.

Ein Nachtrag. Wundern Sie sich nicht, wenn Sie einmal in die Schweiz kommen und feststellen müssen, dass dort mit *Söller* der *Fußboden* gemeint ist. Das lateinische *solarium* hatte ja auch die Bedeutung *Terrasse*, von der es kein weiter Weg zum *Fußboden* ist. Das Wort für den *Dachboden* ist in der Schweiz *Estrich*.

> Ein kleines Quiz
> Für den balkonartigen, von unten gestützten Anbau an der oberen Etage eines Gebäudes gibt es neben *Söller* eine zweite Bezeichnung im Deutschen, die übrigens kreuzworträtselverdächtig ist. Ist es a) *Balkan*, b) *Altan*, c) *Kaftan*, d) *Rattan*? Die Auflösung finden Sie auf S. 155.

Bei denen kamman auße Dachrinne trinken
Dachrinne

Bei manchen Leuten, so will es die Redewendung, ist es so sauber, dass man *vom Fußboden essen* kann. Solche Putzteufel bewohnen allerdings nicht unbedingt Häuser, bei denen man *auße Dachrinne trinken* kann. Das sind Häuser mit einem Dach, das so weit nach unten reicht, dass Besucher, so sie das denn unbedingt wollten, ohne Treppenleiter aus der Regenrinne trinken könnten. Es sind – oder waren, müsste man wohl sagen – oft Häuser mit dem für den Niederrhein so typischen Krüppelwalmdach, deren Längsseite, die Traufseite, dem Erdboden so auffällig nahe kam. Leider findet man sie heute nur noch sehr selten; die meisten Gebäude dieses Typs sind inzwischen abgerissen worden.

Ein altes Dialektwort für die Dachrinne lautet am Niederrhein *Gööt* oder *Geut*. Es ist mit dem hochdeutschen *Gosse* verwandt und kann auch andere Rinnen bezeichnen. Im heutigen Alltagsdeutsch kommt *Gööt* aber wohl kaum noch vor, es ist auf den Dialekt beschränkt. Zwei andere Dialektwörter für die am Hausdach angebrachte Regenrinne lauten *Dackrenn* und *Kall*; beide sind, als *Dachrinne* und *Kalle,* auch im niederrheinischen Deutsch zu Hause.

Kalle ist, wie die Karte zeigt, das Wort des Südniederrheins; es reicht über die Kartengrenze hinaus und schließt auch Köln noch mit ein. Dort, wo man diese Bezeichnung kennt, verwendet man daneben natürlich auch *Dachrinne*. *Kalle*, ein Wort lateinischen Ursprungs, ist im heutigen Alltagsdeutsch immer seltener zu hören, beispielsweise in Viersen. In der Fragebogenerhebung war für Viersen von den Menschen, die älter als 24 Jahre waren, *Kalle* als dominierendes Synonym genannt worden; wenn man das Ergebnis aber einmal nach Altersgruppen auffächert, weicht dieses Bild auf (Ka = Kalle, Da = Dachrinne, Re = Regenrinne):

	Ka	Da	Re
AG 1	13	10	1
AG 2	12	8	3
AG 3	1	5	5
AG 4	0	15	17

In den beiden älteren Gruppen (45–64 Jahre, 65 Jahre und älter) ist *Kalle* noch bestens bekannt. In der Altersgruppe 3, das sind die Viersener im Alter von 25 bis 44 Jahren, kippt das Verhältnis; *Kalle* war hier nur noch auf einem Fragebogen zu finden, Menschen dieses Alters sprechen von *Dachrinne* und *Regenrinne*. Das gilt auch für die Jugendlichen der Gruppe 4 (16 bis 24 Jahre alt), für die *Kalle* langsam zum Fremdwort wird (oder schon geworden ist). *Regenrinne* scheint das Wort zu sein, das junge Leute am Niederrhein und anderswo im Rheinland heute bevorzugen.

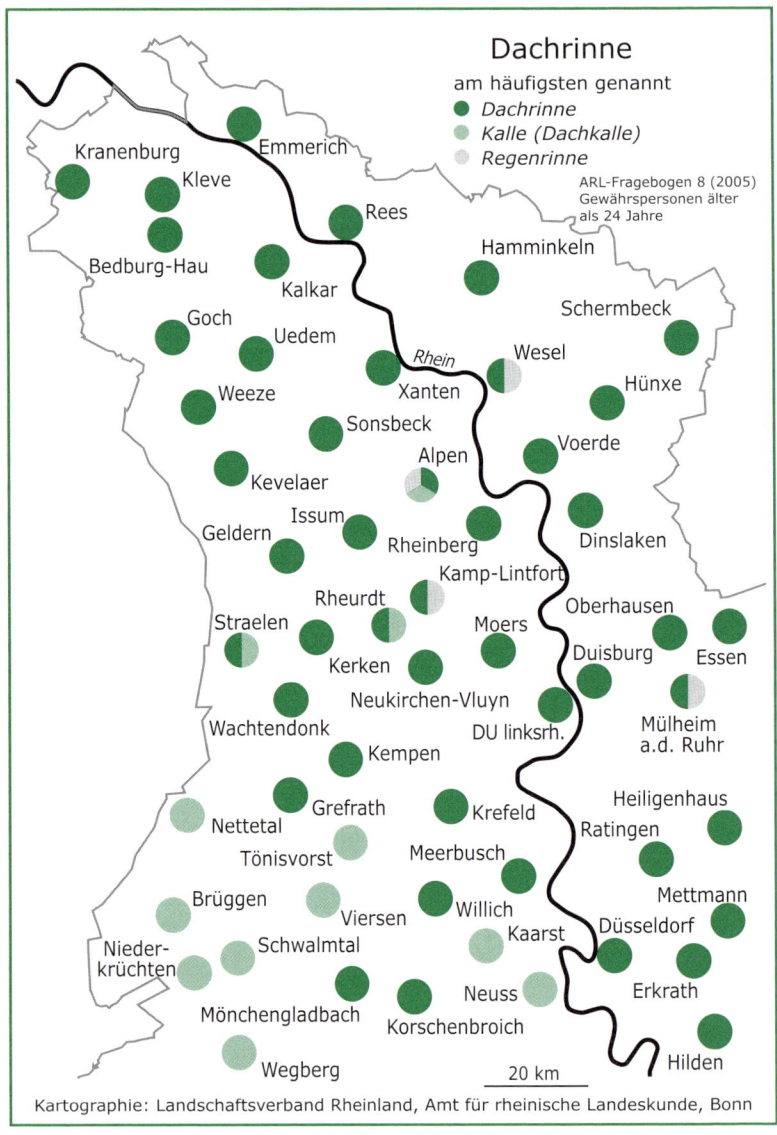

Dachrinne

am häufigsten genannt
- ● Dachrinne
- ● *Kalle (Dachkalle)*
- ● *Regenrinne*

ARL-Fragebogen 8 (2005)
Gewährspersonen älter
als 24 Jahre

Kranenburg
Emmerich
Kleve
Rees
Hamminkeln
Bedburg-Hau
Kalkar
Schermbeck
Goch
Uedem
Wesel
Rhein
Weeze
Xanten
Hünxe
Sonsbeck
Voerde
Alpen
Kevelaer
Issum
Geldern
Rheinberg
Dinslaken
Kamp-Lintfort
Rheurdt
Oberhausen
Straelen
Moers
Kerken
Duisburg
Essen
Neukirchen-Vluyn
Wachtendonk
DU linksrh.
Mülheim
a.d. Ruhr
Kempen
Grefrath
Heiligenhaus
Nettetal
Krefeld
Ratingen
Tönisvorst
Meerbusch
Brüggen
Mettmann
Viersen
Willich
Nieder-
krüchten
Schwalmtal
Kaarst
Düsseldorf
Mönchengladbach
Neuss
Erkrath
Korschenbroich
Wegberg
20 km
Hilden

Kartographie: Landschaftsverband Rheinland, Amt für rheinische Landeskunde, Bonn

Vom Regen in die Traufe kommen
In anderen Regionen Deutschlands nennt man die Dachrinne auch *Kandel, Kännel, Dachtraufe, Traufrinne* oder – aber das ist wohl eher mundartlich – *Scharrinne* (in Bayern). Die *Dachtraufe*, die die meisten aus der Wendung „vom Regen in die Traufe kommen" her kennen, ist eigentlich der untere Dachabschluss (ohne eine daran befestigte Rinne). Wer früher bei Regen versehentlich unter die Traufe eines Daches trat, bekam einen Vorgeschmack darauf, was später unter dem Begriff „Dusche" modern werden sollte. Dort, wo das Hausdach so weit nach unten reichte, dass man aus der *Traufrinne* auch hätte trinken können, konnte einem das natürlich nicht passieren.

Grüßen Sie Ihr I-Dötzchen
Schulanfänger

Grüße und Glückwünsche werden heute gern über die Zeitung versendet. Ob die Großmutter Geburtstag hat oder ob die Enkeltochter das Abitur besteht, es steht in der Zeitung. Auch der erste Schultag soll nicht von der Öffentlichkeit unbemerkt verstreichen. „Grüßen Sie Ihr I-Dötzchen mit einer Anzeige in der RP" fordert die Rheinische Post in den Wochen vor Schuljahresbeginn ihre Leserinnen und Leser auf.

I-Dötzchen scheint ein werbetüchtiges Wort zu sein. Die Marketingleute der RP gebrauchen es gleich noch einmal, wenn sie hinzufügen: „Wünschen Sie Ihrem I-Dötzchen einen guten Start in die Schullaufbahn." Am Niederrhein weiß jeder, was ein *I-Dötzchen* ist. In der Alltagssprache ist oft auch *I-Dötzken* zu hören, was ja gleich ein Stückchen niederrheinischer klingt. In deutschen Wörterbüchern findet man es – wenn es denn verzeichnet ist – als *I-Dötzchen*, mit seiner hochdeutschen Endung also.

Die Karte unterstreicht, dass *I-Dötzken/I-Dötzchen* am Niederrhein gut bekannt ist, während das Grau von *I-Männeken* deutlich zurücktritt. Sie führt vor Augen, welche Bezeichnung heute in der regionalen Alltagssprache wo dominiert, weitere Varianten wurden weggelassen. Der Fragebogen von 2005, auf dessen Ergebnissen die Karte basiert, hatte vier Wortangebote gemacht: *I-Männchen – I-Männeken – I-Dötzchen – I-Dötzken.* Von den Informanten am Niederrhein wurden nur in

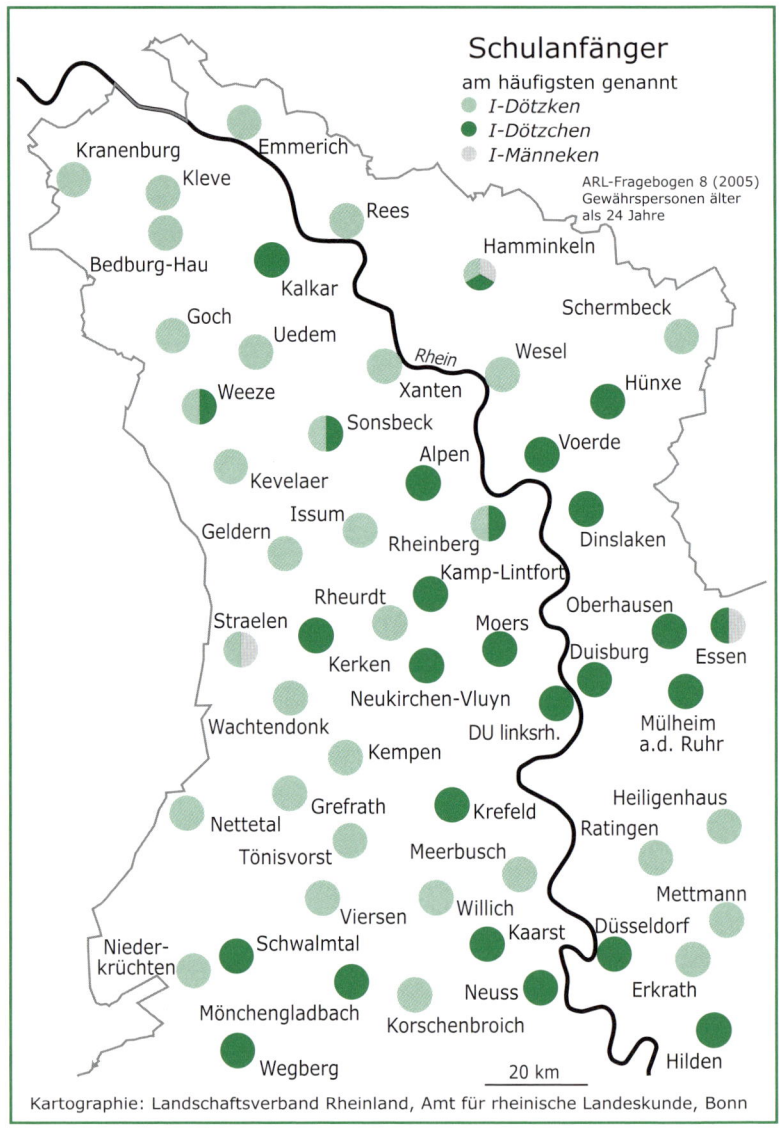

Schulanfänger

am häufigsten genannt
- I-Dötzken
- I-Dötzchen
- I-Männeken

ARL-Fragebogen 8 (2005)
Gewährspersonen älter
als 24 Jahre

Kranenburg
Emmerich
Kleve
Rees
Hamminkeln
Bedburg-Hau
Kalkar
Schermbeck
Goch
Uedem
Wesel
Rhein
Weeze
Xanten
Hünxe
Sonsbeck
Voerde
Alpen
Kevelaer
Issum
Geldern
Rheinberg
Dinslaken
Kamp-Lintfort
Rheurdt
Oberhausen
Straelen
Moers
Kerken
Duisburg
Essen
Neukirchen-Vluyn
Wachtendonk
DU linksrh.
Mülheim
a.d. Ruhr
Kempen
Grefrath
Krefeld
Heiligenhaus
Nettetal
Ratingen
Tönisvorst
Meerbusch
Mettmann
Viersen
Willich
Kaarst
Düsseldorf
Nieder-
krüchten
Schwalmtal
Erkrath
Neuss
Mönchengladbach
Korschenbroich
Hilden
Wegberg
20 km

Kartographie: Landschaftsverband Rheinland, Amt für rheinische Landeskunde, Bonn

Ausnahmefällen andere Wörter hinzugefügt: In Duisburg einmal *I-Stippken,* in Mönchengladbach die Mehrzahlform *I-Möppkes.* Für Goch hieß es auf einem Fragebogen *Erstebracker,* wobei gleich auch die Dialektvariante *Örstebracker* mitgeliefert wurde. Eine Kleverin schrieb *I-Kröttje* und *I-Krötteke;* dabei handelte es sich aber wohl, wie auch beim Krefelder *I-Kröttschke,* um Wörter des Dialekts. Ob sie auch in der regionalen Umgangssprache noch verwendet werden, muss offen bleiben. Bei jüngeren Leuten, die den Fragebogen ausgefüllt haben, fehlen solche Wortergänzungen zumeist.

Die niederrheinische Variante von *I-Männchen* ist *I-Männeken* (bzw. *I-Männken,* siehe S. 30). Auf der Karte ist jedoch gut zu erkennen, dass das *I-Männeken* sehr viel seltener vorkommt als *I-Dötzken/ I-Dötzchen.* Die RP lag also richtig, als sie sich für *I-Dötzchen* entschied. Das Straelener Symbol auf der Karte, in der Mitte geteilt, zeigt an, dass hier *I-Dötzken* und *I-Männeken* in gleicher Stärke genannt worden waren. Da für diese Stadt aber nur zwei ausgefüllte Fragebögen vorlagen, sagt das Ergebnis noch wenig aus. Für das benachbarte Kerken waren folgende Zahlen zu verbuchen: *I-Dötzchen:* 7, *I-Männeken:* 6, *I-Dötzken:* 5, *I-Männchen:* 1. Auf der Karte ist Kerken also mit dem Symbol für *I-Dötzchen* zu finden. (Mehrere Informanten hatten hier mehr als nur ein Kreuzchen auf dem Fragebogen gemacht; die insgesamt 19 Kerkener Belege stammen von 15 Bögen.)

Für Essen ergab die Auszählung für Gewährsleute, die 25 Jahre oder älter waren, insgesamt 31 Kreuzchen. *I-Dötzchen* und *I-Männeken* wurden am häufigsten, jeweils zehnmal, angekreuzt; auf der Karte ist deshalb für Essen das Halbe-Halbe-Symbol eingetragen. Sechs- bzw. fünfmal wurden *I-Männchen* und *I-Dötzken* genannt. *I-Männeken/I-Männchen* ist im Westfälischen, wie die entsprechende Karte im „Wortatlas der deutschen Umgangssprachen" zeigt, die vorherrschende Bezeichnung für einen Erstklässler. Essen markiert den Übergang zwischen beiden Gebieten.

Ein *Dotz* bzw. ein *Dötzke* ist in den Dialekten des Niederrheins ein kleines Kind. Ursprünglich meinte *Dotz* wohl etwas ‚kleines Rundliches'. *I-Dotz* bzw. *I-Dötzke* wurde dann auf Platt ein Kind genannt, das in die Schule kam und dort seine Schreibübungen mit dem kleinen *i* begann. *I-Krötteke, I-Kröttschke, I-Köttel* gehören in dieselbe Reihe. *I-Mimmschen* sagt oder sagte man einmal im Aachener Raum. Auf der Ebene der regionalen Alltagssprache scheinen die meisten dieser alten Wörter keine Rolle mehr zu spielen. *I-Dötzchen* hat das Rennen gemacht.

Die Gemeinden Wald und Zell liegen im Landkreis Cham, der zur Oberpfalz gehört, zu Bayern also. Im gemeinsamen Mitteilungsblatt beider Gemeinden war im Sommer 2004 zu lesen: „Der 1. Schultag steht vor der Tür, und das bedeutet für die i-Dötzchen jede Menge Aufregung". Ludwig Zehetner, der ein Wörterbuch über das regionale Deutsch in Bayern verfasst hat, greift diesen Fall von Sprachverirrung auf und kommentiert ihn mit den Worten: „Ist es vorstellbar, dass bairische Ausdrücke wie *Zwackerl* oder *Buzerl* im Mitteilungsblatt einer ländlichen Gemeinde im, sagen wir einmal, niedersächsischen Kreis Rotenburg an der Wümme auftauchen? Ausgeschlossen!" Nun, mit *Zwackerl* und *Buzerl* hätten auch die Menschen in einer ländlichen Gemeinde der Kreise Kleve oder Viersen so ihre Probleme. Es sind Bezeichnungen für ein kleines Kind.

I-Dötzchen, das wird man aber aus der Sicht des Rheinlandes anführen dürfen, ist in geographischer Hinsicht längst über sein Ursprungsgebiet hinausgewachsen; es ist auch kein Wort mehr, das auf die Ebene der gesprochenen Sprache beschränkt ist. Beleg dafür kann das „Variantenwörterbuch des Deutschen" sein, erschienen 2004, das, wie es im Untertitel heißt, die „Standardsprache in Österreich, der Schweiz und Deutschland sowie in Liechtenstein, Luxemburg, Ostbelgien und Südtirol" umfasst. Als Varianten für schriftsprachliches *Schulanfänger* sind darin verzeichnet: *Erstklässler, Erstklassler, I-Dotz/I-Dötzchen, Tafelkratzer* und *Taferlklassler*. Zu *I-Dötzchen* heißt es dort „D-mittelwest (rhein.)", es wird also dem Rheinland zugeordnet. Das Stichwort *I-Männchen* gibt es in diesem Wörterbuch nicht.

Nun ist auch in der „Zeit", im „Spiegel" und in vielen anderen Medien vom *I-Dötzchen* die Rede, ohne dass das Wort mit Anführungszeichen verziert wäre, durch die inadäquate oder neue Wörter gern markiert werden. Heißt das nicht, dass das *I-Dötzchen* auf dem Weg nach Deutschland ist? In der „Zeit" war in einem „Kinder, Kinder!" überschriebenen Artikel beispielsweise zu lesen: „Die neuen Glaubenssätze der modernen Gesellschaft (die ein halbes Jahrhundert brauchten, um sich durchzusetzen) kann mittlerweile jedes i-Dötzchen der Republik herunterbeten." Ein Beispiel aus den Online-Seiten des „Spiegel": „In Baden-Württemberg ist der Fremdsprachenunterricht an Grundschulen schon seit 2003 verpflichtend. Bei den Schwaben müssen seitdem schon die I-Dötzchen Englisch pauken."

I-Pänzchen und *I-Möpschen*
Auch in anderen Teilen Deutschlands kennt man I-Wörter, die den Schulanfänger bezeichnen, hier einige Beispiele (mit Einzahl- oder Mehrzahlform): *I-Pummel/I-Pümmel* (Paderborn), *I-Panz/I-Pänzchen* (Prüm, Saarburg), *I-Gacken* (Trier, Saarburg), *I-Dippelsche* (Kaiserslautern), *I-Möpschen* (Treysa/Hessen) oder, in den neuen Bundesländern, *I-Kacker* (Bernburg/Sachsen-Anhalt), *I-Göckser* (Suhl/Thüringen) und *I-Kiegel* (Cottbus/Brandenburg).

Bleibt noch die Frage nach der Größe des I: *I-Dötzchen* oder *i-Dötzchen*? Wer in Wahrigs „Deutschem Wörterbuch" aus dem Jahr 2000 nachschlägt, wird das Wort vergeblich suchen: auf der Seite 671, wo es zwischen *Idololatrie* und *Idus* unterzubringen wäre, fehlt es. Dafür wurde, eine Seite weiter, *I-Männchen* aufgenommen, mit einem Großbuchstaben also; das Wort, so ein Zusatz, komme „regional" vor. Dagegen verzichtet der zehnbändigen Duden von 1999 auf das Stichwort *I-Männchen*, bietet aber *I-Dotz* und *I-Dötzchen* mit der Erläuterung „rhein.", also rheinisch. Der Rechtschreib-Duden von 1996 hatte *i-Dötzchen* („rhein. für Abc-Schütze") mit kleinem *i* aufgenommen; so taucht es auch in der neuesten Auflage von 2006 wieder auf. Das letzte Wort scheint in dieser Rechtschreibfrage noch nicht gesprochen zu sein.
Wer in Dialektwörterbüchern nachschlägt, wird feststellen, dass *Dotz* und *Dötzke* auch schon mal abwertend verwendet werden oder wurden. Auch *I-Dotz* und *I-Dötzke* haben sicherlich einmal einen Beigeschmack gehabt – wie *I-Köttel* oder *I-Kröttje*. Es waren die herablassenden oder herabsetzenden Bezeichnungen der Älteren für die Jüngeren, der Fortgeschrittenen für die Anfänger. Das *I-Dötzchen* unserer Tage, gerade in schriftlichen Zusammenhängen, hat diese Assoziationen längst abgestreift: „Grüßen Sie Ihr I-Dötzchen mit einer Anzeige in der RP". Außerhalb des Niederrheins und des übrigen Rheinlands werden auch nur wenige Menschen wissen, welchen Ursprung *Dotz* und *Dötzchen* haben: *I-Dötzchen* klingt positiv. Damit ist aber der Weg frei, auch ins amtliche Mitteilungsblatt im oberpfälzischen Wald oder Zell. Und was von heutiger Warte aus vielleicht wie eine Sprachverirrung aussieht, könnte der Anfang einer großen Wortkarriere sein.

Nie mehr Schullabeiten
Hausaufgaben

Zu Beginn der 1980er Jahre wurden überall im Rheinland Dialektsprecher gesucht. Das Amt für rheinische Landeskunde machte damals die Tonaufnahmen für sein Projekt „Das rheinische Platt – Eine Bestandsaufnahme", mit dem die Dialekte zwischen Kleve und dem Hunsrück dokumentiert werden sollten. 1989 erschien als Ergebnis dieses Unternehmens ein Buch desselben Titels mit 500 Verschriftungen mundartlicher Tonaufnahmen. Der Niederrhein war gut vertreten; man findet in diesem Band beispielsweise Texte aus kleinen Orten wie Nütterden (siehe S. 94), Drevenack (bei Hünxe) oder Overhetfeld (gehört zu Niederkrüchten) neben verschrifteten Sprachproben aus Städten wie Oberhausen oder Düsseldorf.

Eine Aufnahmefahrt der Bonner Sprachforscher führte 1983 nach Bislich bei Wesel. Eine Mundartsprecherin, 1925 dort geboren, erzählte unter anderem vom Hausschlachten, wie es in ihrer Jugend noch üblich war, und über ihre Schulzeit vor dem Zweiten Weltkrieg:

„Da bekamen wir ganz schön Schularbeit auf, ne. Und wenn wir zuhause waren aus der Schule, all die Schularbeit, die konnten wir gar nicht ganz fertig machen, mussten wir sofort schon wieder helfen auf dem Land und so, mit den Kühen und so. Ja, und dann mussten wir da erst helfen; und abends durften wir Schularbeit machen. Und wenn wir noch eben Zeit hatten, dann konnten wir noch spielen."

So liest sich die hochdeutsche Übersetzung des Dialekttextes. Auf Platt hatte der erste Satz gelautet: *Da krege we ganz schön Schullärbäit op, ne.* An den beiden anderen Stellen, an denen die Bislicherin die schulischen Hausaufgaben noch erwähnt, spricht sie sie *Schoolärbet* aus. Hätte sie auf Hochdeutsch erzählt, wäre mit hoher Wahrscheinlichkeit von *Schularbeit* die Rede gewesen.

Auf dem Fragebogen des Jahres 2005, der auf das regionale Alltagsdeutsch zielte, waren die Synonyme *Schularbeiten* (in der Mehrzahl) – *Hausarbeiten* – *Schulaufgaben* – *Hausaufgaben* – *Aufgaben* angeboten worden. Ältere Niederrheiner und Niederrheinerinnen kreuzten in ihrer Mehrheit *Schularbeiten* an. Das Wort, so lässt sich interpretieren, haben sie in ihrer Kindheit kennen gelernt. Und zwar als Bestandteil des Dialekts (*Schulärbäit, Schoolärbet* zum Beispiel in Bislich) und als Wort des örtlichen Hochdeutschen. Um die beliebte Frage nach Henne

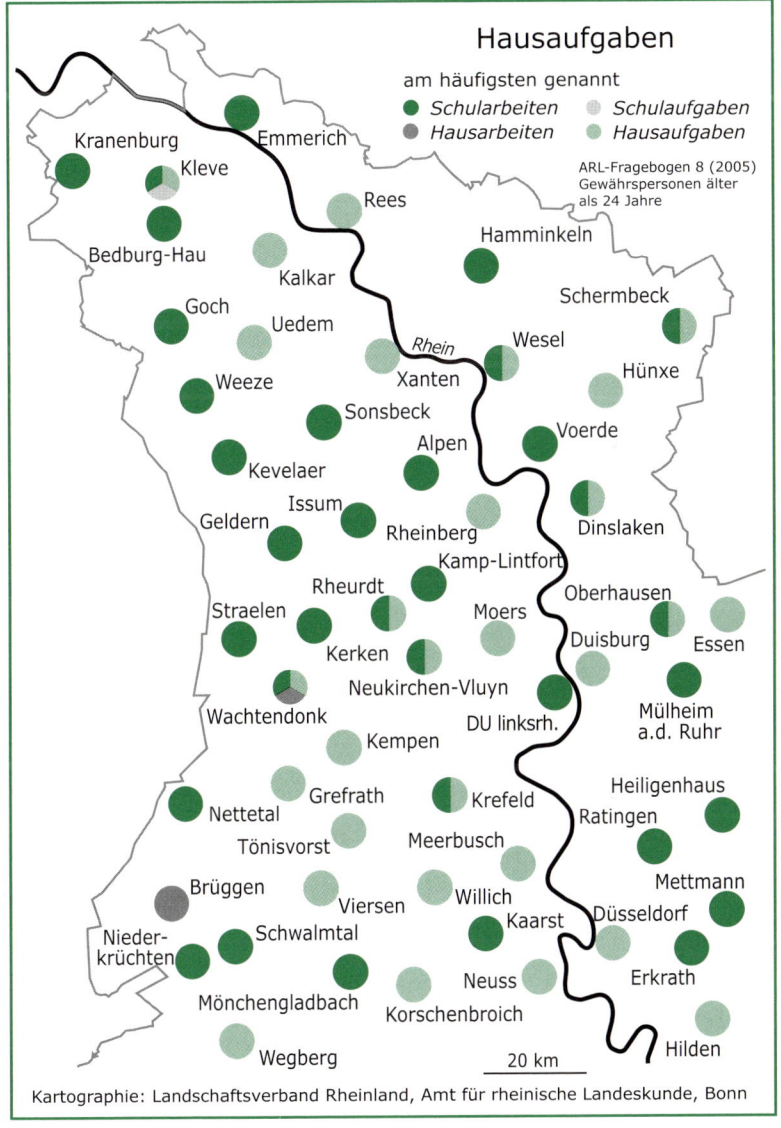

Hausaufgaben

am häufigsten genannt

- Schularbeiten   ○ Schulaufgaben
- Hausarbeiten   ○ Hausaufgaben

ARL-Fragebogen 8 (2005)
Gewährspersonen älter
als 24 Jahre

Kranenburg Emmerich
Kleve
Rees
Hamminkeln
Bedburg-Hau
Kalkar
Goch Schermbeck
Uedem
Rhein Wesel
Weeze Xanten Hünxe
Sonsbeck
Alpen Voerde
Kevelaer
Issum
Geldern Rheinberg Dinslaken
Kamp-Lintfort
Rheurdt Oberhausen
Straelen Moers
Duisburg Essen
Kerken
Neukirchen-Vluyn
Wachtendonk Mülheim
DU linksrh. a.d. Ruhr
Kempen
Grefrath Krefeld Heiligenhaus
Nettetal Ratingen
Tönisvorst Meerbusch
Mettmann
Brüggen Viersen Willich Düsseldorf
Nieder- Schwalmtal Kaarst
krüchten
Neuss Erkrath
Mönchengladbach Korschenbroich
Wegberg Hilden

20 km

Kartographie: Landschaftsverband Rheinland, Amt für rheinische Landeskunde, Bonn

77

und Ei zu umschiffen: Platt und Hochdeutsch hatten damals dasselbe Wort – mit dialektalen und hochdeutschen Lautvarianten.

Auf der Karte dominiert grün, das für *Schularbeiten* (einschließlich *Schularbeit*) steht. Eine alltagssprachliche Aussprachevariante lautet *Schullabeiten*, mit kurzem *u* und kurzem *a*; die Kurzform ist *Schulla*. In den Ortsteilen der Stadt Wesel, zu der auch Bislich gehört, wurde 2005 *Schularbeiten* ebenso oft angekreuzt wie *Hausaufgaben* (hellgrün), das ja in anderen Orten am Niederrhein schon am häufigsten genannt wurde. Südlich von Mönchengladbach schließt sich ein Gebiet an, in dem *Aufgaben* das zentrale Wort ist.

Bei den jungen Leuten zwischen 16 und 24 Jahren zeigt sich ein ganz anderes Bild; denn in keiner der niederrheinischen Kommunen kommt *Schularbeiten* noch auf den ersten Platz. Die Auszählung in Kevelaer ergab zum Beispiel ein Zahlenverhältnis von 2 : 23 bei den Jugendlichen: alle 23 Gewährspersonen kreuzten *Hausaufgaben* an, nur zwei von ihnen daneben auch das alte Wort *Schularbeiten*. Eine von Schülern und Schülerinnen heute benutzte Kurzform für *Hausaufgaben* heißt *Hausis*, eine andere – das Englische lässt schön grüßen – *Homies*. Ob *Homies* allerdings bei den derzeitigen Schülerinnen und Schülern auf mehr Begeisterung stoßen als die Hausaufgaben, die bei ihren Eltern oder Großeltern noch *Schoolärbet* oder *Schulla* hießen, darf wohl bezweifelt werden.

Mein Bruder is auf Jück unterwegs

Wenn jemand *auf Jück* ist, dann sagt man in Oberhausen über ihn, er (oder sie) ist *auf Achse, auf Ritt, auf der Rolle* oder *auf Trallafitti*; und natürlich kennt man dort auch *auf Jück* oder *auf Jöck. Auf Jück* sein heißt am Niederrhein: unterwegs sein, ohne dass man sagen könnte, wo derjenige, der unterwegs ist, sich denn befindet. Das kann, wenn der Gesuchte erwachsen ist, zum Beispiel bedeuten, dass er gerade eine Kneipentour macht; so sind in der Karnevalszeit viele *Jecken auf Jück. Jöck* (*Jück*) ist ein altes Dialektwort; es leitet sich von *jöcke* ab, das nicht nur ‚jucken‘ bedeutet, sondern auch ‚schnell gehen oder fahren‘ und auch ‚zum Vergnügen eine Reise machen‘.

Den Ausdruck *auf Jück, auf Jöck* oder *op Jöck* kennt man am Niederrhein überall. Das bestätigte sich bei einer ARL-Fragebogenaktion im

Jahr 2002: Nur auf den Fragebögen aus Xanten und Sonsbeck fehlten die entsprechenden Kreuzchen, wo die Menschen *auf Schöcklebömm* ergänzten. Ganz sicher ist *auf Jück* aber auch dort bekannt. Dieser schriftlichen Befragung entstammen ebenfalls die Oberhausener Angaben (siehe oben).

Viele Niederrheiner werden nie in ihrem Leben das Wort *Trallafitti* gehört haben. Die Karte nennt neben Essen und Mülheim auch Duisburg und Oberhausen als Orte, in denen die Menschen *auf Trallafitti* sind, wenn sie *auf Jück* gegangen sind. Auch anderswo im Revier, so etwa in Bochum, sagt man *auf Trallafitti gehen* oder *Trallafitti machen*. Darüber hinaus ist *Trallafitti* auf der Karte noch für Voerde, Kleve und Kranenburg eingezeichnet. Auch in Hamminkeln wurde es in einen Fragebogen eingetragen, dort aber von einem Jugendlichen unter 20, so dass es auf der Karte nicht zu finden ist. *Auf Jück* ist, wie gesagt, überall bekannt. Thema der Karte sind drei besondere Ausdrücke, die jeweils recht klare Verwendungsgebiete haben: *auf Trallafitti, auf Schöcklebömm* und *auf Jusch/auf Jüsch*.

Wer einmal kräftig spekulieren möchte, der kann sich Gedanken darüber machen, woher denn dieses *Trallafitti* stammt. Hängt es mit *Tralla* zusammen? Heinz Küpper führt *Tralla* in seinem „Wörterbuch der deutschen Umgangssprache" auf, nennt als Bedeutung „Stumpfsinn; Narretei" und fügt die Wendung *zum Tralla sein* hinzu; *zum Tralla* ist etwas, was man auf den Kopf gehauen und verjubelt hat. Auf derselben Seite in Küppers Wörterbuch findet man das Stichwort *trallala machen*, das „ausgelassen sein; ohne Ernst sein; flirten; sich amüsieren" bedeuten kann. Gibt es hier einen Zusammenhang?

Die Herkunft von *Schöcklebömm* ist ebenfalls ungewiss. Das Wort ist, wie die Karte belegt, zwischen Xanten, Wesel, Rheinberg und Geldern bekannt. Für Goch wurde einmal *auf Jöckelebömm* gemeldet, eine Mischform zwischen *Jöck* und *Schöcklebömm*. Auf der Karte ist für Goch das Grün von *Schöcklebömm* eingetragen.

Im zweiten Band des „Rheinischen Wörterbuches" findet man das Verb *jusche*, dort „guschen" geschrieben, weil das *j* am Wortanfang kein ursprüngliches *j* ist wie in *Jöck*, sondern ein rheinisches *j*, das auf *g* zurückgeht. In Süchteln, so ist dort zu lesen, kenne man es in der Bedeutung „herumjagen, z. B. von Liebenden am Abend, wo dieselben zu Hause sein sollten". Im Dialekt von Leuth, das wie Süchteln im Kreis Viersen liegt, kann dieses *jusche* „Über die Straße laufen, anstatt zu Hause zu bleiben" bedeuten. Einige Kilometer weiter, in

Grefrath, sagt man auf Platt *Do böös ooch maar jedden Oavend op Jusch*, wenn jemand allzu oft unterwegs ist, ob nun in Liebesangelegenheiten, auf Nachbarschaftstour oder zu Kneipenbesuchen; nachzulesen ist das im „Grefrather Mundartwörterbuch". Im ebenfalls benachbarten Breyell bezeichnen die Dialektsprecher eine Frau, die sehr viel aus dem Haus geht, als *Juschvott*: *Ech habb nie jewoos, wat Nesske vör en Juschvott es* lautet ein Beispielsatz im „Breyeller Wörterbuch". Das Verb *jusche*, so erläutert wieder das „Rheinische Wörterbuch", leitet sich ursprünglich von *Jusch* ab, der Bezeichnung für einen biegsamen Zweig, vor allem für einen Weiden- oder Haselnusszweig, mit dem man Fliegen verjagen und Mensch oder Tier schlagen kann; beim Schlagen mit der *Jusch* entsteht ein schwirrender Ton.

Wie sich auf der Karte gut erkennen lässt, ist *auf Jusch* bzw. *auf Jüsch* im Kreis Viersen bestens bekannt. Es wurde über Grefrath und Kempen hinaus auch noch für Wachtendonk und Straelen gemeldet; das Verwendungsgebiet reicht jenseits von Mönchengladbach und Heinsberg weit nach Süden. Ganz im Norden wurde je einmal *auf Jusch* (in Kranenburg) und *auf Jüsch* (in Goch) angekreuzt. Doch sind hier Fragezeichen anzubringen: Haben die zwei Fragebogenbearbeiter hier vielleicht einen Fehler gemacht? Und wenn doch alles stimmen sollte: Wird *Jusch/Jüsch* am nördlichen Niederrhein tatsächlich mit dem südniederrheinischen *j* ausgesprochen? Falls ja, handelt es sich um einen klaren Fall von Entlehnung.

Die niederrheinischen Gewährsleute haben 2002 noch viel mehr Ausdrücke genannt, manche davon nur ein einziges Mal, andere Synonyme tauchten immer wieder auf. Hier eine Auswahl: *auf Tour* (unter anderem in Kevelaer und Mülheim) oder auch *op Tour* (Korschenbroich), *auf (der) Reise* (Straelen, Krefeld), *auf der Piste* (Duisburg, Viersen), *auf der Pirsch* (Mönchengladbach), *auf Derby* (Voerde), *auf Schipp* (Mönchengladbach), *auf Rutsch* (Viersen, Mönchengladbach) oder *auf Trapp* (Duisburg, Neuss). Neben regionalen Ausdrücken brachten junge Leute (im Alter zwischen 17 und 19 Jahren) auch schon mal jugendsprachliche Alternativen ins Spiel. So schrieben junge Krefelder neben *auf Achse, auf der Rolle* oder *am Start sein* auch *abhotten* und *chillen*. Gleichaltrige aus Kevelaer ergänzten unter anderem *cruisen* und ebenfalls *chillen*; sie kannten aber auch *auffe Rolle gehen* oder *auf Sträßken sein*.

Auf Sträßken sein ist, in mancherlei Varianten, in vielen Orten am Niederrhein bekannt, beispielsweise in Weeze, Geldern, Schwalmtal oder

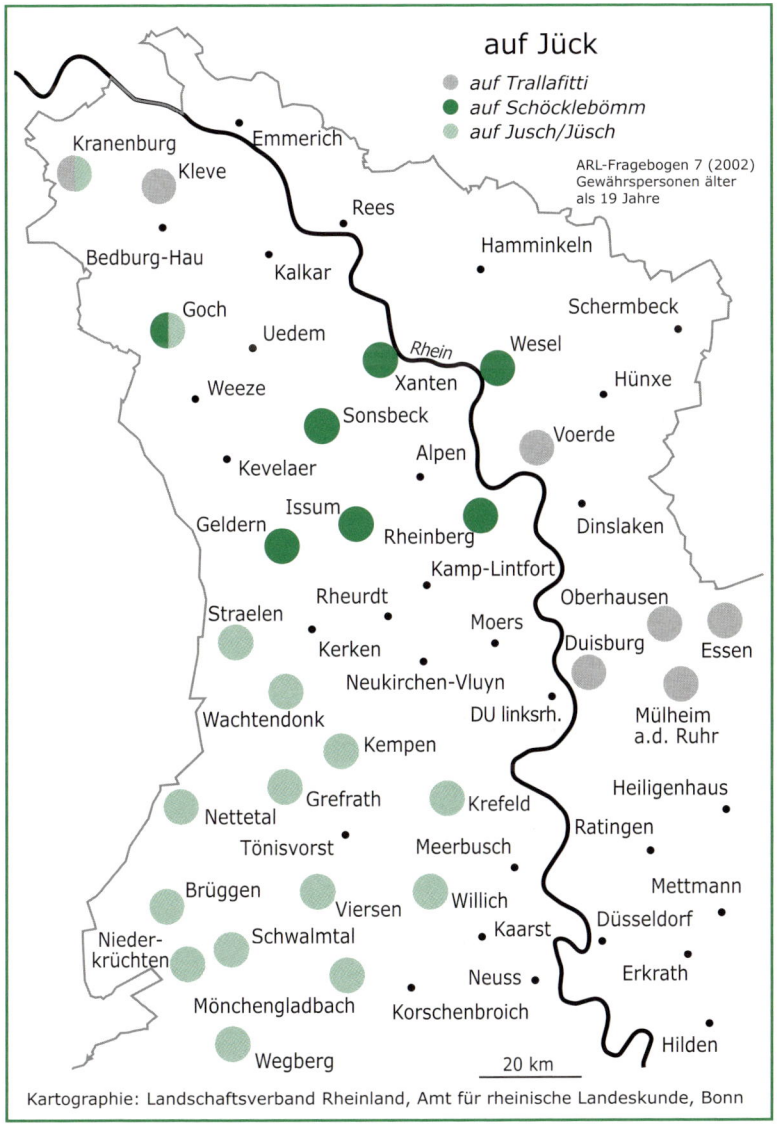

auf Jück

- auf *Trallafitti*
- auf *Schöcklebömm*
- auf *Jusch/Jüsch*

ARL-Fragebogen 7 (2002)
Gewährspersonen älter
als 19 Jahre

Kranenburg
Emmerich
Kleve
Rees
Bedburg-Hau
Kalkar
Hamminkeln
Goch
Schermbeck
Uedem
Rhein Wesel
Weeze
Xanten
Hünxe
Sonsbeck
Voerde
Kevelaer
Alpen
Issum
Geldern
Rheinberg
Dinslaken
Kamp-Lintfort
Rheurdt
Oberhausen
Straelen
Moers
Kerken
Duisburg Essen
Neukirchen-Vluyn
Wachtendonk
DU linksrh.
Mülheim
a.d. Ruhr
Kempen
Heiligenhaus
Grefrath
Krefeld
Nettetal
Ratingen
Tönisvorst
Meerbusch
Brüggen
Mettmann
Viersen Willich
Nieder-
Schwalmtal
Kaarst
Düsseldorf
krüchten
Mönchengladbach
Neuss
Erkrath
Korschenbroich
Wegberg
20 km
Hilden

Kartographie: Landschaftsverband Rheinland, Amt für rheinische Landeskunde, Bonn

81

Mönchengladbach. Dann ist *auf Sträßchen, auf der Straße, auf Sträßken, auf et Sträßken* oder *aufm Sträßken sein* zu hören. Man kann auch *aufs Sträßken gehen.* Ein Jugendlicher aus Viersen brachte die unvermeidliche Version auf Englisch ins Spiel: *on the way.*

Ein *Absacker* in Gütersloh
Vor einigen Jahren ist ein Buch zum Gütersloher Deutsch erschienen. Die Niederrheinerin, die darin blättert, wird auf viele Wörter stoßen, die sie kennt. *Modder* und *Motsche, Kawenzmann* und *Henkelmann, Blag* und *Gesocks* – um nur einige zu nennen. Viele der ostwestfälischen Wörter, die der Autor Matthias E. Borner hier erklärt, kennt man am Niederrhein allerdings nicht. Das fängt schon beim Titel „Pölter, Plörre und Pinöckel" an. Wer sich dafür interessiert, was *Pölter* bedeutet, was ein *Zissemännken* ist oder was sich hinter *Pillepoppen* verbirgt, der muss dieses amüsant geschriebene Werk schon selbst in die Hand nehmen. In Lektion 5 wird erläutert, was eine *Schlür* ist. Das Verb *schlüren* kann in Gütersloh „schleppen" oder „vernachlässigen" bedeuten; es wird aber auch im Sinn von „umherstreifen, bummeln, sich ohne bestimmtes Ziel fortbewegen" benutzt. Und wer, wie man am Niederrhein sagt, *auf Sträßken* oder *auf Jück is*, der ist in Gütersloh *auf Schlür*. Auf einer solchen Tour kommt irgendwann der Zeitpunkt, an dem zum *Schlürschluck* eingeladen wird. Im niederrheinischen Deutsch ist das der *Absacker*, jenes berühmt-berüchtigte letzte Glas, bei dem es oft nicht bleibt.

…obwohl ich tief im Herzen finde, das heißt Stutenkerl Weckmann

Wenn Sie in Ihrem Hotel auf Gran Canaria jemanden treffen, der *Claassen* heißt, ist die Wahrscheinlichkeit groß, dass er vom Niederrhein stammt. Vielleicht schreibt er sich auch *Claßen* oder *Klaßen*, möglicherweise *Klaeßen* oder *Claessen*, eventuell hängt auch noch ein *-s* hintendran und die Schreibweise ist *Claeßens*. All diese Varianten gehen auf *Claas* (oder *Claes*) zurück, die niederrheinische Kurzform von *Nikolaus*. Im Stadtarchiv von Geldern befindet sich eine Liste der Mitglieder der dortigen Schuhmachergilde aus dem Jahr 1536; *synt Crispinus en(de) Crispinianus Gylde* nennt sie sich. In diesem Verzeichnis wird auch ein *Claes slyeten* genannt. An diese Namenform schließt sich der heutige Familienname *Claessen/Claassen* mit all seinen Varianten an. Besonders häufig kam bei den Gelderner Gildebrüdern damals übrigens der Vorname *Jan* vor: *Jan tpont, Jan kremer, Jan va(n) yssem, Jan saelmeker* usw. *Janssen (Janßen, Janhsen, Jansen* usw.) führt heute denn auch die Liste der einheimischen Familiennamen am Niederrhein unangefochten an – zumindest in dessen Nordhälfte.

In alten niederrheinischen Texten steht das *ae* für einen langen *a*-Laut. In Familiennamen wie *Claessen, Daemen* (von *Daem = Adam*) oder *Maes* (von *Thomaes = Thomas*) hat es also nie ein *ä* gegeben. Auf Platt, in der gesprochenen Sprache, sagte und sagt man allerdings *Cloos* und *Moos*, mit einem langen, offenen *o. Kloos, Senter Kloos* oder *Zinter Kloos* wird der heilige Nikolaus in den Dialekten genannt. Und der Weckmann, den er den Kindern brachte, hieß am Niederrhein früher *Klooskerl* oder *Kloosmann*.

Von *Claassen* bis *Kohlhaas*
Lang ist die Liste der heutigen Familiennamen, die auf *Nikolaus* zurückgehen; nach vielen dieser Namen wird man am Niederrhein aber lange suchen müssen. Hier ein paar Beispiele: *Nicolai, Nicklisch, Nückel, Nigg, Nitschke, Kohlhaas, Klaussmaier, Kläuser, Lausen, Klassmann, Klees, Klässing, Lessing, Lossen, Klossmann, Klamann, Klafgen, Laabs, Klews, Klomann* oder *Klusen*.
Aus Konrad Kunzes „dtv-Atlas Namenkunde"

Was ein Weckmann ist, braucht einem Niederrheiner nicht erklärt zu werden. Falls aber doch einmal eine Brandenburgerin oder ein Sachse dieses Buch in die Hand bekommt: Es ist ein von Hand geformtes Gebäck aus Weizenmehl, das die Gestalt eines Menschen hat, bei der Kopf, Körper, Arme und Beine modelliert sind. Rosinen (oder Korinthen) markieren die Augen; oft ziert den Weckmann eine eingebackene Tonpfeife. Er gehört zu den Gaben, die St. Martin, Nikolaus oder vielleicht auch das Christkind bringen.

Thema der Karte sind die heute jeweils dominierenden Bezeichnungen für den Weckmann – *Klooskerl* und *Kloosmann* fehlen. Denn im Alltagsdeutsch, das auf der Karte dokumentiert werden soll, spielen die beiden alten Dialektwörter kaum noch eine Rolle. Am Niederrhein ist *Weckmann* Trumpf. Die Bezeichnungen im Einzelnen:

Weckmann: Weck oder *Wegge* ist ein altes Wort für eine bestimmte Brotsorte aus Weizenteig. Dass dieses „Gebildbrot" – so wird der Weckmann in der Fachsprache der Volkskunde genannt – ein Mann und keine Frau ist, ist vielleicht daran zu erkennen, dass er keinen Rock trägt: Man sieht zwei Beine. Beinkleider trugen in früheren Zeiten, als die Kleidung der Frauen noch aus (langen!) Kleidern und Röcken bestand, die Männer. Als (ehedem) männliches Accessoire kommt die Pfeife hinzu.

Weckmann ist, wie die Karte zeigt, am Niederrhein sehr weit verbreitet. Das Wort wurde auch im Osten, wo man *Stutenkerl* bevorzugt, von den Gewährspersonen fast überall genannt – Hünxe ausgenommen. Aber für Hünxe lag auch nur ein einziger Fragebogen (für die Altersgruppen über 24 Jahre) vor – mit einem Kreuzchen bei *Stutenkerl*.

Stutenkerl: Das Brot, das in dem einen Ort *Weck* genannt wird oder wurde, kann anderswo durchaus *Stuten* heißen oder geheißen haben. *Kerl* meint nichts anderes als *Mann*; eine Dialekt sprechende Frau konnte früher ihren Verlobten oder ihren Ehemann als ihren *Kerl* vorstellen. Die *Stutenkerl*-Belege am rechten Niederrhein schließen ans Westfälische an, wo man ebenfalls *Stutenkerl/Stutenmann* sagt. In einigen linksrheinischen Orten wurde *Stutenkerl* nach *Weckmann* als zweites Synonym genannt, etwa in Rheinberg und Moers. Auch in Düsseldorf kreuzten es zwei Fragebogenbearbeiter an; ein Brief, den eine Düsseldorferin dazu schrieb (siehe unten), deutet aber darauf hin, dass diese zwei *Stutenkerl*-Meldungen nur Irrläufer sind.

Buckmann: Der *Buckmann* ist, wörtlich übersetzt, ein ‚Bauch-Mann'. In Viersen, Mönchengladbach und in deren Umgebung wird, wie das „Rheinische Wörterbuch" belegt, ein Weckmann auf Platt *Buckmann* genannt. Auf der Karte war *Buckmann* nur für einen Ort, Schwalmtal, einzutragen. Neben *Weckmann* wurde *Buckmann*, wenn auch nur an zweiter Stelle, in dem Gebiet zwischen Straelen, Wachtendonk, Krefeld und Willich, Mönchengladbach, Wegberg genannt; im Süden reicht *Buckmann* über den Kartenrand hinaus bis nach Erkelenz.

Puhmann: Der *Buhmann* bezeichnet auf Platt einen ‚bösen Mann' oder ein ‚Schreckgespenst'. *Puhmann* scheint eine Lautvariante zu sein, die früher im Rheinland einmal weit verbreitet gewesen ist. Im großen „Rheinischen Wörterbuch" wird noch eine andere Verwendung dieses Dialektwortes erwähnt: es kann an der Ruhr auch einen Weckmann bezeichnen. Folgt man den Fragebögen von 2005, ist *Puhmann*

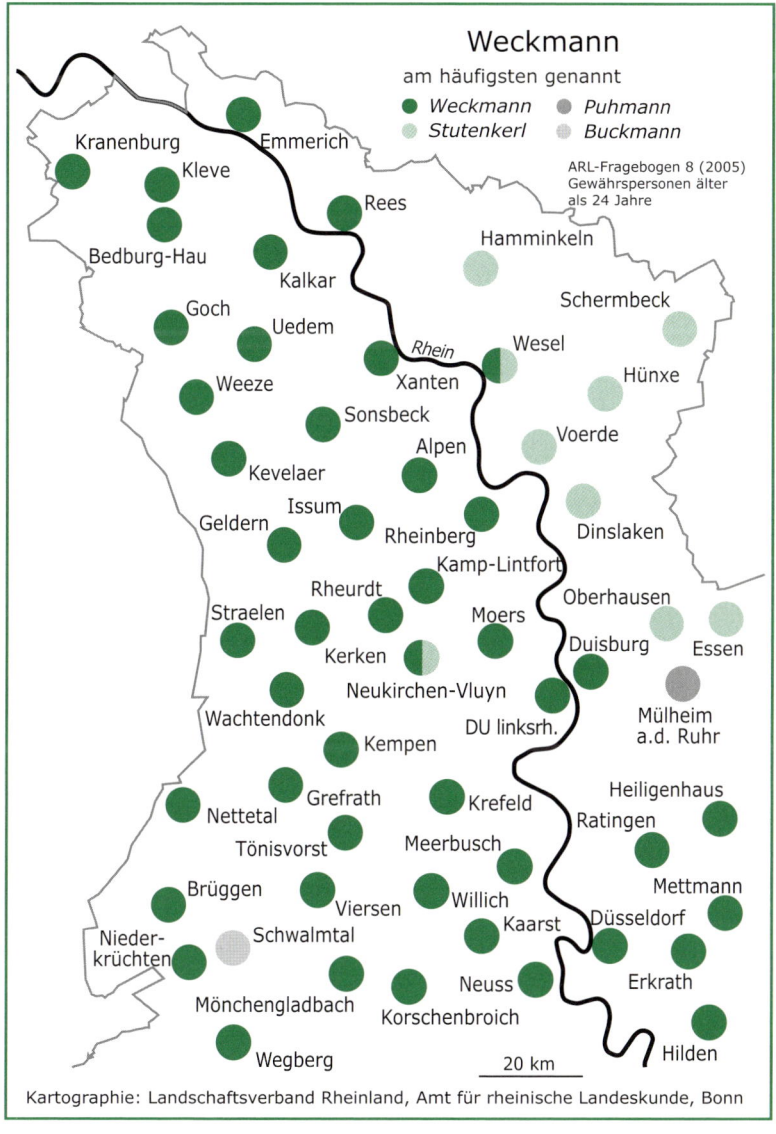

Weckmann

am häufigsten genannt

● *Weckmann*   ● *Puhmann*
● *Stutenkerl*   ● *Buckmann*

ARL-Fragebogen 8 (2005)
Gewährspersonen älter
als 24 Jahre

Kranenburg
Emmerich
Kleve
Rees
Hamminkeln
Bedburg-Hau
Kalkar
Schermbeck
Goch
Uedem
Rhein Wesel
Weeze
Xanten Hünxe
Sonsbeck
Alpen Voerde
Kevelaer
Issum
Geldern
Rheinberg Dinslaken
Kamp-Lintfort
Rheurdt
Oberhausen
Straelen
Moers
Kerken
Duisburg Essen
Neukirchen-Vluyn
Wachtendonk
DU linksrh. Mülheim
Kempen a.d. Ruhr
Grefrath
Heiligenhaus
Nettetal
Krefeld Ratingen
Tönisvorst
Meerbusch
Brüggen
Mettmann
Viersen Willich
Nieder-
Schwalmtal
Kaarst Düsseldorf
krüchten
Neuss Erkrath
Mönchengladbach
Korschenbroich
Wegberg
20 km Hilden

Kartographie: Landschaftsverband Rheinland, Amt für rheinische Landeskunde, Bonn

besonders in Mülheim noch gut bekannt. Je einmal wurde dieses kleinräumig gebräuchliche Synonym aus Oberhausen, Duisburg und Essen gemeldet.

> Sag mir, wo die *Weckfrau* ist…
> In Vluyn (Neukirchen-Vluyn) wurden die Kinder früher einmal auch mit *Weckfrauen* beschenkt, die Mädchen zumindest. Alois Döring schreibt in seinem Handbuch „Rheinische Bräuche durch das Jahr", dass in der Zeit nach dem Ersten Weltkrieg die Vluyner Jungs einen *Weckmann* mit Pfeife bekamen, die Mädchen eine *Weckfrau*, die an ihrem Rock zu erkennen war und die (natürlich?) nicht rauchte.

In Krefeld, Tönisvorst und Willich kennt man als Bezeichnung des Weckmanns auch *Weckpupp* (*Weckpopp, Weckpüppchen*). Ob dieses Wort tatsächlich im Alltagsdeutsch (noch) vorkommt? Oder ist es ein bloßes Dialektwort? *Kloosmann* fand sich auf einem Klever Fragebogen, *Klooskerl* auf Bögen unter anderem aus Sonsbeck, Moers und Kempen. *Krintenkerl* (wörtlich ‚Korinthenkerl') und *Krintenmann* kamen wieder aus Kleve, während *Piepenkerl* (‚Pfeifenmann') für Schermbeck und Moers genannt wurden. In allen Fällen stellt sich aber die Frage nach der tatsächlichen Gebräuchlichkeit in der regionalen Alltagssprache.

Als Ende 2005 der Fragebogen verschickt worden war, meldete sich eine Düsseldorferin per E-Mail, die aus Essen („aus'm Ruhrpott", schrieb sie) stammte und seit gut 20 Jahren am Niederrhein lebte. Zum Gebildbrot meinte sie: „Meine Herkunft birgt bisweilen Probleme. So bestelle ich für meine Kinder einen Weckmann beim Bäcker, obwohl ich tief im Herzen finde, das heißt Stutenkerl, aber wenn ich das hier sage, verstehnse mich nicht." Insgesamt gingen 106 Fragebögen aus Düsseldorf ein, die von Menschen über 24 ausgefüllt worden waren; in zwei Fällen fand sich ein *Stutenkerl*-Kreuzchen (siehe oben). Hier wurde höchstwahrscheinlich aufs falsche Pferd gesetzt.

1. Für die ‚Erstklässler' gibt es an vielen Orten eigene Wörter. Welches oder welche der folgenden Wörter hört man bei Ihnen?
□ *I-Männchen*   ☒ *I-Männeken*   □ *I-Dötzchen*   ☒ *I-Dötzken*
andere:..

2. ‚Hausaufgaben (für die Schule)':
☒ *Schularbeiten* □ *Hausarbeiten* □ *Schulaufgaben* □ *Hausaufgaben* □ *Aufgaben*
andere: *SCHULA (Schülerdeütsch in Moers)*

3. ‚Weckmann':
□ *Stutenkerl*   □ *Puhmann*   ☒ *Weckmann*
andere:...... *Piepenkerl*.......

4. ‚Dachboden':
□ *Speicher*   ☒ *Söller*   □ *Dachboden*   □ *Boden*
andere:..

5. ‚Dachrinne':
□ *Kalle*   ☒ *Dachrinne*   □ *Regenrinne*   □ *Kandel*   □ *Kännel*
andere:..

6. ‚Fahrrad':
☒ *Rad*   ☒ *Fahrrad*   □ *Fitz*
andere:..

2. B: ich fahr mim Rad
aber: ich nehm et Fahrrad

Ein Piepenkerl aus Moers (ARL-Fragebogen 8; 2005)

Mit der Fiets auf Radtour
Fahrrad

Immer mehr Kinder und Jugendliche am Niederrhein lernen in der Schule Niederländisch. Aber auch die übrigen Niederrheiner kennen einige Wörter dieser Nachbarsprache, die sie vielleicht bei ihren Einkaufsfahrten nach Venlo oder während des Sommerurlaubs in Seeland aufgeschnappt haben. *Frikandel* (oder *frikandel speciaal*) ist so ein Wort, das sich Deutsche, die einen Ausflug ins Nachbarland immer mit einem Besuch bei der Pommesbude verbinden, sehr schnell aneignen. *Patat* und *friet* gehören auch dazu. Und *fiets* natürlich.
Viele Niederrheiner, gerade wenn sie in den Kreisen Wesel, Kleve und Viersen leben, kennen und gebrauchen das Wort lange, bevor sie zum ersten Mal die Grenze überqueren. Das liegt nicht nur daran, dass man zwischen Krefeld und der Grenze gern auf niederländi-

schen *fietsen* fährt. Man nennt sie auch so. Wahrscheinlich hat man diese Vehikel, als sie seinerzeit in Gebrauch kamen, aus den Niederlanden eingeführt und sie dann auch gleich nach niederländischem Vorbild benannt.

Die Karte beruht auf dem Sprachfragebogen von 2005, auf dem unter Punkt 6 nach den Bezeichnungen für das Fahrrad gefragt wurde. *Rad, Fahrrad* und *Fitz* waren vorgegeben; *Fitz* ist eine deutsche Schreibung für *fiets*. Fast überall im Kreis Kleve sowie in einigen Orten der Kreise Wesel und Viersen erhielt *Fitz* die meisten Kreuzchen. Es ist also das Gebiet in unmittelbarer Grenznähe, in dem man das Wort, im Dialekt wie im Regiolekt, gern benutzt. Darüber hinaus nimmt die Bekanntheit des niederländischen Lehnwortes mit zunehmender Entfernung zur Staatsgrenze ab; so gab es beispielsweise in Rheinberg drei Kreuzchen (bei sieben Fragebogenbearbeitern), in Voerde dann nur noch eins von acht möglichen. Ein älterer Gewährsmann in Kamp-Lintfort, dem *Fitz* noch geläufig war, bemerkte: „inzw. sehr selten". In Krefeld, um ein letztes Beispiel zu nennen, wurde *Fitz* von vier der 46 Informanten bestätigt.

Rad und *Fahrrad* sind zwei Wörter, die man natürlich überall kennt. *Rad* wird vielerorts, analog zum Platt, *Radd* ausgesprochen, mit kurzem *a*; die Kürzung kann sich bei *Fahrrad* wiederholen: *Farradd*. Es gibt aber auch Orte, besonders im Kreis Viersen, in denen der Dialekt wie das Hochdeutsche ein langes *a* hat: *et Raad*. Auf der Karte fehlen die Angaben der jungen Leute unter 25. Bei ihnen landete *Fahrrad* deutlich vor *Rad*!

Am Niederrhein wird *Fitz* ganz ähnlich ausgesprochen wie das niederländische *fiets*, mit einem kurzem *i* also. Geschrieben aber findet man das Wort oft, nach dem Vorbild des Niederländischen, als *Fiets*, wenn auch der kleine Anfangsbuchstabe im Deutschen nicht zu halten war. Überschriften wie „Starke Fiets-Partner ermöglichen die Tour", „Fietsen hält fit" oder „Neue Fiets zum Schnäppchenpreis" lassen niederrheinische Zeitungsleser nicht den Kopf schütteln – zumindest dort nicht, wo man das Wort im alltäglichen Deutsch (und im Dialekt) benutzt.

Als das ARL 1989 seine Korrespondenten und Korrespondentinnen nach den Fahrrad-Bezeichnungen in den Dialekten gefragt hatte, zeigte sich, dass das Wortgeschlecht von *Fitz* regelmäßig maskulin war: *dä Fitz, dänn Fitz*. Im heutigen Alltagsdeutsch dominiert das Femininum: *die Fitz*, das auch in den Zeitungen (*die Fiets*) zu finden ist.

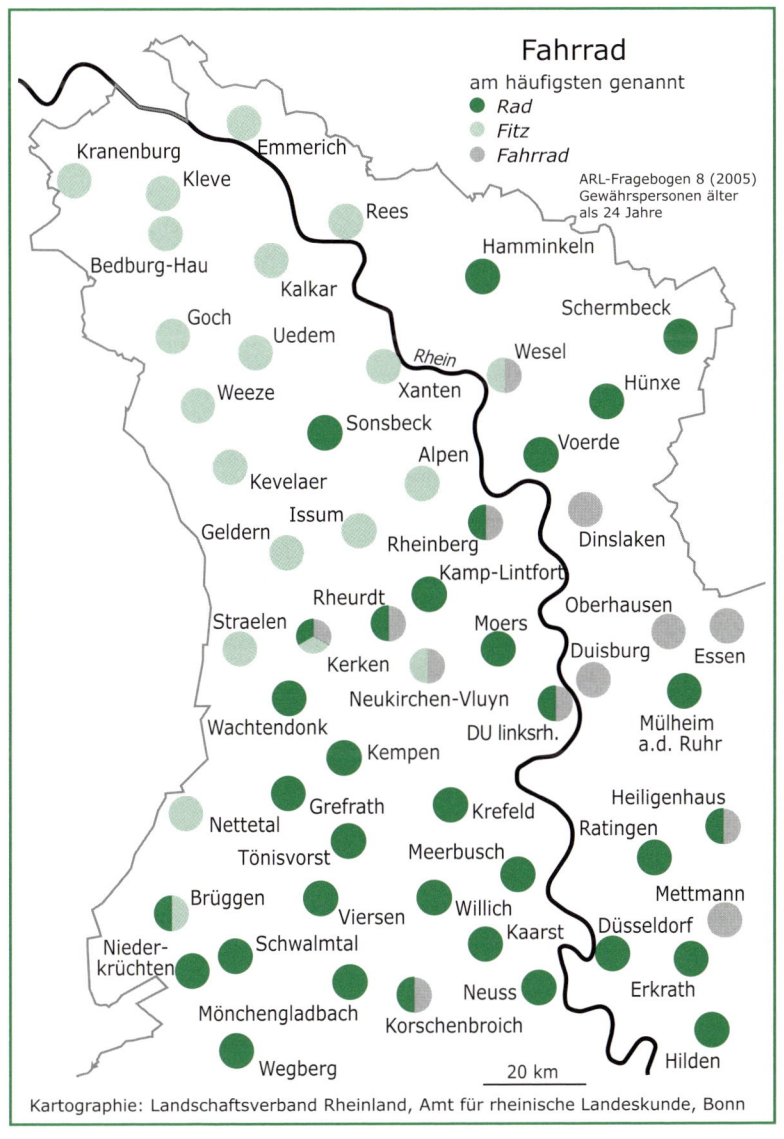

Fahrrad

am häufigsten genannt

- Rad
- Fitz
- Fahrrad

ARL-Fragebogen 8 (2005)
Gewährspersonen älter
als 24 Jahre

Kranenburg
Emmerich
Kleve
Rees
Hamminkeln
Bedburg-Hau
Kalkar
Schermbeck
Goch
Uedem
Rhein
Wesel
Weeze
Xanten
Hünxe
Sonsbeck
Voerde
Alpen
Kevelaer
Issum
Dinslaken
Geldern
Rheinberg
Kamp-Lintfort
Rheurdt
Oberhausen
Straelen
Moers
Duisburg
Essen
Kerken
Neukirchen-Vluyn
Wachtendonk
DU linksrh.
Mülheim
a.d. Ruhr
Kempen
Heiligenhaus
Grefrath
Krefeld
Nettetal
Ratingen
Tönisvorst
Meerbusch
Brüggen
Mettmann
Viersen
Willich
Nieder-
krüchten
Schwalmtal
Kaarst
Düsseldorf
Erkrath
Mönchengladbach
Neuss
Korschenbroich
Wegberg
Hilden

20 km

Kartographie: Landschaftsverband Rheinland, Amt für rheinische Landeskunde, Bonn

Die Herkunft des Wortes *Fitz* (*fiets*)
Das Wort ist mit der Sache aus den Niederlanden entlehnt worden. Niederländische Etymologen haben lange nach dem Ursprung des Wortes geforscht. Eine der Erklärungen ging vom Namen eines Fahrradhändlers aus, der im 19. Jahrhundert in Apeldoorn (nördlich von Arnheim) lebte und Viets hieß; es stellte sich dann aber heraus, dass die Apeldoorner Jungen das Wort *fiets* schon gebrauchten, bevor mijnheer Viets sein Geschäft eröffnet hatte. In der Diskussion war auch eine mögliche Ableitung von französisch *vélocipède*; dagegen spricht jedoch, dass dialektale Varianten wie *Vilessepee* erst auftauchten, als *fiets* schon bekannt war. Vielleicht, so nimmt man heute an, steht *fiets* in einem Zusammenhang mit dem Verb *vietsen*, mit dem schnelle Bewegungen bezeichnet werden.

Der Auto steht vor de Tür
Auto (Wortgeschlecht)

Wie ist es zu erklären, dass in Mönchengladbach „ein etwa vierzigjähriger Mann, Abitur und Fachhochschulstudium, regelmäßig ‚der Auto' sagt, also etwa ‚der Auto steht vor der Haustür' oder ‚der Auto muß wieder in die Werkstatt'"? Im April 2005 bekam ich einen Brief, in dem ein anderer Mönchengladbacher genau das wissen wollte. Im Hochdeutschen heißt es *das Auto*, und analog dazu hört man am Niederrhein dann *dat* oder *et Auto;* das Wortgeschlecht ist also Neutrum. Nun hat ein Auto kein natürliches Geschlecht wie etwa *der Mann, die Frau, der Hengst* oder *die Stute. Der Auto* oder auch *die Auto* sind also prinzipiell möglich. Im Niederländischen heißt es denn auch *de auto* und nicht *het auto*, was dem Wortgeschlecht im Deutschen entsprochen hätte. Im Französischen ist *l'automobile* weiblich. In historischen Wörterbüchern ist nachzulesen, dass das deutsche *Automobil*, von dem sich das Kurzwort *Auto* ja herleitet, ursprünglich nach dem Vorbild des französischen Wortes gebildet wurde – und zwar als *die Automobil*! Später wechselte das Wort dann sein Geschlecht.
Im Rheinland und auch am Niederrhein bekam Auto zwei Geschlechter: *dat Auto* und *der Auto*, als Variante dazu in manchen Dialekten auch *dän Auto*. In einer Kurzgrammatik des Krefelder Platts wird eine ganze Reihe von Wörtern mit abweichendem Geschlecht aufgelistet (*dä/dän/däm* = Maskulinum): *däm Brell* ‚die Brille', *die Fluoh*

‚der Floh‘, *die Karsell* ‚das Karussell‘, *dä Koehl* ‚die Kohle‘, *dat Koffer, dat Liter, dat Maske* ‚die Maske‘, *die Mull* ‚das Maul‘, *die Schenk* ‚der Schinken‘, *dat Schirm, die Schlips, dat Speck.* Das erste Wort auf der alphabetisch geordneten Liste war *dän Auto.* Für Menschen, die mit dem Dialekt groß geworden sind, können solche Wörter zu grammatischen Fettnäpfchen werden – wenn sie im Hochdeutschen nicht sicher sind. Oder anders formuliert: Im regional gefärbten Alltagsdeutsch hat man mit Abweichungen von der Grammatik des Hochdeutschen zu rechnen. *Ich hau dich gleich vor dat Masken* ist eine Drohung, die so mancher Regiolekt sprechende Niederrheiner schon einmal im Zorn ausgestoßen haben wird.

Daar dansen de muizen in het spek
‚Dort tanzen die Mäuse im Speck‘ sagen die Niederländer, wenn sie ausdrücken wollen, dass man irgendwo sehr gut lebt, weil es alles, was man braucht oder auch nicht braucht, in Hülle und Fülle gibt. Eine hochdeutsche Redewendung spricht hier von einem Leben wie dem einer „Made im Speck". Im Niederländischen heißt es also *het spek,* das Wortgeschlecht ist Neutrum wie beim niederrheinischen *Speck.* Die alte Sprachverwandtschaft zwischen den Dialekten des Niederrheins und dem Niederländischen zeigt sich auch in anderen Fällen. Man vergleiche niederrheinisch *dat Maske* mit niederländisch *het masker, die Mull* mit *de muil* oder *dat Schirm* mit *het scherm.*

Die Karte dokumentiert, dass *der Auto* am südlichen Niederrhein bekannt ist. So haben zwölf Prozent der Mönchengladbacher, die 2005 den Fragebogen ausgefüllt haben, ein entsprechendes Kreuzchen gemacht. Der etwa 40 Jahre alte Mann mit „Abitur und Fachhochschulstudium" dürfte also nicht der einzige sein, der diese Form verwendet. In Grefrath, nicht weit von Mönchengladbach, haben die sechs an der Erhebung beteiligten Gewährspersonen unisono *dat Auto* gemeldet, obwohl man im dortigen Dialekt beide Wortgeschlechter verwendet. Deshalb findet man im Grefrather Dialektwörterbuch auch einen Beispielsatz wie *Ich jlöf, dä hätt Jeld saat, wäjen dä vehrt ennen decken Auto.* Weiter nördlich scheint *der Auto* im Alltagsdeutsch kaum vorzukommen, obwohl es von den Dialekten her auch dort denkbar gewesen wäre. Im 1998 erschienenen Lexikon für die Mundart der Vogtei, für das Gebiet rund um Nieukerk und Aldekerk also, wird als

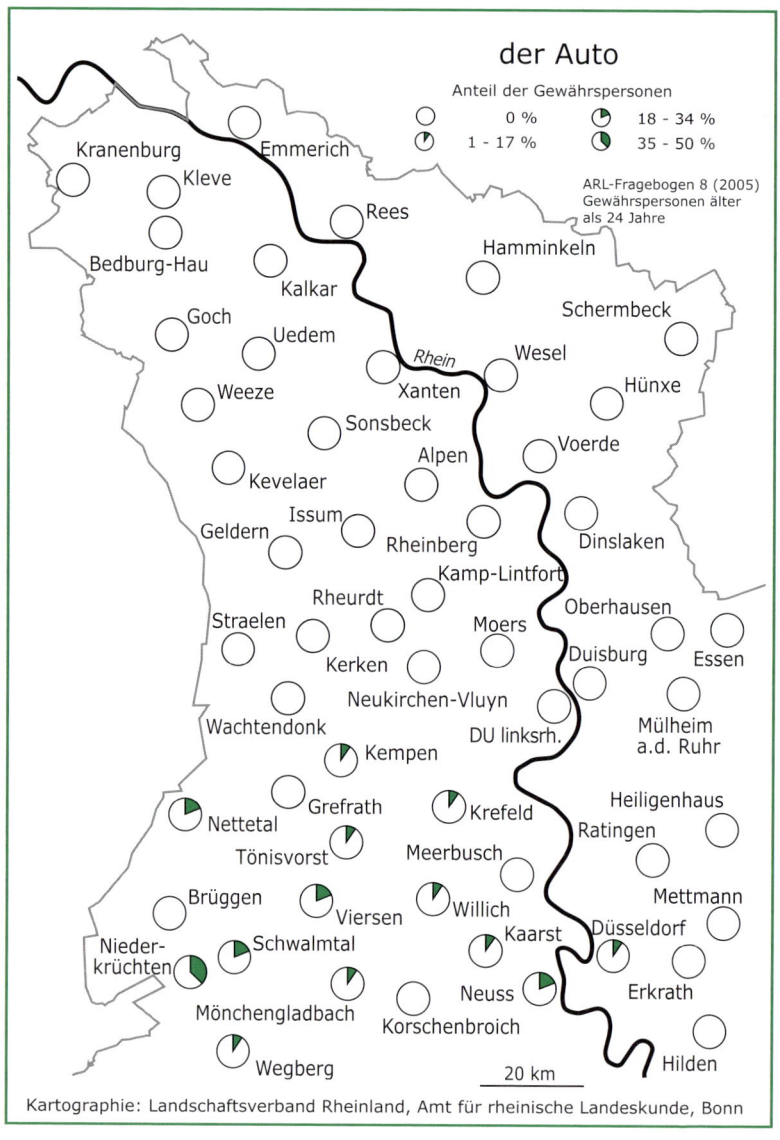

der Auto

Anteil der Gewährspersonen

○ 0 % ◔ 18 - 34 %
◑ 1 - 17 % ◕ 35 - 50 %

ARL-Fragebogen 8 (2005)
Gewährspersonen älter
als 24 Jahre

Kartographie: Landschaftsverband Rheinland, Amt für rheinische Landeskunde, Bonn

Wortgeschlecht nur Maskulinum geführt. Dort ist zu lesen: *Hä kömpt met dän Auto.*

In der Altersgruppe von 16 bis 24 Jahren fehlen Belege für *der Auto* fast vollständig. Bei je einem Jugendlichen in Viersen und in Mönchengladbach war noch ein entsprechendes Kreuzchen zu finden. Das war, absolut wie relativ gesehen, sehr wenig; denn in Viersen haben insgesamt 22 und in Mönchengladbach sogar 46 junge Leute mitgemacht. Auch in Essen gab es ein einsames Kreuzchen bei *der Auto*, aber das muss ein Ausrutscher gewesen sein. Fazit: Die Jugend orientiert sich, wenn es um das Wortgeschlecht geht, am Hochdeutschen. Sätze wie *Der Auto steht vor de Tür* sterben am Niederrhein aus.

Von der alten Varianz im Dialekt, *der/dat Auto*, ist im Regiolekt wohl nicht mehr viel zu spüren. Die hochdeutsche Grammatik, die hier nur ein Wortgeschlecht zulässt, gibt die Richtung vor. Und wenn das Hochdeutsche selbst schon zwei unterschiedliche Wortgeschlechter kennt? Wie zum Beispiel bei *der/das Bonbon, der/das Joghurt* oder *der/das Schlamassel.* Hochdeutsch (= standarddeutsch) korrekt sind auch *der/die Butter, der/das Gulasch, die/das Limo.* Es gibt noch viel mehr solcher Fälle: *der/das Dotter, die/der Kartoffel, der/das Marzipan* usw. Manche dieser Varianten werden einem Niederrheiner vielleicht nicht ganz koscher erscheinen (*der Butter, der Kartoffel?*); aber anderswo in Deutschland gehören sie zur Normalität.

Seit einigen Jahren gibt es ein Wörterbuch, in dem nachzuschlagen ist, wie sich das Standarddeutsche in den sieben Ländern, in denen es gesprochen und geschrieben wird, denn unterscheidet. Das sind neben Österreich, dem deutschsprachigen Gebiet der Schweiz und Deutschland noch Liechtenstein, Luxemburg, Ostbelgien und Südtirol. Der Leser des Wörterbuches erfährt darin, dass es in Deutschland und Österreich *der Bikini* heißt, in der Schweiz aber *das Bikini.* Die Eidgenossen sagen *die Foto; das Foto* ist ihnen aber auch geläufig. *Das Kilo* heißt es in allen drei Staaten; nur für Österreich ist daneben auch *der Kilo* verzeichnet. Die Reihe ließe sich lange fortsetzen.

Der Triangel – klingt komisch

Zu Triangel schreiben die Herausgeber des „Variantenwörterbuches des Deutschen": in Österreich *das Triangel*, in der Schweiz *der Triangel* und in Deutschland – jetzt kommt es – ebenfalls *der Triangel*! Da staunt der Niederrheiner und die Niederrheinerin wundert sich: hier sagt man nämlich gewöhnlich *die Triangel*, in der Alltagssprache wie im Hochdeutschen. Auf dem Fragebogen von 2005 war nach dem Wortgeschlecht dieser Instrumentenbezeichnung gefragt worden; die niederrheinischen Kreuzchen für *der Triangel* blieben Ausnahmefälle.

Jupp wurde ungefähr als erster aufgerufen
Vornamen mit und ohne Artikel

Ein aus Nütterden (zwischen Kranenburg und Kleve) stammender Dialektsprecher erinnert sich an seinen ersten Schultag kurz nach dem Ende des Ersten Weltkriegs. Zusammen mit ihm wurden damals seine Freunde Jupp und Jan eingeschult. Jan wird hier *Jaije*, also Jänchen, bzw. *der Beckse* genannt:

Als dat Frollein unsere Namen aufgeschrieben hatte, wurde Verstecken gespielt. Dat ging so vor sich: Die Hände vor de Augen, legten wir den Kopp auf den Tisch. Wer vont Frollein aufgerufen wurde, musste „hier" sagen und den rechten Zeigefinger hochstecken. Dann konnte er einfach sitzen bleiben. Jupp wurde ungefähr als erster aufgerufen. Da wurde et für ihn langweilig. Eine Fliege hatte er schon gefangen. Auf einmal fiel ihm dem Beckse seine Schulmappe int Auge. Er griff danach, die Tafel rutschte auf den Boden, brach mittendurch, dat die Spitter durch de Gegend flogen. Nur der hölzerne Rahmen bleib über. Den packte Jaije mit allebeide Hände und blitzschnell ströppte er ihn Jupp über den Kopp un zog ihn wie annem Halsband hin un her. Jupp dagegen floch ihm ant Schemmisettchen un, ritz, waren die drei Knöppkes ab. Et Frollein schlichtete den Streit.

Die Geschichte stammt von Gerhard Siebers, einem katholischen Priester, der unter anderem wegen seiner Mundartmessen weit und breit bekannt war. Im Original beginnt die Anekdote mit den Worten: *Du-t Fröölen ons Names opcheschreven hadd.* Pastor Siebers hat sie 1982 also auf Platt erzählt. Wer einmal einen archaisch klingenden Dialekt vom Niederrhein hören möchte, dem sei die Tonaufnahme dieses Textes empfohlen, die inzwischen zweimal, 1989 und 2006, publiziert wurde. Der Text oben ist nichts anderes als eine „Übersetzung" ins niederrheinische Alltagsdeutsch. Jaijes *Schemmisettchen* (auf Platt: *Schemmisaatje*), das beim Kampf in der Schulbank seine Knöpfe verliert, ist übrigens ein Vorhemd, wie es schon seit vielen Jahrzehnten aus der Mode ist.

Der Jupp wurde unjefähr als erster aufjerufen. So könnte der Satz *Jupp wurde ungefähr als erster aufgerufen* klingen, wenn sein Sprecher am südlichen Niederrhein zu Hause wäre. Das rheinische *j* wäre dann vielleicht zu hören, und aus *Jupp* würde *der Jupp*. Weiter im Süden neigt man – im Dialekt wie im Alltagsdeutsch – dazu, einem Vornamen den Artikel beizufügen: *der Jupp, der Pitter, die Marie* oder sogar: *et Marie*. Die Karte, beruhend auf dem Fragebogen von 2005, dokumentiert diesen Zustand: Im Norden sagt man eher *Josef* (oder *Jupp*), im Süden gern *der Josef* (oder *der Jupp*). Auch in den Ruhrgebietsstädten oder in Moers und Dinslaken kommt *der Jupp* selten allein (also ohne seinen Artikel).

In die Karte eingezeichnet wurden diesmal nur die Orte, für die mehr als zehn ausgefüllte Fragebögen (für Leute über 24) zur Verfügung standen. Goch beispielsweise mit seinen neun Fragebögen oder Schwalmtal und Hilden (jeweils zehn) blieben außen vor. Dinslaken war mit zwölf, Kleve mit 13 Bögen vertreten; beide Städte sind deshalb auch auf der Karte zu finden. Spitzenreiter beim Rücklauf waren Düsseldorf (106) und Mönchengladbach (94). Die Antwortvorgaben auf dem Fragebogen lauteten *Josef, der Josef* und „beides"; die Prozentwerte beziehen sich allein auf die erste Antwortoption.

Et Frollein schlichtete den Streit
Im Original hatte dieser Satz gelautet: *Et Frööle schlechden de Rüüsi.* *Rüüsi* ist eines der vielen Dialektwörter, die im Alltagsdeutsch wohl keine Chance haben. Das Wort kommt vermutlich nur in der Klever Ecke des Niederrheins vor, also dort, wo der Einfluss des benachbarten Niederländischen immer besonders stark war. Das standardniederländische Pendant wird *ruzie* geschrieben (das *u* ist als kurzes *ü* zu sprechen und das *z* als *s*) und hat dieselbe Bedeutung.

Jedes Jahr veröffentlicht die Gesellschaft für deutsche Sprache eine Liste der beliebtesten Vornamen in Deutschland. Die Reihe der männlichen Vornamen des Jahres 2005 wird angeführt von Alexander, Maximilian, Leon, Lukas (Lucas), Luca, Paul, Jonas, Felix, Tim und David. *Der Alexander wurde ungefähr als erster aufgerufen* oder *Der Maximilian packte den mit allebeide Hände* – die Chance, dass man in Kleve oder Emmerich demnächst solche Sätze hören kann, ist recht groß. Sprachwissenschaftler haben nämlich beobachtet, dass heute

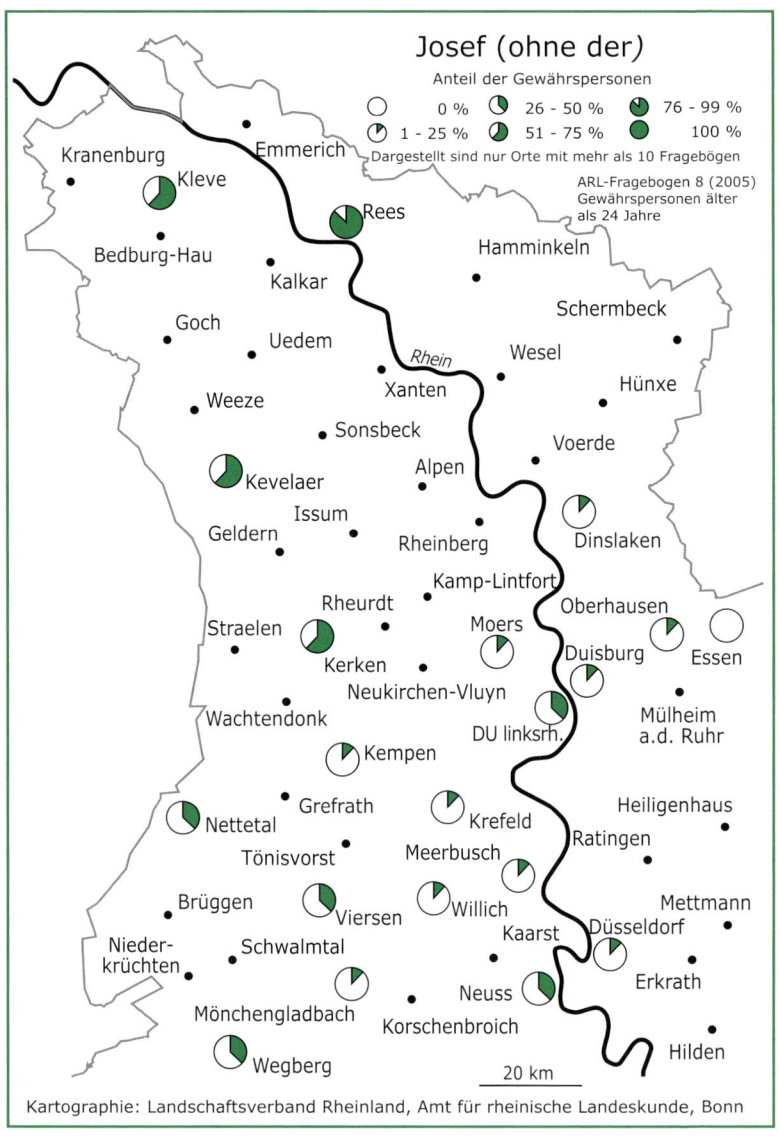

Josef (ohne der)

Anteil der Gewährspersonen

- 0 %
- 1 - 25 %
- 26 - 50 %
- 51 - 75 %
- 76 - 99 %
- 100 %

Dargestellt sind nur Orte mit mehr als 10 Fragebögen

ARL-Fragebogen 8 (2005)
Gewährspersonen älter
als 24 Jahre

Kranenburg

Emmerich

Kleve

Rees

Bedburg-Hau

Hamminkeln

Kalkar

Goch

Schermbeck

Uedem

Wesel

Rhein

Weeze

Xanten

Hünxe

Sonsbeck

Voerde

Kevelaer

Alpen

Issum

Geldern

Rheinberg

Dinslaken

Kamp-Lintfort

Rheurdt

Oberhausen

Straelen

Moers

Kerken

Duisburg

Essen

Neukirchen-Vluyn

Wachtendonk

DU linksrh.

Mülheim
a.d. Ruhr

Kempen

Grefrath

Heiligenhaus

Nettetal

Krefeld

Ratingen

Tönisvorst

Meerbusch

Brüggen

Mettmann

Viersen

Willich

Nieder-
krüchten

Kaarst

Düsseldorf

Schwalmtal

Erkrath

Neuss

Mönchengladbach

Korschenbroich

Hilden

Wegberg

20 km

Kartographie: Landschaftsverband Rheinland, Amt für rheinische Landeskunde, Bonn

die Tendenz weiter zunimmt, den Vornamen in solchen Zusammenhängen nicht mehr ohne den Artikel zu gebrauchen.

Auf Bürgersteigen oder Schulhöfen
hinkeln

Ab Mai 1992 ging die ARL-Abteilung für Volkskunde den „Spielwelten der Kinder im Rheinland" auf den Grund. Damals wurde eine flächendeckende Erhebung gestartet, die den Wandel der Kinderkultur
im 20. Jahrhundert ausleuchtete. Oft viele Seiten lang waren die Berichte, die in den folgenden Wochen und Monaten aus allen Ecken
des Rheinlandes in Bonn eintrafen. Die Gewährspersonen schilder-
ten vielfach eigene Erfahrungen wie zum Beispiel der Mann aus Viersen, der im Rückblick auf die 1930er Jahre schrieb: „Auf Bürgersteigen oder Schulhöfen, die mit Asphalt, Beton oder Steinen belegt
waren, wurde gehinkelt".

Gehinkelt wurde natürlich von Kindern, vor allem von Mädchen. *Hinkeln* nennen die Niederrheiner ein Kinderspiel, für das man einen
ebenen, glatten Untergrund braucht („mit Asphalt, Beton oder Steinen belegt"), auf den Kästchen gezeichnet werden. Auf einem Bein
hüpfend, *hinkelnd*, werden die Kästchen durchquert oder übersprun-
gen, wobei der Hüpffuß vielleicht noch einen Stein oder ein Schuh-
cremedose vor sich her schubsen muss, der nicht auf den Markie-
rungsstrichen der Kästchen und schon gar nicht außerhalb der
Kästchen landen darf. Sonst ist man *ab*, und das nächste Kind ist
dran.

In den meisten Orten des Niederrheins ist, wie die Karte vor Augen
führt, *hinkeln* (oder auch *Hinkelkästchen*) bestens bekannt. Die Karte
basiert wieder auf dem ARL-Sprachfragebogen von 2005. Im Raum
Meerbusch-Heiligenhaus-Düsseldorf sind zwei andere Bezeichnungen für das Spiel gebräuchlicher: *Hicken* (*Hickekästchen*) und *Hüppe-
kästchen/Hüpfkästchen*. *Hinkeln* ist eine Ableitung von *hinken*. Als Bezeichnung des Kästchenhüpfens ist es im Rheinland weit verbreitet;
so schrieb 1992 eine Frau aus der Gegend von Gerolstein in der Eifel:
„Auf dem breiten Bürgersteig haben wir mit Kreide große Kästchen
gemalt und gehinkelt". Auch *Hüppekästchen* ist ein großräumig bekanntes Wort, das aber viele Menschen am nördlichen Niederrhein
nie in ihrem Leben gehört haben werden. Es ist, wie schon das Kar-

tenbild nahe legt, weiter südlich zu Hause und auch in Köln noch bekannt. Und *hicken*? Folgt man dem „Rheinischen Wörterbuch", ist *hicken* das Synonym mit dem ursprünglich kleinsten Verwendungsradius. Es kommt als *hecke(n)* oder *hicke(n)* in einer Reihe von Dialekten vor. Im Alltagsdeutsch scheint es sich schlechter durchgesetzt zu haben als *hinkeln* oder *Hüppekästchen*.

---

9. ‚heim/nach Hause': Wie sagt man in dem Satz: *Komm jetz*...
☐ *heim*   ☒ *nach Hause*   andere:..

10. ‚hierher': Wie sagt man in dem Satz: *Der kommt nich*...
☐ *hier*   ☒ *nach hier*   ☐ *hierher*   ☐ *her*   andere:...........................

11. Wenn ein Saal überfüllt ist, dann ist er:
☐ *bummvoll*   ☐ *rappelvoll*   andere: *proppenvoll* ....

12. Wenn jemand nach dem Essen mehr als satt ist, dann ist er:
☒ *pappsatt*   ☐ *puupsatt*   andere:.......................................

13. Wie nennt man das Kinderspiel, bei dem die Kinder mit Kreide Kästchen aufzeichnen und dann mit einem Stein (einer flachen Dose o. ä.) hüpfen?
☐ *Hüppekästchen*   ☐ *Hinkeln*   andere: *Hinkelkästchen* ....

14. ‚wir': Was wird in dem Satz ... *kaufen nix.* anstelle von _wir_ verwendet?
☐ *mir*   ☐ *mer*   andere:...

15. ‚ihr': Kann man eine einzelne Person mit *ihr* ansprechen? Etwa eine Verkäuferin auf dem Markt: *Habt ihr noch Kartoffeln?*
☒ ja   ☐ nein   Kommentar:..

Ein Fragebogen aus Kempen

Das zeigt sich beispielsweise in Düsseldorf: Von den älteren Düsseldorfern (65 Jahre und älter), die mit dem Dialekt noch am besten vertraut sind, wurde am häufigsten *hicken* genannt, während sich in der nächsten Altersgruppe (45 bis 64 Jahre) *Hüppekästchen/Hüpfkästchen* und *hicken* in etwa die Waage hielten. Die dritte Altersgruppe (25 bis 44 Jahre) war mit Fragebögen leider weniger stark vertreten. Unter den Jugendlichen (16 bis 24 Jahre), deren Antworten für die Karte ja nicht herangezogen wurden, spielte *hicken* dann keine Rolle mehr; ein einziges Kreuzchen konnte auf den 43 Fragebögen dieser Gruppe gezählt werden. *Hüppekästchen/Hüpfkästchen* ist in Düsseldorf der große Gewinner. *Hinkeln*, das bei den älteren Leuten auf Platz zwei gelandet war, kommt bei den Jugendlichen nur noch in Ausnahmefällen vor.

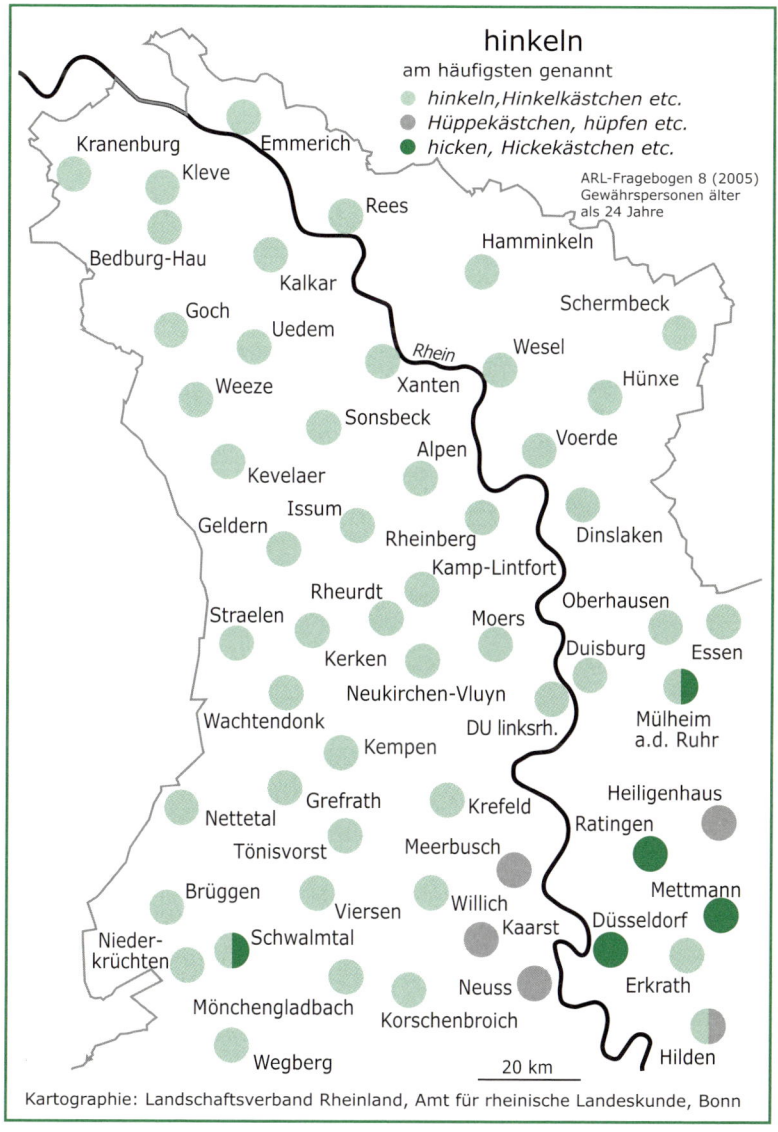

hinkeln

am häufigsten genannt

- ○ *hinkeln, Hinkelkästchen etc.*
- ● *Hüppekästchen, hüpfen etc.*
- ● *hicken, Hickekästchen etc.*

ARL-Fragebogen 8 (2005)
Gewährspersonen älter
als 24 Jahre

Kranenburg
Emmerich
Kleve
Rees
Hamminkeln
Bedburg-Hau
Kalkar
Schermbeck
Goch
Uedem
Rhein
Wesel
Weeze
Xanten
Hünxe
Sonsbeck
Voerde
Alpen
Kevelaer
Issum
Geldern
Rheinberg
Dinslaken
Kamp-Lintfort
Rheurdt
Oberhausen
Straelen
Moers
Kerken
Duisburg
Essen
Neukirchen-Vluyn
Wachtendonk
DU linksrh.
Mülheim
a.d. Ruhr
Kempen
Grefrath
Heiligenhaus
Krefeld
Nettetal
Ratingen
Tönisvorst
Meerbusch
Brüggen
Mettmann
Viersen
Willich
Niederkrüchten
Schwalmtal
Kaarst
Düsseldorf
Mönchengladbach
Neuss
Erkrath
Korschenbroich
Wegberg
Hilden

20 km

Kartographie: Landschaftsverband Rheinland, Amt für rheinische Landeskunde, Bonn

99

Vielleicht ist *Käsekästchen*, bekannt in Düsseldorf und anderen Dörfern und Städten am Niederrhein, eine spezielle Variante des Hüpfkästchens, wie *Himmel und Hölle* auch. Und *Kästchenspringen*? Es wird einmal in der Landeshauptstadt genannt, taucht aber auch auf anderen Fragebögen auf. Gut möglich, dass *Kästchenspringen* die Kategorie der Einbein-Hüpfspiele ganz allgemein bezeichnet.

> *Himmel und Erde*
> *Himmel und Hölle* ist, wie gesagt, der Name einer besonderen Form des Kästchenhüpfens, der auf den Fragebögen immer mal wieder begegnet. In Düsseldorf nannte ein Jugendlicher auch *Himmel und Erde*, und eine 1950 geborene Gewährsperson notierte *Himmel und Äd*. Wenn hier nur keine Verwechselung vorliegt! Was sich hinter *Himmel und Erde* eigentlich verbirgt, verraten die Speisekarten niederrheinischer Gaststätten: ein Gericht aus gekochten Äpfeln und Kartoffeln, zu dem auch gebratene Blutwurst gehört. Diese vielleicht nicht jedermann in gleicher Weise entzückende Speise ist natürlich über den Niederrhein hinaus bekannt; im großen „Köln Lexikon" wird sie, unter demselben Namen, zu den „Nationalgerichten" der Domstadt gezählt.

Schlinders du noch oder schlidders du schonn? schlittern (gleiten)

Winterzeit ist *Schlitterzeit*. Wenn es gefroren hat, wenn Bürgersteige oder Straßen glatt sind, wird *geschlittert* – auf zweierlei Weise: Kinder legen gern regelrechte *Schlitterbahnen* an, auf denen es sich besonders gut gleiten lässt; das ist die eine, die aktive Variante. Von passivem – oder unfreiwilligem – *Schlittern* könnte man sprechen, wenn jemand auf glatter Fläche, die er vielleicht ganz vorsichtig zu überqueren versucht, die Balance verliert und ins Rutschen kommt, um schließlich sogar noch auf dem Hintern zu landen. ‚Gleiten' und ‚ausrutschen' wären also Synonyme für das hochdeutsche Verb *schlittern*. Für das absichtliche Gleiten sind im Alltagsdeutsch des Niederrheins *schlibbern, schliddern, schlindern* und *litschen* bekannt; in den Dialekten sieht es ein wenig anders aus, dazu später mehr. Die Karte, die nur das jeweils am häufigsten genannte Wort zeigt, basiert auf einem ARL-Fragebogen des Jahres 2002. Die Nordwestspitze um Kleve hat *schlibbern*, während in der Südwestecke um Viersen und Mönchen-gladbach *litschen* dominiert. Im übrigen Gebiet benutzt man vor allem *schliddern* und *schlindern*.

Schlibbern kommt in mittelalterlichen Texten als *slibberen* in der Bedeutung ‚gleiten' oder ‚ausrutschen' vor. In den Dialekten am nördlichen Niederrhein ist es als *schlebbre* bekannt, so dass sich *schlibbern* als alltagssprachliche Spiegelung der Dialektebene erweist. Das Gleiche gilt für *schliddern*, mittelalterlich *slidderen* bzw. *sledderen*. In niederrheinischen Dialekten begegnet es als *schleddere* (*schliddere*). Die hochdeutsche Entsprechung ist *schlittern*.

Schlindern: Im Jahr 1923 verschickte das Bonner Institut für geschichtliche Landeskunde einen Dialektfragebogen im Rheinland, auf dem unter anderem nach „Auf d. Eise gleiten (ohne Schlittschuhe)" gefragt wurde. Auf der Wortkarte für das Rheinland, die später auf der Basis dieser Frage gezeichnet und im „Rheinischen Wörterbuch" veröffentlicht wurde, spielt *schlindern/schlindere* kaum eine Rolle; es kam um 1923 nur am rechten unteren Niederrhein vor, allerdings auch dort nur sporadisch. *Schlindern* war und ist dagegen stark verbreitet im Westfälischen. Im alten Platt Dortmunds war es beispielsweise als *slinnern* bekannt, im Raum Borken-Bocholt kennt man es in den Varianten *schlindern, schlinnern* und *schlendern*. Im Laufe des 20. Jahrhunderts hat sich *schlindere/schlindern* offensichtlich weiter nach Westen ausgebreitet, so dass es heute auch am linken Niederrhein zu finden ist, etwa in den Dialekten von Aldekerk und Nieukerk (Kerken). Jenseits des Dialekts, im Alltagsdeutsch, hat sich *schlindern* vielleicht noch etwas stärker durchsetzen können.

Litschen: Anderswo in Deutschland, in Teilen Niedersachsens, in Bremen, Hamburg, Schleswig-Holstein und Mecklenburg, nennen die Menschen das Eisbahngleiten *glitschen*. Es liegt nahe, *litschen* und *glitschen* als verwandte Wörter zu betrachten. Das alltagssprachliche *litschen* am südlichen Niederrhein baut auf *letsche* auf, das in den dortigen Dialekten zu hören ist. Das auf der Karte zu erkennende *litschen*-Gebiet reicht über Mönchengladbach hinaus noch ein Stückchen weiter nach Süden. *Litschen* kommt auch in Grefrath vor, wo es auf den Fragebögen dreimal genannt wurde. Da *schliddern* hier aber insgesamt viermal angekreuzt worden war, fehlt es auf der Karte. Auch in anderen Orten des Kreises Viersen waren *schliddern* bzw. *schlindern* die Spitzenwörter, neben denen natürlich wieder mit Wortkonkurrenz zu rechnen ist. Auf den Antwortbögen aus Willich,

das auf der Karte mit *schlindern* eingezeichnet ist, fanden sich beispielsweise neun Kreuzchen bei diesem Wort und eins bei *litschen*.
Schliddern und *schlindern* sind zwei Synonyme, die, wie die übrigen Fragebögen von 2002 belegen, im Rheinland weit verbreitet sind. *Litschen* ist zwar in anderen Verwendungszusammenhängen ebenfalls in vielen Orten bekannt, kommt in der Bedeutung ‚auf einer Eisbahn gleiten' aber nur in der näheren und weiteren Umgebung von Viersen und Mönchengladbach vor. Der Vergleich mit der Dialektkarte, die auf dem Material von 1923 beruht, ergibt in diesem Fall, dass sich das Alltagsdeutsche dem Dialekt recht genau anpasst. *Letsche* im Dialekt und *litschen* im Alltagsdeutsch haben in der Bedeutung ‚auf dem Eis gleiten' sehr viel kleinere Verwendungsgebiete als *schliddern* und *schlindern*.

Ein weiteres, auf der Karte allerdings fehlendes Dialektwort ist *schliee*. Es ist in den Kreisen Kleve, Wesel und Viersen und auch in Krefeld und Duisburg bekannt. *Schliee* scheint jedoch außerhalb des Dialekts, in der regionalen Umgangssprache also, kaum oder gar nicht verwendet zu werden. Es müsste dann *schlieen* heißen. Ganz im Süden sagen die Dialektsprecher auch *de Bahn schlare*; im Mönchengladbacher Wörterbuch findet man diese Wendung neben *letsche*.

Dass *litschen* oder *schlibbern* keine Wörter der Schriftsprache sind, ist vermutlich den meisten Menschen, die sie im Alltag verwenden, bewusst. Dass aber auch *schlindern* und *schliddern* in hochdeutschen Wörterbüchern oft fehlen, könnte den einen oder anderen aber vielleicht doch überraschen. Es sind Wörter, die vielen Menschen in Nordrhein-Westfalen ganz „normal" vorkommen. Vielleicht auch deshalb, weil das Hochdeutsche keine überzeugende Alternative anbietet. In Frage käme *schlittern*. Aber vielleicht verbinden viele *schlittern* eher mit einem unabsichtlichen ‚Ausgleiten/Ausrutschen'. Ähnlich sieht es ein 1951 geborener Duisburger, für den *schliddern* diese Bedeutung hat; er schrieb im Rahmen der Fragebogenerhebung: „Schliddern eher sächlich: Auto schliddert grade noch umme Kurve / schlindern eher aktiv (auf Eis!) Kommse mit zum Schlindern?"

> „Die Unfallgefahr verbietet [...] im Winter das Schlindern"
> Aus der Hausordnung des Leibniz-Gymnasiums in Dortmund: „Die Unfallgefahr verbietet besonders das Rennen im Gebäude, das Werfen mit Gegenständen sowie Ballspiel und im Winter das Schlindern". Im Sommer wäre es also erlaubt zu *schlindern*. Aber die Schule scheint keine glatten Böden zu haben.

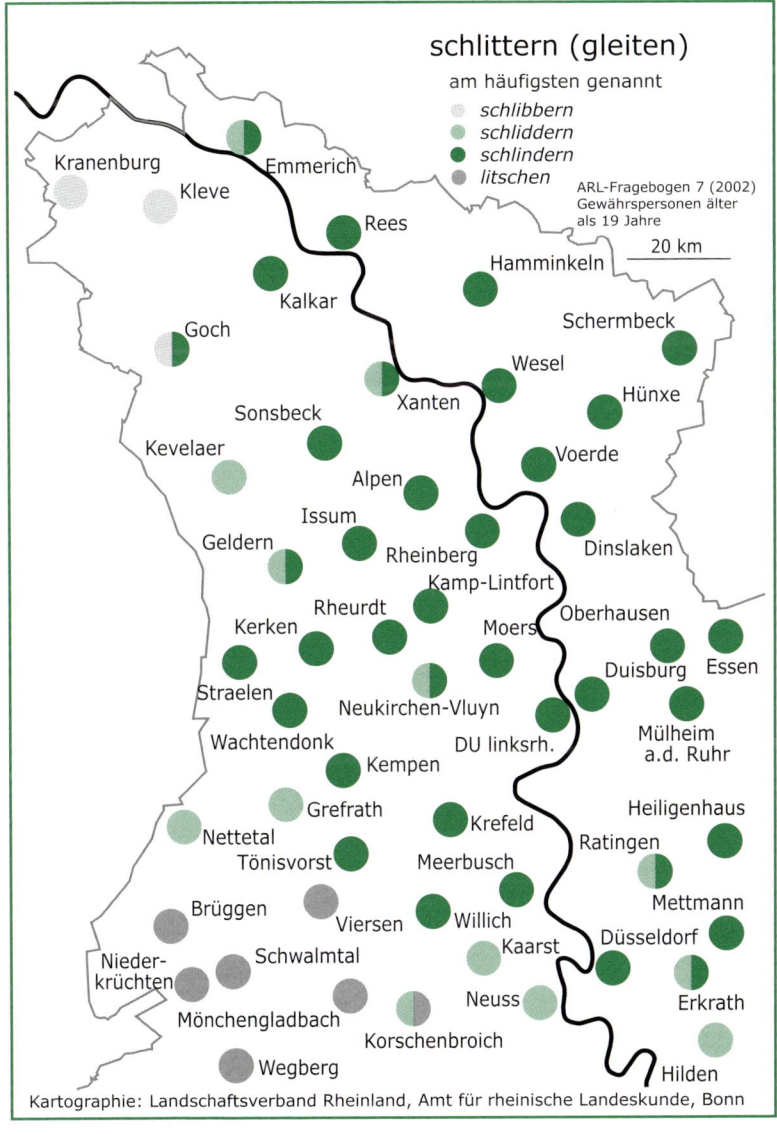

schlittern (gleiten)

am häufigsten genannt

- schlibbern
- schliddern
- schlindern
- litschen

ARL-Fragebogen 7 (2002)
Gewährspersonen älter
als 19 Jahre

20 km

Kranenburg
Kleve
Emmerich
Rees
Hamminkeln
Kalkar
Goch
Schermbeck
Wesel
Sonsbeck
Xanten
Hünxe
Kevelaer
Voerde
Alpen
Issum
Geldern
Rheinberg
Dinslaken
Kamp-Lintfort
Rheurdt
Kerken
Moers
Oberhausen
Duisburg
Essen
Straelen
Neukirchen-Vluyn
Wachtendonk
DU linksrh.
Mülheim
a.d. Ruhr
Kempen
Grefrath
Krefeld
Heiligenhaus
Nettetal
Ratingen
Tönisvorst
Meerbusch
Brüggen
Mettmann
Viersen
Willich
Nieder-
krüchten
Schwalmtal
Kaarst
Düsseldorf
Neuss
Erkrath
Mönchengladbach
Korschenbroich
Wegberg
Hilden

Kartographie: Landschaftsverband Rheinland, Amt für rheinische Landeskunde, Bonn

103

Litschen dürfte zu den regionalen Wörtern gehören, die bei jungen Leuten heute aus der Mode kommen. In Dülken (zur Stadt Viersen gehörend) und Waldniel (Schwalmtal) haben auch Schüler und Schülerinnen den Fragebogen ausgefüllt. Ausgehend von den Antworten der älteren Leute (siehe Karte) hätte man hier durchaus mit *litschen* rechnen können. Aber nur zwei der insgesamt 30 Jugendlichen kreuzten es an, während 26 das Synonym *schliddern* kennen. Im Kreis Viersen müssten die Schulleitungen also das „Schliddern" im Winter verbieten.

Inne Kehrwoche musste fegen
fegen/kehren

Am Niederrhein kann man mit dem *Handfeger kehren* und mit dem *Kehrbesen fegen*, etwa dort, wo man mit dem großen Besen nicht hinkommt. Zwischen *kehren* und *fegen* machen die Niederrheiner keinen Unterschied. Allerdings wird, wie die Karte zeigt, im Norden mehr *gefegt* und im Süden häufiger *gekehrt*. Die heutige Situation am Niederrhein ist stark von Varianz geprägt und stellt das (vorläufige) Ergebnis einer langen Entwicklung im deutschen Sprachraum dar, in dessen Norden *fegen* dominiert und dessen Süden *kehren* oder *zusammenkehren* hat. Der schwarz gekleidete Handwerker, der einem bei Bedarf aufs Dach steigt, heißt bei uns denn auch *Schornsteinfeger*, während er im Süden als *Kaminkehrer* bekannt ist.

Auf der Karte wird das Zahlenverhältnis zwischen erst- und zweitgenanntem Synonym schematisch dargestellt: Drei Viertel des Kreises gegenüber einem Viertel. Tatsächlich lagen die Antworten auf den Fragebögen oft dichter beieinander. So etwa in Goch mit 39 zu 61 Prozent oder in Weeze mit 56 zu 44 Prozent (*fegen – kehren*). Anderswo dominierte eines der beiden Wörter eindeutig, besonders im Süden, wo *kehren* das Hauptwort ist, so in Krefeld (80 % *kehren*), in Mönchengladbach (85 %), in Düsseldorf (75 %) oder in Neuss (74 %). Umgekehrte (aber nicht *umgefegte*) Ergebnisse gab es in Essen (100 % *fegen*) oder in Oberhausen (80 %).

> Wenn das Fernsehen einen *Straßenfeger* zeigt…
> … kann der *Straßenkehrer* endlich einmal in Ruhe sein Revier säubern.

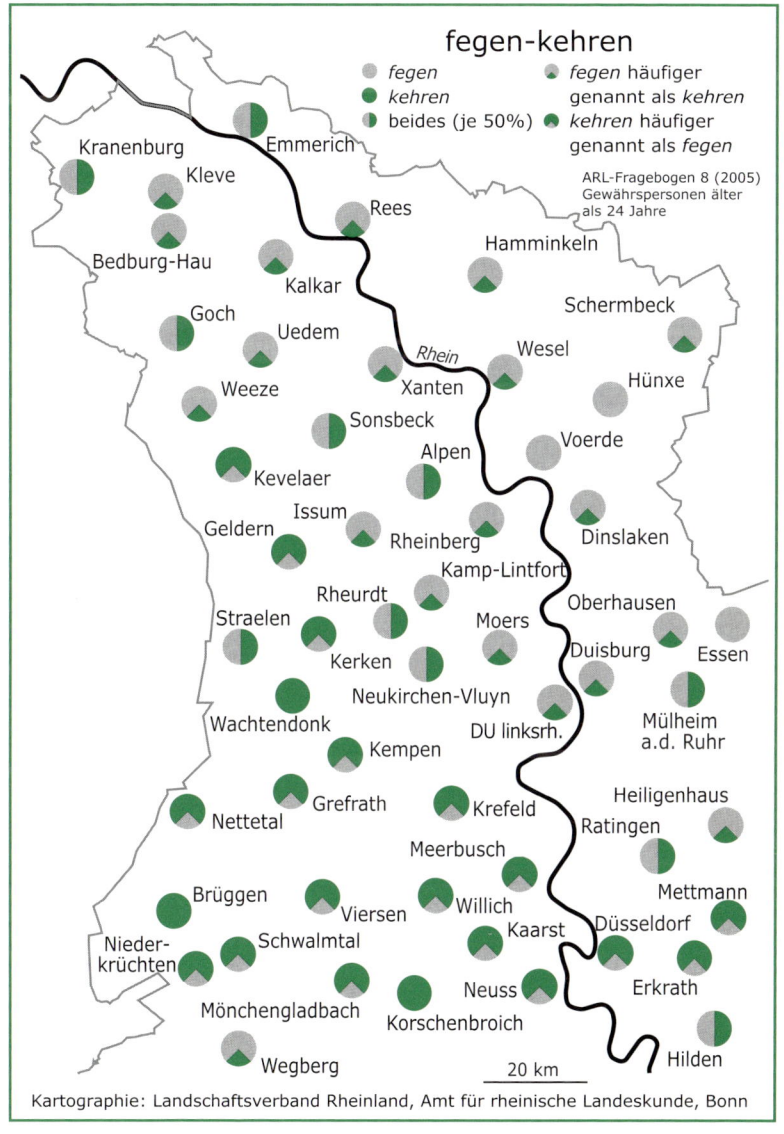

fegen-kehren

- ○ fegen
- ● kehren
- ◑ beides (je 50%)
- ◔ fegen häufiger genannt als kehren
- ◕ kehren häufiger genannt als fegen

ARL-Fragebogen 8 (2005)
Gewährspersonen älter als 24 Jahre

Kranenburg
Kleve
Emmerich
Rees
Hamminkeln
Bedburg-Hau
Kalkar
Schermbeck
Goch
Uedem
Rhein
Wesel
Hünxe
Weeze
Xanten
Voerde
Sonsbeck
Alpen
Kevelaer
Issum
Geldern
Rheinberg
Dinslaken
Kamp-Lintfort
Rheurdt
Oberhausen
Straelen
Moers
Duisburg
Essen
Kerken
Neukirchen-Vluyn
Wachtendonk
DU linksrh.
Mülheim a.d. Ruhr
Kempen
Grefrath
Krefeld
Heiligenhaus
Nettetal
Ratingen
Meerbusch
Brüggen
Mettmann
Viersen
Willich
Niederkrüchten
Schwalmtal
Kaarst
Düsseldorf
Mönchengladbach
Neuss
Erkrath
Korschenbroich
Wegberg
20 km
Hilden

Kartographie: Landschaftsverband Rheinland, Amt für rheinische Landeskunde, Bonn

Ein Blick nach Süden: Wenn Deutschschweizer – oft werden es ja Deutschschweizerinnen sein – den Bürgersteig vor ihrem Haus mit einem Besen säubern, dann *wischen* sie. Und wenn sie den Gehweg einmal nass aufwischen, dann *wischen* sie ebenfalls. Dort wird also in der Kehrwoche *gewischt*, so oder so. Die Rheinländerinnen mit ihrem *kölschen Wisch* zeigen schon eine gewisse Affinität zu den Eidgenössinnen. Der *kölsche Wisch* kommt mit einem Minimum an Putzwasser aus; das Verhältnis von Eimerinhalt und Zahl der zu reinigenden Quadratmeter dürfte in etwa die Mitte halten zwischen dem Wasserverbrauch bei trockenem *Fegen* und feuchtem *Wischen*. Der oder die Putzende geht beim *kölschen Wisch* also nur sehr oberflächlich zur Sache, was aber den Vorteil bietet, dass frau oder man es schnell hinter sich hat.

Vielleicht wird der eine oder andere jetzt noch darüber nachdenken, ob *fegen* und *kehren* nicht doch unterschiedlich verwendet werden, etwa so, dass vor dem Haus *gekehrt* und innerhalb der eigenen vier Wände *gefegt* wird. Auf dem Fragebogen hatte es allerdings unzweideutig und einheitlich geheißen: „Du muss draußen noch…". Am nördlichen Niederrhein wird also, wenn *Kehrwoche* ist, draußen *gefegt,* drinnen – dort aber hoffentlich auch außerhalb der *Kehrwoche* – vermutlich ebenfalls. Ob man (also frau) in Brüggen oder Korschenbroich im Haus vielleicht nicht doch *fegt*, obwohl im Freien *gekehrt* wird, lässt sich aus den Ergebnissen der Fragebogenaktion nicht ablesen.

> „Auf die Bäume, ihr Affen, der Wald wird gefegt"
> Eigentlich kann man einen Wald nur *rechen* (in Süddeutschland) oder *harken* (in Norddeutschland). Aber *fegen*? Egal – das Lied war seinerzeit ein echter Ohrwurm, mitgesungen haben alle.

Füßchen halten
ein Bein stellen

Füßchen halten sagt man am Niederrhein, wenn man jemandem ein Bein stellt. Wie die Karte zeigt, kennt man diesen Ausdruck in den meisten Orten; nur im Osten (etwa in Emmerich, Schermbeck oder Oberhausen) scheint er zu fehlen. Nach Süden hin setzt sich das *Füßchen-halten*-Gebiet weiter fort, auch in Köln kennen und benutzen die Menschen diese Wendung. Vielerorts spiegelt *Füßchen halten* den Dialekt; so sagen die Plattsprecher in Winnekendonk (bei Kevelaer) *Füche halde*, die Menschen in Aldekerk *Füttsche halde*. Das kölsche *Föößje halde* meint nichts anderes.

Zwischen Kempen und Mönchengladbach ist *Pütterken halten* oder *Pöttchen halten* gebräuchlich, ,Pfötchen halten' müsste man es wörtlich übersetzen. Hier liegt ein gut zu erkennender mundartlicher Ausdruck zugrunde. Es fällt auf, dass daneben überall auch *Füßchen halten* gemeldet wird. In der Klever Nordwestecke behauptet sich in der deutschen Alltagssprache mit *Füßchen höcken* ebenfalls eine Wendung des Dialekts (*Füttjes höcke*). *(Ein) Bein stellen* oder *(ein) Beinchen stellen* kennt man wohl überall am Niederrhein, so dass für die Karte auf ein entsprechendes Symbol verzichtet werden konnte.

Für insgesamt sechs Orte war auf den Fragebögen *Füßchen stellen*, *Füßkes stellen* oder auch *en Fut stellen* zu finden (Rees, Weeze, Kerken, Voerde, Moers und Mönchengladbach), allerdings mit nur jeweils einer Meldung pro Ort, die für die Karte nicht berücksichtigt wurde. *Fötchen stellen* schrieb eine Gewährsperson aus Wegberg, *Fösje stelle* ein Informant aus Kaarst, dem wohl der Dialekt vor Augen stand. *Beinchen halten* wurde einmal für Oberhausen notiert und für Viersen, ebenfalls nur einmal, mundartliches *Bengke halde*. Diese Belege fehlen auf der Karte ebenso wie das seltene *Stippelchen halten* (Duisburg, einmal) und *Stippelken stellen* (Voerde, einmal).

Von allen Wendungen aus dem regionalen Dialektangebot ist *Füßchen halten* heute die am Niederrhein mit Abstand am besten bekannte. Das mag daran liegen, dass dialektales *Füttje/Füche/Füttsche halde* hier schon seit langem so großräumig verwendet wird, wie es die Karte für das niederrheinische Deutsch zeigt. Es ist aber auch eine andere Erklärung für dieses Kartenbild denkbar. Der Dialektforscher Jan Goossens hat nämlich gezeigt, dass sich in der deutschen Umgangssprache bestimmte Dialektwörter auf Kosten anderer ausbreiten. Goossens hat dazu 1979 für den Norden Deutschlands Wortkarten der Umgangssprache und Wortkarten der Dialekte übereinander gelegt. Bei diesem Abgleich zeigte sich, dass Wörter, deren Verwendungsgebiet im Dialekt bereits klein war, in der deutschen Alltagssprache eher verschwinden als solche Wörter, die im Dialekt großräumig bekannt sind. Auf *Füßchen halten* angewandt: Möglich ist, dass dieser umgangssprachliche Ausdruck auf der abgebildeten Karte einen größeren Raum einnimmt, als *Füttjes halde/Füche halde/*

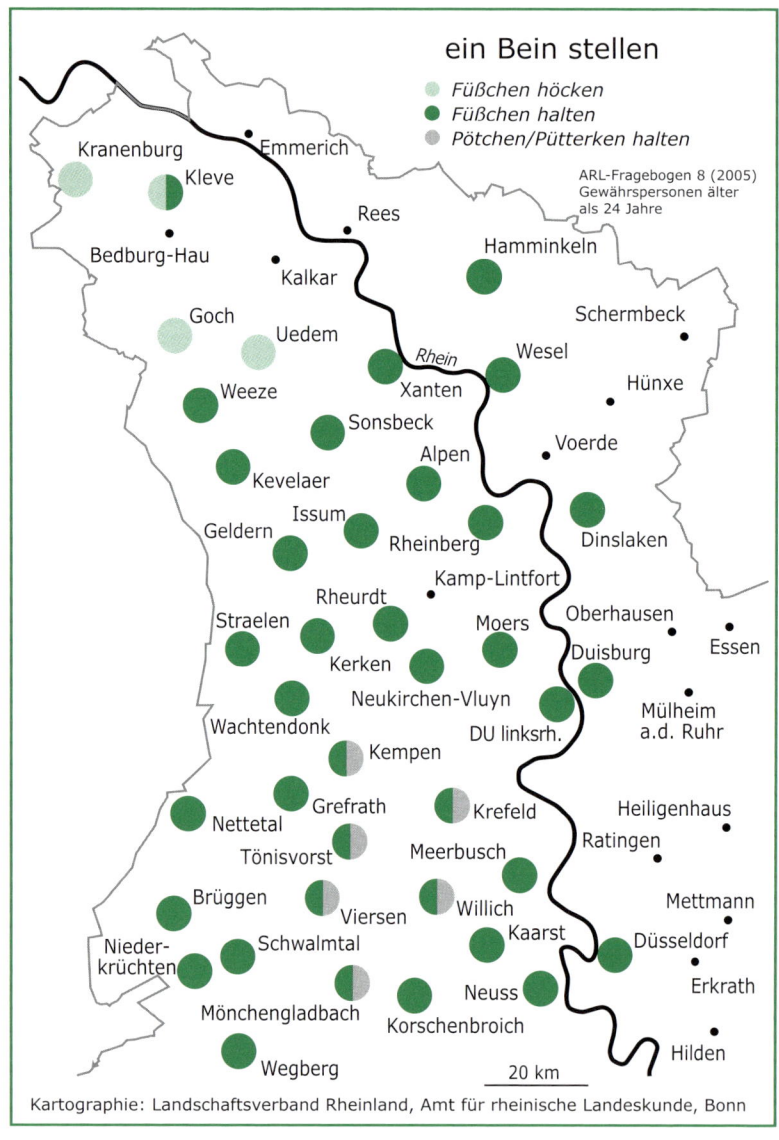

ein Bein stellen

- Füßchen höcken
- Füßchen halten
- Pötchen/Pütterken halten

ARL-Fragebogen 8 (2005)
Gewährspersonen älter
als 24 Jahre

Kranenburg
Emmerich
Kleve
Rees
Bedburg-Hau
Kalkar
Hamminkeln
Schermbeck
Goch
Uedem
Rhein
Wesel
Hünxe
Weeze
Xanten
Voerde
Sonsbeck
Alpen
Kevelaer
Issum
Geldern
Rheinberg
Dinslaken
Rheurdt
Kamp-Lintfort
Straelen
Moers
Oberhausen
Essen
Kerken
Duisburg
Neukirchen-Vluyn
Mülheim
Wachtendonk
DU linksrh.
a.d. Ruhr
Kempen
Grefrath
Krefeld
Heiligenhaus
Nettetal
Ratingen
Tönisvorst
Meerbusch
Brüggen
Mettmann
Viersen
Willich
Nieder-
Schwalmtal
Kaarst
Düsseldorf
krüchten
Neuss
Erkrath
Mönchengladbach
Korschenbroich
Hilden
Wegberg
20 km

Kartographie: Landschaftsverband Rheinland, Amt für rheinische Landeskunde, Bonn

Füttsche halde zusammengenommen auf einer entsprechenden Dialektkarte beanspruchen würden. Wenn beispielsweise im Willicher Deutsch *Pöttschen halten* und *Füßchen halten* nebeneinander stehen, scheint ersteres auf dem heimischen Dialekt aufzubauen (*Pöttsche halde*). *Füßchen halten* ist dann aus Willicher Sicht, anders als in Winnekendonk oder Aldekerk, ein sprachlicher ‚Import‘.

Pütterkes kennt man in Krefeld und dessen Umgebung. Niederrheinerinnen, die anderswo zuhause sind – ganz gleich ob nun Dialektsprecherinnen oder nicht –, werden mit dieser Verkleinerungsform nicht viel anfangen können. Da die Grundform im Krefelder Dialekt nicht etwa *Pütter* heißt, sondern *Puet*, mit *u* und *e* als nacheinander zu sprechenden Lauten, fällt *Pütterke*, im Alltagsdeutsch *Pütterken*, durch seine Bildungsweise völlig aus dem Rahmen. Ein anderes Dialektwort klingt in Krefeld sehr ähnlich: *dat Rütterke* ‚Speckwürfel‘. Vielleicht ist *Pütterke* einmal in Analogie zum *Rütterke* entstanden. Die Grundform *Rütter* scheint heute in Krefeld in Vergessenheit geraten zu sein, die Bedeutung des Wortes ist oder war ‚Reiter‘; allerdings kommt der Familiennamen *Rütter* oder *Rütters* am Niederrhein nicht selten vor. Drittes Wort im Bunde mit *Pütterke* und *Rütterke* ist *Bütterke*. Es ist im „Lexikon des alten Krefelder Platt“ mit der Bedeutung ‚Butterbrot‘ verzeichnet. ‚Butter‘ hat im Dialekt von Krefeld eigentlich ein *o* (*Botter, Botteramm* usw.), so dass man annehmen muss, dass das gute *Bütterke*, alltagsdeutsch *Bütterken*, irgendwann einmal in die Samt- und Seidenstadt eingewandert ist.

Pöttschen jeben und *Pütterken halten*

Im Krefelder Wörterbuch werden *Pöttsche* und *Pütterke* als konkurrierende Varianten aufgeführt. Die Erläuterung dazu lautet: „In der Verkleinerungsform bezeichnet Pöttsche meist das Händchen, Pütterke den kleinen Fuß.“ Falls beide Varianten auch im heutigen Alltagsdeutsch noch verwendet werden, wäre also mit *Pöttschen jeben* ‚ein Händchen geben, die Hand geben‘ und *Pütterken halten* zu rechnen. Was aber gibt dann der Hund, der Pfötchen gibt? *Fötchen*?

Ich versteh euch nich
nicht

„Ich verstehe euch nicht, ihr müßt ein bißchen lauter sprechen." Diesen Satz fanden die Lehrer am Niederrhein und anderswo im Deutschen Reich unter der Nummer 31 auf einem Fragebogen, den sie in den 1880er Jahren aus Marburg/Lahn zugeschickt bekamen. Der Absender war Dr. Georg Wenker, der darum bat, die insgesamt 40 hochdeutschen Sätze des Fragebogens in den örtlichen Dialekt zu übertragen. Aus Schwafheim (gehört zu Moers) und Beeck (Stadtteil von Duisburg) erhielt Wenker folgende Übersetzungen (in der Originalschreibung):

Ek verstonn au nit, che mot en betschen hatter kallen. Schwafheim
Eck verstohn enk nit, chet mötten en betjen hadder spreken. Beeck
Heute wird man in der Alltagssprache des Raumes Duisburg-Moers eher *Ich versteh euch nich, ihr müsst en bisken lauter sprechen* hören. In Goch, Schermbeck oder Neuss klingt es kaum anders. Natürlich hat jede Ecke des Niederrheins ihren eigenen Tonfall, aber am Wort- und Formenbestand dieses Satzes dürfte sich kaum etwas ändern: *bissken* ist überall bekannt (siehe S. 140), *hart sprechen* statt *laut sprechen* wird man heute im Regiolekt nirgendwo mehr sagen. In Neuss ist jedoch schon mit der rheinischen Aussprache des *ch* in *ich, euch, nich* und *sprechen* zu rechnen, die sich dem *sch* annähert; „Koronalisierung" ist der Fachbegriff dafür. Aber viele Neusserinnen, vor allem wenn sie schon zu den älteren Semestern zählen, würden *vielleischt jaa nitt „nisch" saren. In Neuss sacht man schonn „nitt": Isch versteh eusch nitt, ihr müsst en bissken lauter spreschen.*

> Wenn *nich* zu *nisch* wird
> „Wer sich dieser phonetischen Eigenheit bewusst ist und es ganz besonders richtig machen will, der spricht auch schon einmal von *Tichen* und *Fichen* – oder er macht aus *Menschen* eben *Männchen*. Im Norden schließt das *Männchen*-Gebiet Krefeld noch mit ein, im Süden reicht es über Bonn und die Eifel, über Mosel und Hunsrück hinaus bis in die Pfalz. Im rechtsrheinischen Rheinland verschwindet die Koronalisierung, je mehr man sich der Grenze zu Westfalen nähert. Schon im Solinger Schlachtruf *Solig, lot jonn!* ist ein *ch* zu hören: *Solich.*"
> Aus: „Rheinisches Deutsch"

Die Karte zeigt ein *nitt-Gebiet* im Süden des Niederrheins, in dem auch Neuss liegt, und ein *nich*-Gebiet im Norden, zu dem Moers und Duisburg gehören. Sie fußt auf dem Fragebogen von 2005, in dem nach den Varianten *nich, nisch, nitt* und *nett* gefragt wurde. *Nich* kann einem überall begegnen, *nisch* etwa ab der Höhe von Krefeld; *nitt* aber wurde im Norden nur ausnahmsweise genannt. Das ist, wenn man vom Dialekt ausgeht, eigentlich erstaunlich. Denn die Satzbeispiele aus Schwafheim und Beeck zeigen ja, dass es dort auf Platt sehr wohl *nitt* heißt oder hieß. Das Alltagsdeutsche richtet sich in diesem besonderen Fall offenbar nicht unbedingt nach dem Dialekt!

Quer durch Deutschland zieht sich die *nich-nitt*-Linie von West nach Ost. Die Menschen im Süden des Landes neigen dazu, in der Umgangssprache *nitt* (oder *nett* oder *nätt*) zu sagen, während für den Norden das *nich* typisch ist. Die eine Hälfte des Niederrheins geht mit Norddeutschland, die andere mit dem Kölner Raum, dessen *nitt* schon ein süddeutsches Sprachmerkmal ist. Die *nich-nitt*-Linie reproduziert so im Wesentlichen die alten Dialektverhältnisse im deutschen Sprachraum, am Niederrhein aber nimmt sie einen davon abweichenden Verlauf.

In den meisten Dialekten des Niederrheins kennt man *nitt/nett*. In einigen Orten wurde dieses *nitt* zu *ni* gekürzt, eine Variante davon ist *ne*. Hier noch einmal der Wenker-Satz 31, diesmal mit den Dialektversionen aus Duisburg-Meiderich und Oberhausen:

Ek kann enk ni verstohn, gett motten em betjen hadder kalle. Meiderich
Eck verstohn enk ne, gett mötten en bettken hadder spräken. Oberhausen
Nur in der äußersten Ostecke, im Raum Schermbeck, haben niederrheinische Dialekte *nich*, so dass Regiolekt und Dialekt dort harmonieren; aus Alt-Schermbeck erhielt Georg Wenker seinerzeit die Übersetzung *Ek verstoh uh nich*. Wenn heute in der Regionalsprache des ganzen Gebietes zwischen Emmerich und Meerbusch *nich* vorherrscht, dann muss man an den Einfluss der im Ruhrgebiet gesprochenen Sprache denken. Im Ruhrdeutschen ist *nich* total normal – *un dat haben sich die Niederrheiner wohl abgekuckt.*

In ihrer Untersuchung der heutigen Sprachverhältnisse in Wittlich (Südeifel) konnte Andrea N. Lenz beobachten, dass *nitt* dort zu den Regionalwörtern gehört, die im Bewusstsein der Menschen besonders präsent sind. Das wird am (südlichen) Niederrhein nicht anders sein. Wer also zwischen *nicht, nich* und *nitt* wählen kann und sich für

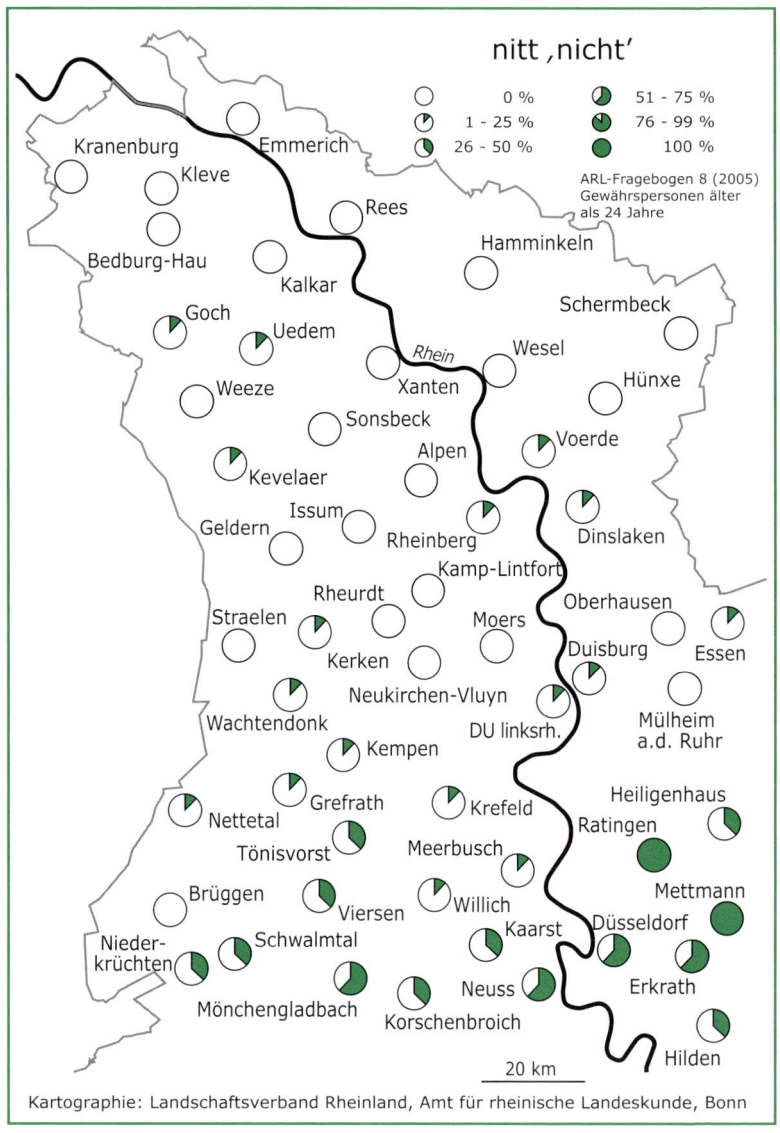

nitt ‚nicht'

○ 0 %	◔ 51 - 75 %
◔ 1 - 25 %	◕ 76 - 99 %
◑ 26 - 50 %	● 100 %

ARL-Fragebogen 8 (2005)
Gewährspersonen älter
als 24 Jahre

Kartographie: Landschaftsverband Rheinland, Amt für rheinische Landeskunde, Bonn

nitt entscheidet (*Ich versteh euch nitt*), der will kein astreines (Hoch-) Deutsch sprechen.

Sach niemals „nie"
Zu den Orten, in denen ‚nicht' im Dialekt *ni* heißt, gehört neben Oberhausen auch Winnekendonk (bei Kevelaer). ‚Ich habe sie nicht gesehen' lautet dort auf Platt: *Ek hebb se ni gesien*. ‚Nie' heißt auf Platt *noots*. In der Zeit, als Platt noch die Muttersprache der Winnekendonker war, mussten sie bei *ni/nie* also gut aufpassen, um nicht einen Satz wie *Ich habb sie nie gesehn* zu formulieren, wenn eigentlich ‚nicht' gemeint war. Vielleicht haben manche damals mit einem Merkspruch gearbeitet wie *Sach niemals „nie", wennde „nicht" meins*. In Sachsen, das haben Stephan Elspaß und Robert Möller bei einer vor kurzem im Internet durchgeführten Befragung herausgefunden, gibt es allerdings doch einige Orte, in denen *ni* für ‚nicht' steht. *Da kannse ma sehn!*

Sprachwahl, Sprachspiel, Sprachspott

Is dat nich schön?
Niederrheinisch im „Spiegel"

Wie spricht ein Bauunternehmer aus Duisburg? – Spiegel-Leser wissen es. Jedenfalls dann, wenn sie in der Ausgabe vom 5. September 2005 nicht nur ein wenig geblättert, sondern auch gelesen und den Beitrag auf den Seiten 110/111 genau studiert haben. „Is dat nich schön?" war er überschrieben.
Es ging um Walter Hellmich, den Chef eines Baukonzerns mit Sitz in Dinslaken. Hellmich, aus Duisburg stammend, wird hier als Vorsitzender des Fußballbundesligisten MSV Duisburg porträtiert; in dieser Funktion sei er, so der Spiegel, „der letzte Patron der Bundesliga". Der interessierte Leser erfährt weiter, dass sich Hellmich nicht nur um die strategischen Geschicke des Vereins kümmert, sondern auch schon mal selbst die Stadiontoiletten überprüft oder sich vor Spielbeginn auf eine Straßenkreuzung stellt, um die Autoschlangen zu dirigieren. Ein Mann, der mit anpackt, ist er also, der sich nicht zu fein ist. So jemand spricht auch nicht Feindeutsch; das zeigt schon die Überschrift.

Is dat nich schön? – Auf Feindeutsch:
Ist das nicht wundervoll?
Is dat nich lecker? – Auf Feindeutsch:
Schmeckt das nicht köstlich?

Als Hellmich am Tag des Heimspiels gegen die Borussia aus Dortmund die Regie auf der Straßenkreuzung übernahm, stauchte er die, wie er sie nannte, *hippeligen Mädels* vom Sicherheitsdienst zusammen – „in markigem Ruhrpott-Vokabular", wie der Spiegel-Autor hinzufügte. *Hippelig* oder *hibbelig* ist ein Wort, das in Duisburg mit der Bedeutung ‚zappelig, unruhig, nervös' gern verwendet wird. Anderswo am Niederrhein ist bedeutungsgleich auch *wibbelig* zu hören. Vor wenigen Jahren hat Hellmichs Firma das neue Stadion in der Wedau gebaut. Kaum jemand, so liest man weiter, habe sich da vorstellen können, dass innerhalb von nur 15 Monaten *diese Perle aus dem Boden fliegt*. Schon wieder so ein O-Ton, der uns vor Ohren führen soll, wie der Duisburger Unternehmer aus dem Baugewerbe spricht.

Wo Duisburg liegt, erklärt der Spiegel-Autor den Lesern mit vielleicht etwas schwächeren Geographiekenntnissen ganz beiläufig. Da ist vom Ruhrpott („Ruhrpott-Vokabular") die Rede. Da heißt es, Hellmich habe den Ruf, „ein moderner Vertreter des rheinischen Kapitalismus" zu sein. Und schließlich wird auch der Niederrhein ins Spiel gebracht, wenn der Bauunternehmer und Vereinsboss als „Macher vom Niederrhein" bezeichnet wird: „Da wurde der Macher vom Niederrhein für einen Moment sentimental: ‚Is dat nich schön?'" Wenn uns die Gefühle überkommen, ob wir nun sentimental oder wütend werden, sprechen wir unsere eigene Sprache. *Un wenn wer vom Niederrhein sin, kommt dann sowwat dabbei heraus.*

Mit Schalke nach Bett
Ungewöhnliche Überschriften

Ungewöhnliche Zitate in der Überschrift: Dazu gehören auch „Ja wat denn, wat denn, wat denn" und „Wat'n herrlichet Ruhrgebiet". Das erste war in der Süddeutschen Zeitung zu finden, als sie im Mai 2006 über den Aufstieg von Rot-Weiß Essen in die Zweite Bundesliga berichtete. Das zweite stammt aus der Oberhausener Ausgabe der Neuen Ruhr Zeitung. Eine Rentnergang drehte einen Film über das Ruhrgebiet, ein großes Farbfoto zeigte Dreharbeiten an einem Kiosk in Oberhausen. Der Filmtitel gefiel der NRZ-Mitarbeiterin so gut, dass sie ihn, in Anführungszeichen, auch gleich für ihren Artikel benutzte.

Die Überschrift „Schnupp entsorgen?" ist ein Fundstück aus dem Kevelaerer Blatt, einer lokalen Wochenzeitung. Der kurze Artikel zu dieser Überschrift bestand im Kern aus dem Zitat eines Kaplans, der für die jährlich stattfindende Sternsingersammlung warb. Am Schluss ermahnte er die Kevelaerer: „Hierbei ist eher an Geldspenden für die Kinder in Peru gedacht als an die Entsorgung der eigenen Weihnachtssüßigkeiten." Die Zeitungsredaktion entsorgte dann das Wort ‚Weihnachtssüßigkeiten' und ersetzte es in der Überschrift durch das niederrheinische *Schnupp*.

Schnupp und *Lecker*
Der Schnupp oder *dat Lecker*: zwei örtliche Synonyme für Süßigkeit(en). *Willse noch wat Schnupp? Hasse jetz genuch Lecker gehabbt?* – Sätze, die erwachsene Niederrheiner und Niederrheinerinnen noch aus der Zeit kennen, als sie selbst Kinder waren. Ob *Schnupp* oder *schnuppen* (*Schnupp* essen, naschen) heute noch oft zu hören sind? Dem niederrheinischen *Schnupp* entspricht im Niederländischen *snoep*; *oe* ist als kurzes *u* auszusprechen (also *snupp*). *Snoepjes* nennen die Niederländer ihre Süßigkeiten.

Die Überschrift *Schnupp entsorgen?*, so kurz sie auch ist, gehört zu einer ganz besonderen, weil sehr seltenen Spezies. Es kommt nämlich nicht oft auf, dass Zeitungsredaktionen mit Regiolektwörtern spielen, in Überschriften schon mal gar nicht. Sie nutzen zwar manchmal den Überraschungseffekt knackiger Zitate – aber sonst? Sonst sind Wörter wie *schnuppen, schuffeln* oder *strunzen* (fast) tabu.

Ein letztes Überschriftenbeispiel: „Mit Schalke nach Bett". Das stand über einem großen Artikel in der Gelderner Lokalausgabe der Rheinischen Post. Vorgestellt wurde in diesem Bericht ein Weezer als langjähriger Fan des Vereins Schalke 04, dessen Haus mit Schalke-Artikeln aller Art gut bestückt ist. Das bereitete seiner Frau Kopfschmerzen, als sie ihm aus Anlass des hundertjährigen Bestehens seines Lieblingsvereins etwas Passendes schenken wollte. Dem RP-Autor verriet sie: „In meiner Verzweiflung habe ich dann einfach Schalke-Bettwäsche gekauft." Damit wäre der Aufhänger für die Überschrift gefunden.

Mit Schalke nach Bett hatte die Weezerin aber nicht gesagt. Wie mag es dann zu dieser Formulierung gekommen sein? *Zu Bett gehen, ins Bett gehen* lauten die hochdeutschen Wendungen, wenn zum Ausdruck gebracht werden soll, dass jemand sein Bett (oder eine andere Schlafstatt) aufsucht. Am Niederrhein ist auch *nach Bett* oder *na Bett* (Aussprache *Nabbétt*) üblich, neben *ins Bett* existieren Varianten wie *in Bett* oder – selbst schon gehört! – *im Bett gehen*. *Nach Bett* ist also auf jeden Fall niederrheinisch. Aber es klingt irgendwie auch ruhrdeutsch, schalkisch.

Zum Alltagswissen der Menschen außerhalb des Reviers gehört, dass der Sprache in Gelsenkirchen-Schalke wie im „Pott" überhaupt oft der Artikel zu fehlen scheint. Der Ausdruck *auf Schalke* fällt vielen Menschen sofort ein, wenn sie nach dieser Sprache gefragt werden.

Nach Schule, in Bett, auf Arbeit lauten drei Wendungen, die der Duisburger Ruhrdeutschforscher Arend Mihm einmal als Beispiel für diese artikellose Konstruktion genannt hat. Es scheint den RP-Mitarbeiter bei diesem Beitrag in den Fingern gejuckt zu haben, etwas hineinzuschreiben, was auch sprachlich nach „Blau und Weiß, wie lieb ich Dich" aussah. *Mit Schalke nach Zeitung* lautete sein Plan. Der ist gelungen.

Machen Sie weiter:
Mit Zeitung nach Schalke
Mit Schalke nach Bett
Mit Bett nach Schule
Mit Schule…

Auf Kochpötten rumhauen
Vom Reiz gesprochener Sprache

Journalisten sind oft in der unkomfortablen Lage, jemanden schriftlich zitieren zu müssen, dem es beim Sprechen gar nicht so sehr darauf angekommen war, akkuratestes Hoch- oder Schriftdeutsch von sich zu geben. Vielen wird Gerhard Schröder aus seiner Zeit als Bundeskanzler noch gut in Erinnerung sein, bei dem, wenn er vor laufenden Kameras das Wort ergriff, dem *nicht* oft das finale *t* fehlte. Las man das Zitat dann aber am nächsten Tag in der Zeitung, war der ausgelassene Laut stillschweigend ergänzt worden.

Wer prominent ist, muss Interviews geben. Er muss über seine politischen Visionen sprechen, über die lila Phase in seinem Kunstschaffen, über den letzten Film, in dem er zu sehen war, der aber leider beim Publikum nicht so gut angekommen ist, über den nächsten Film… Zeitungen, Magazine, Illustrierte sind voll von Interviews; es gibt einen Markt dafür: wir wollen sie lesen. Aber wie wollen wir sie serviert bekommen? Mit all den Ahs und Ähs? Mit Versprechern und abgebrochenen Sätzen? Mit Irrtümern und Fehlern? Wie genau und authentisch soll die Schriftfassung also sein?

Im Juli 2006 ließ sich Campino von einer Mitarbeiterin der Süddeutschen Zeitung telefonisch interviewen. Anlass waren die Proben zur Dreigroschenoper im Berliner Admiralspalast unter der Regie von Klaus Maria Brandauer: Campino war Mackie Messer; der Sänger der

Düsseldorfer Band „Die Toten Hosen" wagte sich mit diesem Auftritt auf absolutes Neuland – das er aber ganz entspannt zu betreten gedachte; in seinen Worten: „Ich muss hier ja nicht ambitioniert versuchen, den Schauspieler raushängen zu lassen."

Niemand, der Campino kennt, würde erwarten, dass er in einem solchen Interview auf einmal in die Diktion eines Pressesprechers des Bundesministeriums der Verteidigung fällt. Locker-flockig überrascht er niemanden: „Naja, es geht außerdem natürlich darum, ne Chance zu haben, mit Koryphäen ihres Fachs zusammen zu sein." So der Sänger über eines seiner Motive bei diesem Projekt. Es wäre natürlich für die SZ ein Leichtes gewesen, das umgangssprachliche *ne* (*ne Chance*) zum schriftdeutschen *eine* zu verlängern; im Interview eines deutschen Dichterfürsten hätte man's wohl auch gemacht, vielleicht sogar machen müssen. Campino aber legt keinen Wert auf die grammatische Vollform, eher im Gegenteil. Über die Zusammenarbeit mit Brandauer ist zu lesen: „Er hört das nicht gern, wenn ich das sage. Dass er für mich auch diesen Lehrer-Aspekt volles Rohr abdeckt." *Volles Rohr: volle Lotte, volle Kalotte, volle Kanone* sind Spielformen dieses Ausdrucks; *sehr stark* oder *ganz und gar* hört sich da schon sehr viel zahmer und angepasster an.

Campino stammt aus Düsseldorf. Dort lernt man allerhand Wörter, die nicht im Wörterbuch stehen, zum Beispiel *Kochpott*: „Mit den Jungs in meiner Nachbarschaft haben wir so auf Kochpötten rumgehauen unter dem Namen ‚Pazific Control' (auweia). Die erste ‚richtige' Band war dann ZK, gegründet November '78, erster Gig März '79." Auf der Hosen-Homepage ist ein „Steckbrief" des Sängers zu finden, der sich am Aufbau von Interviews orientiert und in 62 Fragen und Antworten gegliedert ist. Die *Kochpötte* tauchen dort auf, wo sich Campino an die erste eigene Band erinnert; ein Kommentar („auweia") ist gleich mit eingebaut. Natürlich erwartet Campino wie jeder andere Prominente auch, dass Versprecher und Fehler für die Druck- oder die Homepagefassung eines Interviews bearbeitet werden. Was dann aber zu lesen ist, soll immer noch seine Handschrift tragen. *Auf Kochtöpfen trommeln* kann schließlich jeder.

Dat Gedöns mit dem Teebeutel
Geschrieben und gedruckt

Wenn Frau Schütt Frau Korpok trifft, *gehdet so richtich los.* Über Gott und die Welt unterhalten sich die beiden dann, über große Ereignisse, aber auch über banale Alltagsproblemchen wie den Umgang mit gebrauchten Teebeuteln. Das klingt dann so:
„Frau Korpok: Dann dat Gedöns mit dem Teebeutel. Da gehört en extra Tellerchen bei, zum Parken für nachher.
Frau Schütt: Dat hat mich allerdings auch schon geärgert, dat man oft nich weiß, wohin mit dem nassen Teil.
Frau Korpok: Auf em Unterteller, dat find ich so wat von fies. Oder in en Aschenbecher. In dat Schälchen mit de Zitrone geht aber nich, weil dat is besetzt."
Frau Korpok würde im Café gern auch einmal einen Tee trinken, nicht immer nur Kaffee. Wenn da nicht die Zitronenscheibe wäre, auf die sie nicht verzichten möchte, die aber immer für Ärger sorgt: Denn oft fehlt die Zitronenpresse; und wenn sie einmal nicht fehlt – die Finger werden trotzdem immer feucht. Nicht zu vergessen *dat Gedöns mit dem Teebeutel.* Wahrscheinlich bleibt Frau Korpok bei ihrem Kaffee, wenn sie ausgeht.
Ihr niederrheinisches Deutsch verdankt das Damenduo Gabriele Krafft, einer Redakteurin der in Xanten angesiedelten Niederrhein-Redaktion der Rheinischen Post. Ihre Kolumne „Frau Schütt, Frau Korpok" bildet seit Jahren einen unverzichtbaren Baustein der Seite „Region Niederrhein". Der Text vom 29. Oktober 2003 trug die Überschrift „Wohin mit dem Tee?" Eine unverfängliche Überschrift, die genauso auf der Regionalseite einer Tageszeitung in Flensburg oder Bad Reichenhall zu finden sein könnte. Niederrheinisch wird es erst, wenn Frau Schütt den Mund auftut: „Ach, jetzt en Tässken Kaffee. Oder Tee. Dat wär genau dat Richtige." *En Tässken Kaffee* – das können auch zwei oder drei sein, die müssen auch nicht in ultrakleinen Behältnissen serviert werden: *en Tässken Kaffee* steht für ‚Kaffee, in entspannter Atmosphäre und angenehmer Umgebung getrunken'. *Dat wär genau dat Richtige* – Frau Schütt und Frau Korpok sind *Dat-un-wat*-Enthusiastinnen. Die Autorin lässt beide Figuren regelmäßig *dat, wat* und *et* gebrauchen, so dass die Leserinnen sofort merken, aus welcher Sprachecke der Wind weht.

→ **SCHÜTT + KORPOK**

Nichts ist unmöglich

Frau Korpok: Ständig bin ich wat am suchen, dat kann doch nich normal sein.
Frau Schütt: Also, Schlüssel, Portmonnee und Brille fallen bei mir noch in de Kategorie vom ganz alltäglichen Wahnsinn. Eins davon liegt meistens woanders, und ich muss schwer nachdenken, bis mir dat wieder einfällt.

„Ständig bin ich wat am suchen [...]".
Frau Korpok zu Frau Schütt am 24. August 2005

Verschiedene niederrheinische Gewürze sorgen dafür, dass die Texte Gabriele Kraffts ihren regionaltypischen Geschmack bekommen. So die grammatischen Elemente à la *en extra Tellerchen* oder *in en Aschenbecher*; so die „unvollständigen" Sätze wie *Dann dat Gedöns mit dem Teebeutel* oder die Wortreihenfolge in Sätzen wie *weil dat is besetzt*. Beim Wortschatz bleibt Gabrielle Krafft allerdings vorsichtig, vielleicht um zu vermeiden, dass der ein oder andere Leser ein Wort nicht versteht. Diese Vorsicht zeigt sich auch bei den Überschriften: Die verraten mit keinem Wort, was sprachlich folgt.

In den Buchhandlungen am Niederrhein wird man neben dem gängigen Sortiment in hochdeutscher Sprache und, in der Abteilung „Regionalia", einer Anzahl von Werken im Dialekt nur selten ein Buch finden, das in niederrheinischem Deutsch geschrieben ist. Diese Sprachform wurde von den Autoren und Autorinnen noch kaum „entdeckt". Mimi Müller gehört zu den Ausnahmen.

Im Jahr 2000 erschien von ihr mit „Hömma, Härzken" ein Buch, das sich schon durch seinen Titel vom Gros der deutschsprachigen Produktion abhebt. Ein Blick in das Inhaltsverzeichnis zeigt, dass es sich um eine Sammlung kurzer Geschichten handelt, die alle, ob sie nun „Flying Docters" oder „Der Pott is am Kochen" heißen, in Duisburger Deutsch geschrieben sind. Man könnte es auch Ruhrdeutsch Duisburger Färbung oder niederrheinisches Deutsch mit Duisburger Zungenschlag nennen. Die Texte waren zuvor im Duisburger „Wochen Anzeiger" erschienen. „Rummel" ist der Titel einer dieser Geschichten, die sich um Kirmes und um einen Hauptgewinn an der Losbude dreht; die Autorin hat ein Faible für Losbuden:

„Dat fing schon dammals an, alset noch diese Puppen zu gewinnen gab, mitte schillernde Kleidkes und de schwatten Haare un Hochsteckfrisur, die immer bei Omma Krukowski auffet Paradekissen saßen, damals, inne 60er."

Diesmal geht es um einen großen Spielzeugbären:

„Abber diesma, nach dreißich Jahre Pechsträhne und unzähligen Trostkokkelores wie Plastikförmkes, Stikkers un Flummibällekes – da habbich datt große Los gezogen. Nur auffe Kirmes kann man sich so besinnungslos und mit kindlicher Freude verlieben, wie ich mich in den Paul. Paul is groß und stattlich und hat wunderschöne braune Augen. Und Paul hat datt schönste Lachen vonne ganze Welt. Als ich ihm gesehen hab, da waa datt soffott um mich geschehen."

Manchmal wählt Mimi Müller für ihre niederrheinische Grammatik das ganz große Kaliber. Darunter fallen nicht die so genannten „schwachen" Formen wie *mitte schillernde Kleidkes* oder *auffe Kirmes* oder *vonne ganzen Welt*. Das sind noch vergleichsweise harmlose Varianten, die sich durch eine Reduktion – im Vergleich zur längeren, „vollen" Form – auszeichnen (siehe S. 27). Nein, schweres grammatisches Geschütz fährt die Duisburgerin auf, wenn sie schreibt: „Als ich ihm gesehen hab, da waa datt soffott um mich geschehen" – mit *ihm* statt *ihn*. In den Ohren vieler Menschen, vermutlich auch in Duisburg, wäre so etwas heute nichts anderes als ein echter Schnitzer: eine Vertauschung der Fälle. Die Autorin wiederholt das *ihm* an anderer Stelle:

„(…) und er hat mir erzählt, von seine Reise, vonne anderen Hauptgewinne und wie innich er sich gewünscht hat, datt ich ihm gewinn."

Mimi Müller heißt im bürgerlichen Leben übrigens Ellen Welschen. Ein Jahr nach „Hömma, Härzken" erschien mit „Nich mit mich" ein zweites Buch mit Geschichten in Duisburger Deutsch.

Wer schreibt, hat immer die Wahl. Zwischen zwei oder mehr grammatischen Varianten, zwischen eher umgangsprachlich oder schon gelehrt klingenden Wörtern mit derselben Bedeutung, zwischen vollständigen und abgebrochenen Sätzen, zwischen einer Vielzahl von Stilen, von natürlich bis papieren. Mimi Müllers Standpunkt ist ganz klar: *Et daaf ruhig en bissken anders klingen! Abber hallo!*

Im April 2004 führte der WDR ein Interview mit Leenders/Bay/Leenders, dem Klever Autorentrio erfolgreicher Regionalkrimis. „Wie wichtig ist Ihnen Lokalkolorit als Inspiration zum Schreiben?" lautete eine der Fragen.

Antwort: „Das Lokalkolorit erlaubt es uns, bestimmte Gerüche, Licht, Geräusche, Pflanzen, Tiere, Menschen detaillierter zu beschreiben als wenn unsere Bücher zum Beispiel in Mexiko spielen würden. Da waren wir noch nicht. Übrigens sprechen die Menschen am Niederrhein kaum noch Dialekt, sondern Regiolekt."

In ihren Büchern ist vor allem Kommissar Jupp Ackermann für den Regiolekt zuständig. Wenn der mit einem Kollegen spricht, liest sich das so:

„Ja, hasset denn nich' gehört? Stand sogar schonn inne Zeitung. Dat mit den Handtaschenräubern. Da wird 'ner Omma die Tasche geklaut, un' ein'Tach später hängt dat Täschchen wieder bei die anne Türklinke, un' wat denkste? Nix fehlt! Is' jetz' schonn dreimal passiert. Und heut' Morgen dat mit der Fiets. Gestern als geklaut gemeldet, heute steht se bei den Leuten wieder vor de Garage. Ich sach dir, Walter, et kommt noch so weit, dat die Ganoven unten bei uns anne Pforte schellen un' ihre gerechte Strafe wollen."

Jupp Ackermann stammt aus Kranenburg, hat das Gymnasium besucht und ist anschließend Kriminalbeamter geworden – alles im Buch natürlich. Wer die Niederrheinkrimis, die die drei Klever seit 1992 veröffentlichen, kennt, kennt Jupp Ackermann bestens. Ackermann beherrscht zwar auch Platt und Hochdeutsch, aber meistens verlegt er sich auf den Regiolekt, das niederrheinische Deutsch. In „Ackermann tanzt", einem Kriminalroman aus dem Jahr 1999, bekommt er ausgiebig Gelegenheit, sich in dieser Sprachform zu unterhalten. Der Ausschnitt, in dem er sich über die scheinbare Reue von Klever Straftätern auslässt, stammt aus diesem Buch. Tatsächlich, so viel sei verraten, steckt etwas ganz anderes hinter dem zurückkehrenden Diebesgut, sei es nun *Täschken* oder *Fiets*.

Möglicherweise als Lesehilfen gedacht sind die vielen Apostrophstriche, die die Stellen markieren, an denen Ackermann Laute oder Silben auslässt – Laute und Silben, die er nicht verschlucken dürfte, wenn er Hochdeutsch sprechen wollte. Eigentlich – aber diese Bemerkung soll nicht als Anpfiff zu einer Diskussion über die Schreibung von Regiolekttexten missverstanden werden (siehe unten) – eigentlich könnte man auf diese Strichgarnitur auch verzichten; ein kleiner Test: *Da wird ner Omma die Tasche geklaut, un ein Tach später hängt dat Täschken wieder bei die anne Türklinke, un wat denkste?* Viermal wurde hier das Auslassungszeichen ausgelassen. *Un wat fehlt? Nix fehlt!*

Ackermann spricht sein regionales Alltagsdeutsch auch mit seiner Frau („Bleibs' du ma ebkes beim Fleisch. Ich müsst' dat Fässken anschlagen…") oder mit seiner Tochter („Bissken viel Kriegsbemalung, wa?"). Wichtig ist die Botschaft, die das „Trio Criminale" aus Kleve vermittelt, wenn es eine Person zum Protagonisten der Regionalsprache macht, die das Gymnasium, sogar das altsprachliche Gymnasium (!), durchlaufen hat: Niederrheinisches Deutsch ist kein Bildungsdefizit. Wir können auch anders, *muss abber nich unbedingt sein!*

Wie schreibt man dat?
Brauchen wir Sprachpäpste?

Es gibt eine ganze Reihe von Mundartpäpsten am Niederrhein, *sonne* und *sonne*. Zur ersten Gruppe gehören die, denen der Ruf vorauseilt, sie hätten sich „selbst ernannt". In diesem Zusatz schwingen zumindest Skepsis und Ironie mit, manchmal auch Antipathie. Aber: wer soll denn eigentlich den örtlichen Mundartpapst ernennen oder ausrufen, wenn nicht er selbst? Die Bürgermeisterin vielleicht oder der örtliche Heimatverein? Oder eine Gruppe dialektfester Bürger und Bürgerinnen, die nach dem Ableben des letzten Amtsinhabers ein Wahlgremium zu bilden und damit die Rollen von „Mundartkardinälen" zu übernehmen hätten? Den anderen Mundartpäpsten, über die man spricht, ohne dass von irgendeiner Selbsternennung die Rede ist, gereicht es zur Ehre, so tituliert zu werden. Sie sind in den Augen ihrer Mitbürger wirkliche Sprachautoritäten, die sich vielleicht als Autor eines Dialektwörterbuches hervorgetan haben.

Mundartpäpste brauchen eine Mundartszene. Da, wo Mundartliteratur erscheint, wo Platt auf der Bühne geboten wird, wo Mundartabende stattfinden und Mundartvorlesewettbewerbe organisiert werden, da gibt es einen Bedarf. Ein Mundartpapst, besonders ein allseits anerkannter, entscheidet letztinstanzlich, wenn zwei Mundartsprecher sich hinsichtlich der Bedeutung eines Wortes nicht einig werden: Was heißt es denn nun wirklich? Oft wird er auch mit Fragen zur Schreibung konfrontiert: Soll man beispielsweise *Stool* oder *Stohl* ‚Stuhl' schreiben, mit zwei *o* also oder mit *h* wie im Deutschen?

Niederrheinische Mundartpäpste sind offensichtlich zumeist männlichen Geschlechts. Warum das so ist, müssen andere beantworten. Plattpapst oder Dialektpapst werden sie übrigens nicht gerufen. Denn sobald Platt (= Dialekt) in die Sphären kulturellen Schaffens vordringt, steigt es zur Mundart auf. Regiolektpäpste gibt es noch nicht, am Niederrhein ebenso wenig wie im übrigen Rheinland. Es fehlen weitgehend auch noch die Regiolektszenen mit Regiolektgedichten, Regiolektvorleseveranstaltungen oder Regiolektmessen. Ob es sie je geben wird?

> Als 2005 zum neunten Mal der Literaturwettbewerb der Stadt Nettetal stattfand, war in der RP zu lesen: „Mundart-Texte werden nicht angenommen." Regiolekttexte wurden nicht explizit ausgeschlossen, ein entsprechender Hinweis war aber wohl auch nicht nötig.

Sobald Regiolekt zu Papier gebracht wird, wird die Schreibung zum Problem, zumindest zur Frage. Wir müssen also abwarten, bis mehr Menschen anfangen, das Alltagsdeutsch auch für geschriebene Texte zu entdecken. Was uns dann erwartet? Denken Sie an das leidige Thema der Schreibung von *das, daß* oder *dass* im Standarddeutschen; es sind drei Schreibvarianten, die in ihrer Aussprache bekanntlich nicht differieren. Vor der Rechtschreibreform mussten wir darauf achten, *das* und *daß* nicht miteinander zu verwechseln. Heute lernen die Kinder in der Schule, dass zwischen *das* und *dass* zu unterscheiden sei. Und im (geschriebenen) Regiolekt? In diesem Buch wird einheitlich *dat* geschrieben. Man könnte allerdings auch auf die Idee kommen, in dem einen Fall *dat* und im anderen *datt* zu schreiben, analog zu standarddeutsch *das* und *dass*. Beispiele: *Dat Auto is kaputt*. Und: *Ich habb gesacht, datt wer noch am spülen sind*. Bei einer solchen Regelung sind, wie in der deutschen Schriftsprache auch, die „Fehler" beim Schreiben vorprogrammiert.

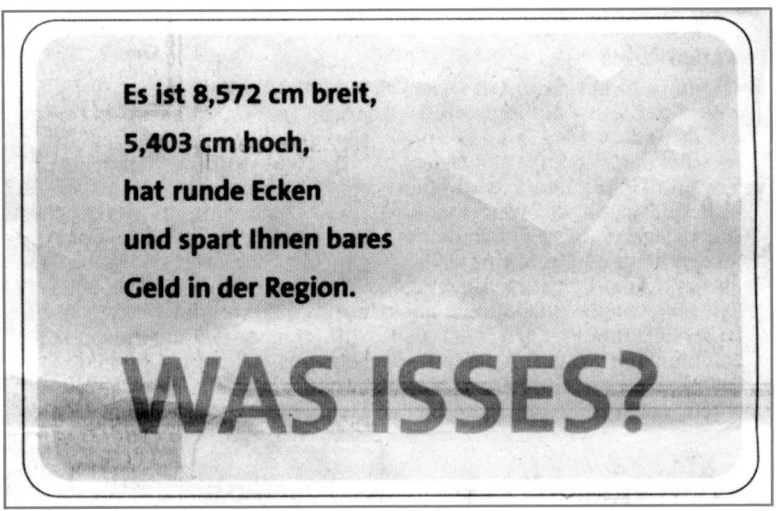

Es ist 8,572 cm breit,

5,403 cm hoch,

hat runde Ecken

und spart Ihnen bares

Geld in der Region.

WAS ISSES?

Eine Anzeige aus der Rheinischen Post in eigener Sache (gefunden in der Ausgabe vom 20. März 2006). Eine weitere regionale Variante wäre WAT ISSET?

Wie wäre es, *dadt* zu schreiben wie in hochdeutsch *Stadt*? *Dadt* sieht allerdings ziemlich gewöhnungsbedürftig aus. Oder vielleicht *datt* als Einheitsschreibung, die sich an vertraute Schreibungen wie *matt* oder *satt* anlehnte? Mimi Müller, die in Duisburg wegen ihrer Texte im Regiolekt eine Institution ist (siehe S. 120), schreibt ausnahmslos *datt* und *watt*. Dagegen gab das Kultur- und Stadthistorische Museum Duisburg im Jahr 1999 einer Ausstellung über Frauen in Zeiten des Strukturwandels den Titel „Wat kommt, dat kommt!" Mimi Müller dazu im Duisburger „Wochen Anzeiger": „Wir sehn uns alle inne Ausstellung und watt die Rechtschreibfehler auf datt Plakat angeht: da stehnwer doch drübber." *Ja, wenn dat so is: Damit könn wer leben.*

Komm bei mich, bei dich is Patsche
Sprachspott

Im Westfälischen soll sich vor einigen Jahren Folgendes zugetragen haben: Ort der Handlung ist Haßlinghausen in der Nachbarschaft Wuppertals; ein Mann aus dem benachbarten Schwelm betritt eine

Gastwirtschaft. Es herrscht eisiges Wetter, der Schwelmer ist blau gefroren und schimpft, als er die warme Wirtsstube betritt, lauthals über das „verdammde Sauwäher". Die anwesenden Gäste lachen ihn aus: „Junge, du kass äwer ook kein richtig Platt", sagen sie. „Dat hett niämlich ‚Sauwieher!'"

Sauwäher – Sauwieher. Nachbarorte unterscheiden sich in ihren Dialekten; das gilt am Niederrhein, das scheint auch für Westfalen zu gelten. Die Unterschiede sind für Außenstehende zwar oftmals kaum wahrzunehmen, Feinheiten, Nebensächlichkeiten, Petitessen – die Einheimischen hören sie aber sofort. Wir sollten uns also davor hüten, nach Haßlinghausen zu gehen, uns dort an die Theke zu stellen und über das *Sauwäher* zu schimpfen. Und wenn wir einmal bei schlechter Witterung nach Schwelm kommen sollten: kein Wort über das *Sauwieher*! Wer lässt sich schon gern auslachen?

Wer den Mund aufmacht, begibt sich in Gefahr. In Gefahr, etwas von sich preiszugeben, sich angreifbar zu machen, sich zu verraten. Sein Dialekt oder sein Akzent verraten vielleicht, dass er hier fremd ist. Wie im Buch Richter in der Bibel: Die Gileaditer und Ephraimiten hatten gegeneinander gekämpft, die Gileaditer behielten die Oberhand. Am Jordan hielten sie die Flüchtenden auf und ließen jeden, der auf die andere Seite wollte, das Wort *Schibboleth* sagen; bei den Ephraimiten aber hörte sich das wie *Sibboleth* an. Sie bezahlten dieses Aussprachedefizit mit ihrem Leben.

Natürlich verrät einen auch der eigene Regiolekt. Eine Frau aus Meerbusch im Rhein-Kreis Neuss erzählte mir, Nachbarn hätten schon einmal zu ihr gesagt: „Sie reden wie eine Putzfrau." Putzfrauensprache, Arme-Leute-Sprache, Gossensprache – Urteile, die wohl kaum jemand gern hören wird, wenn er selbst gemeint ist. Es kann in bestimmten Situationen durchaus Mut erfordern, Regiolekt zu sprechen, auch wenn die drohenden Sanktionen am Niederrhein heute weniger drastisch sind als in der Geschichte vom Jordan. Doch ausgelacht zu werden genügt ja schon.

Der niederrheinische Regiolekt, gemessen am Hochdeutschen der Schulbücher, zeichnet sich durch „Fehler" aus, in der Vergangenheit mehr noch als heute. Ein besonders auffälliger Fehler ist die Verwechselung von *mir* und *mich* (und *dir* und *dich*). Er kommt heute wahrscheinlich nur noch selten vor, aber als die Kinder noch von Mutter und Vater Platt lernten, war das anders. Denn im niederrheinischen Platt gibt es nur eine Einheitsform für ‚mir/mich'; um Kleve ist das *min*, um Kevelaer und Wesel *mej*, südlich davon sagt man im Dialekt einheitlich *mech* (oder *mesch*). Die Niederrheiner hatten in diesem Punkt also einmal dieselbe Ausgangsposition wie die Niederländer mit ihrem *mij* oder die Engländer mit ihrem *me*.

Er ist bei mich gewesen / ich will dich schreiben / sie hat mir geschimpfet: Diese Beispiele finden sich in einem Zeitschriftenbeitrag aus der Zeit um 1755, in dem es um regionaltypische Fehler im Hochdeutschen ging. Erscheinungsort der Zeitschrift war Kleve. Solange die Niederrheiner und Niederrheinerinnen aus dem Dialekt „übersetzen" mussten, waren solche Formulierungen vorprogrammiert.

Der Lehrer, der steht hinter mich
Wer Putzfrauendeutsch sprach, musste wohl immer damit rechnen, ausgelacht und verspottet zu werden. Ein Spottvers am Niederrhein hatte folgenden Text: *Mir und mich verwechsl-ich nich. Das kommt bei mich nicht vor. Der Lehrer, der steht hinter mich, und sagt mich alles vor (ins Ohr).*

Komm bei mich! Diesen Satz wird man in der Vergangenheit am Niederrhein häufiger gehört haben, auch hier diente das Platt als Vorbild. Denn auf Platt konnte *kommen* mit der Präposition *bej* ‚bei' (oder auch mit *nor* ‚nach') kombiniert werden; *bej min, bej mej* oder *bej mech* hieß es dann. Analog dazu überall *bei mich*: *Komm bei mich!* Wer es besser wusste, spottete: *Komm bei mich, bei dich ist Patsche!*

Die Kirsche geben
Wenn über Lothar Emmerich, den früheren Nationalspieler von Borussia Dortmund, gesprochen wird, fällt regelmäßig sein Satz *Gib mich die Kirsche!* Ganz gleich, ob nun erfunden oder wahr, zeigt er, dass auch die Westfalen früher in die *mir-mich*-Bredouille gerieten; im westfälischen Platt von Dortmund hieß beides einmal *mi*. Mit der *Kirsche* war natürlich der Ball gemeint.

Je weniger Platt am Niederrhein gesprochen wird und – das ist meine These – je dialektärmer der Regiolekt wird, umso geringfügiger kann der Auslöser sein, der Menschen dazu bringt, andere wegen ihrer regionalen Sprache auszulachen. Heute reicht wahrscheinlich schon der Akzent. So berichtete mir vor einigen Jahren ein junger Mann aus der Gegend von Bonn, dass es in seinem Jahrgang auf dem Gymnasium Jungen gab, die von Mitschülern wegen ihres rheinischen Akzentes „nachgeäfft" worden waren. Der Spott zeigte Wirkung, die Opfer versuchten, den Akzent abzulegen. Wer wird schon gern ausgelacht?

Ich danke Sie!
Willi ‚Ente' Lippens und sein legendäres Zitat

Manche Zitate wird ein Mensch nicht mehr los. *Schaun mer mal* – Franz Beckenbauers sprachliches Markenzeichen. *Ich habe fertig* – Giovanni Trappatoni in seinem unverwechselbaren Fußballdeutsch. *Gib mich die Kirsche* – Lothar Emmerich (siehe oben). *Ich danke Sie!* – das ist Willi Lippens. Dieser Satz soll ihm einmal einen Platzverweis eingebracht haben; jeder Fußballinteressierte, zumindest wenn er die 50 überschritten hat, kennt diesen legendären Ausspruch.

1965 sollen diese Worte gefallen sein. Lippens, noch keine 20 Jahr alt, war gerade als Stürmer zu Rot-Weiß Essen gewechselt. Im Spiel gegen Westfalia Herne bekam er – so nennen wir es heute – die Gelbe Karte. Der Schiedsrichter zu Lippens: *Ich verwarne Ihnen!* Dessen Antwort – *Ich danke Sie!* – soll dann zum Platzverweis geführt haben. Der Unparteiische fühlte sich veräppelt, „Schiedsrichterbeleidigung" wird er im Spielbericht eingetragen haben. Lippens sollte noch lange im Kohlenpott Fußball spielen. Er blieb bis 1976 bei Rot-Weiß Essen und wechselte dann zu Borussia Dortmund. Deshalb war es aber noch lange kein „Kohlenpott-Slang", wie manchmal zu lesen ist, in dem diese kurze, aber folgenschwere Unterhaltung auf dem Spielfeld stattfand.

Willi Lippens, der wegen seiner für einen Fußballer unüblichen Art zu gehen („Watschelgang") Ente gerufen wurde, ist von Geburt an Niederländer. Er spielte sogar einmal, das war 1971, in der niederländischen Nationalmannschaft. Gegner war Luxemburg; Lippens steuerte zu den sechs Toren von Oranje eins bei. Gern berichtet wird, dass der damalige deutsche Nationaltrainer Helmut Schön mehrmals versucht hat, Lippens zur Annahme der deutschen Staatsbürgerschaft zu bewegen – vergeblich. Der Linksaußen blieb Niederländer, mit Rücksicht auf seinen Vater. An dieser Stelle wird die Geschichte aus niederrheinischer Sicht spannend.

Geboren wurde Willi Lippens 1945 am Niederrhein, manchmal wird Kleve als Geburtsort genannt, manchmal auch Hau (Bedburg-Hau), ein Dorf vor den Toren Kleves. Sein Vater war wie so viele Menschen am unteren Niederrhein Niederländer; er stammte aus dem niederländischen Heerlen und war in den 1930er Jahren nach Kleve gekommen, um hier Arbeit zu suchen. Als Jugendlicher spielte Willi Lippens für den VfB Kleve, einen Verein, der heute, nach einer Fusion, als 1. FC Kleve noch erfolgreich am Spielbetrieb teilnimmt. Lippens wuchs in einer Zeit auf, als das Hochdeutsche vieler Niederrheiner noch stark vom Dialekt geprägt war. Nicht wenige Klever und Kleverinnen verwechselten damals *mir* und *mich, dir* und *dich, Ihnen* und *Sie*. Als ihn der Schiedsrichter im Spiel gegen Herne mit *Ich verwarne Ihnen!* ansprach, hörte Lippens also vertraute Töne. *Ich danke Sie!* – mit dieser Antwort wäre er auch vom Platz geflogen, wenn er zu diesem Zeitpunkt noch für den VfB gespielt und die Begegnung in Emmerich oder Krefeld stattgefunden hätte – vorausgesetzt, der Schiedsrichter hätte die komische Potenz der Entgegnung ebenso erkannt wie der Unparteiische im Ruhrgebiet.

Willi Lippens hat später verraten, warum sein Vater so vehement gegen eine Einbürgerung des Sohnes war. Während des Krieges hatten die Nationalsozialisten mit Gewalt versucht, Vater Lippens dazu zu bringen, sich freiwillig zum Kriegsdienst zu melden. Die Misshandlungen in Kleve hat er nie verwunden. Wenn er später zusammen mit seinem Sohn Willi vor dem Fernsehgerät saß und Spiele der deutschen Fußballnationalmannschaft sah, hat er immer zum Gegner gehalten. Willi für Deutschland – schwer vorstellbar unter diesen Vorzeichen. Rainer Bonhoff, ein anderer Niederrheiner mit niederländischem Pass, nahm dagegen die deutsche Staatsbürgerschaft an; er stand 1974 in der DFB-Elf, die in München durch einen Sieg über die Niederlande (!) Fußballweltmeister wurde.

Wer wissen will, in welcher sprachlichen Umgebung Willi Lippens aufgewachsen ist, kann im Internet ein Gedicht seines Bruders Paul, von diesem selbst vorgetragen, in niederrheinischem Platt hören: www.plattsatt.de. Vom „Kohlenpott-Slang" Essener Couleur ist das Lichtjahre entfernt.

Jetz ma Butter bei die Fische!
Sprachwahl

„Nur-Sprecher" könnte man diejenigen nennen, die immer Hochdeutsch oder ausnahmslos Platt oder stets und ständig regionales

Alltagsdeutsch sprechen. *Abber so jemand gibbet doch ga nich!* Über welche Wahlmöglichkeiten verfügt aber der Einzelne? Und wie nutzt er sein individuelles Sprachspektrum im Alltag? Das waren die beiden zentralen Fragen, denen Elisabeth Peerenboom in ihrer Staatsarbeit an der Universität Bonn nachgegangen ist.

Dazu befragte sie im Sommer 1991 Menschen unterschiedlichen Alters in Grietherort und Grietherbusch. Die beiden Örtchen liegen auf dem rechten Rheinufer, nicht weit von Rees entfernt; sie hatten zum Zeitpunkt der Befragung zusammen etwa 200 Einwohner. 18 Personen, je neun Männer und Frauen, gleichmäßig verteilt über drei Altersgruppen, machten bei dieser Studie mit; alle stammten aus einem landwirtschaftlichen Umfeld.

Entsprechend hoch war der Anteil der Dialektsprecher und -sprecherinnen unter ihnen. Nur drei der 18 Gewährsleute meinten, Platt nicht aktiv zu beherrschen; eine vierte Person glaubte es nur mit Mühe sprechen zu können. Alle vier gehörten, das war zu erwarten, zur jüngsten Altersgruppe (23–30 Jahre alt). Zwölf der Befragten, darunter fünf junge Leute, erklärten auf entsprechende Fragen hin, je nach Situation auch die regionale Umgangssprache (das regionale Alltagsdeutsch) zu verwenden.

Diese Sprachlage grenzte Elisabeth Peerenboom ihren Gewährspersonen gegenüber mit Hilfe des Satzes *Erzähl mir mal, wat dat is!* vom Dialekt und vom Hochdeutschen ab. Auf Platt sage man *Vertell min es, wat dat es!* Die hochdeutsche Version lautete *Erzähle mir einmal, was das ist!* Aus den Reihen der mittleren und älteren Gruppe war mehrmals zu hören, diese regionale Sprachlage sei „primitiv" und „nichts Halbes und nichts Ganzes"; diese Menschen verwendeten im Alltag – in ihrer Selbsteinschätzung – Platt und Hochdeutsch im Wechsel. Eine Frau aus der Altersgruppe bis 30 glaubte immer nur Hochdeutsch zu sprechen; drei andere junge Leute wechselten zwischen regionalem Alltagsdeutsch und Hochdeutsch, während die zwei übrigen Personen dieser Gruppe, beides Landwirte, als dritte Größe im eigenen Sprachgebrauch den Dialekt nannten.

> *Vertell min es, wat dat is!*
> *Erzähl mir mal, wat dat is!*
> *Erzähle mir einmal, was das ist!*
> Beispielsätze für Platt, Alltagsdeutsch und Hochdeutsch am rechten Niederrhein

Der Regiolekt wird, folgt man Peerenbooms Untersuchungsergebnissen mit ihren vielfachen Differenzierungen, zumeist in eher privaten Gesprächssituationen und in vertrauter Umgebung verwendet. Regiolekt wird gesprochen, wenn man ‚unter sich' ist; er dient also als Ersatzdialekt oder Dialektersatz. Von den jüngeren Leuten wurde allerdings auch betont, dass sie sich nicht scheuen, den Regiolekt gelegentlich auch in öffentlichen Situationen einzusetzen, während die übrigen Befragten hier „eindeutig nur die Standardsprache verwenden und für angemessen halten". Zu diesen öffentlichen Situationen gehören Gespräche mit Pastor und Arzt, auf der Bank und auf dem Amt oder der Einkauf in Rees.

Eine Frau aus der jüngsten Altersgruppe brachte ein schönes Beispiel für den Dialektgebrauch als vertrauensbildende Maßnahme. Ihr Vater beherrsche zwar den Dialekt, spreche ihn im Alltag aber eher selten. Wenn er allerdings einen Gesprächspartner, der Dialektsprecher ist, beispielsweise einen Nachbarn, für eine Sache gewinnen wolle, werde Platt gesprochen.

Viele Menschen, die selbst einen Dialekt beherrschen, können sich an Situationen erinnern, die durch den Wechsel vom Hochdeutschen zum Dialekt entschärft und gerettet werden konnten. Das waren zum Beispiel schwierige Gespräche in offiziellem Rahmen, bei denen die Positionen festgefahren schienen und der Ärger bei allen Beteiligten immer größer wurde. Plötzlich ein paar Worte im Dialekt – und der Knoten war geplatzt. Der Dialekt – als Sprache der vertrauten Umgebung, als Sprache unter Freunden – brachte die Wende. Jüngere Niederrheiner und Niederrheinerinnen haben diese Erfahrung nicht mehr machen können – zumindest nicht mit dem Dialekt als entscheidender Größe. Der Regiolekt, als Ersatzdialekt, wird aber ganz ähnlich funktionieren: *So, jetz hören wer ma eben auf mit dem ganzen argumentativen Pillepalle. Wo haktet denn nun wirklich? Jetz ma Butter bei die Fische!*

Dat schwatte Schaf vom Niederrhein
Hanns Dieter Hüsch

„Allen Anfang ös schwohr", säht den Diew; do hat häj ännen Amboß en de Fengersch. Die Dialekte am Niederrhein sind reich an Sprichwörtern und Redensarten; viele davon sind im Hochdeutschen unbekannt

(wie ja auch umgekehrt viele hochdeutsche Wendungen im Platt nicht vorkommen). 1924 erschien in Moers in zweiter Auflage ein Mundartbuch, in dem Hunderte solcher sprichwörtlicher Redensarten versammelt sind. Der Titel des Buches lautete „Min Modersprok", der Autor hieß Georg Krach. Er widmete ein eigenes Kapitel den so genannten Sag-Wendungen („Landläufige Redensarten"), zu denen auch die vom Dieb gehört, der schwer zu schleppen hatte: „Aller Anfang ist schwer" sagt der Dieb; da hatte er einen Amboss in den Fingern.

Ein anderes Beispiel für dieses Genre lautet in der Moerser Mundart: *„Datt ös en ander Körnschen", säht de Möller; do beht häj op änne Muhskötel*. Solche Wendungen funktionieren – in den Worten Georg Krachs – nach folgendem Muster: „In der Regel wird in ihnen erst irgend eine bekannte Redensart, ein Sprichwort oder dergleichen genannt, und dann erfindet man dazu eine Situation, die darauf paßt, wie die Faust aufs Auge." Eine solche Situation tritt beispielsweise ein, wenn der Müller auf einen Mäusekötel beißt, zuvor aber mit großem Ernst und scheinbarem Sachverstand meint: „Das ist ein anderes Körnchen". Zielscheibe des Spotts können Menschen wie Tiere sein. Gerade der Fuchs, der in Fabeln gern den Schlauen gibt, bekommt sein Fett ab: *„Et ös mar ännen Owergang", säht de Fohs; do trocken se öhm et Fähl ower de Ohren*. „Es ist nur ein Übergang", räsoniert er, da zog man ihm schon das Fell über die Ohren.

Bei Hanns Dieter Hüsch taucht diese Wendung stark verfremdet wieder auf: „Alles hätt nen Övergang / Da trokk sich de Voos et Fell över de Kopp". Die beiden Zeilen findet man in „Nahmment zusammen", einem Text aus dem Band „Das schwarze Schaf vom Niederrhein". Der Titel des Buches war zugleich der Titel eines Bühnenprogramms, als „schwarzes Schaf vom Niederrhein" wurde Hüsch berühmt. Zu Lebzeiten war er der bekannteste Niederrheiner (ob er nun in Mainz oder Köln wohnte). Natürlich wissen viele auch um die niederrheinischen Wurzeln eines Joseph Beuys oder einer Claudia Schiffer; aber niemand würde wohl behaupten, dass „alles" an ihnen „niederrheinisch" war oder ist. Anders lag der Fall Hüsch: „Poet vom Niederrhein" titelte beispielsweise die Rheinische Post am Tag nach seinem Tod im Dezember 2005. Zu seinem 80. Geburtstag im Mai desselben Jahres hatte der WDR eines seiner bekanntesten Zitate als Überschrift eines Homepage-Beitrages gewählt: „Alles, was ich bin, ist niederrheinisch".

Wie keiner vor ihm brachte Hüsch die niederrheinische Sprache auf die Bühne: den Dialekt in vorsichtiger Dosierung, niederrheinisches Deutsch in allen Tonlagen. Grußformeln wie *Tach zusammen* oder *Nahment zusammen*, Alltagsdeutsch und Allerweltsdeutsch am Niederrhein, wurden so zu geflügelten Worten. „Wenn es den Niederrheiner nicht gäbe, Hüsch hätte ihn erfunden", so noch einmal der WDR in seiner Geburtstagswürdigung. Seine Auftritte waren für Menschen in Hamburg oder München kabarettistische Schnupperkurse in Sachen ,niederrheinisches Deutsch'.

Hanns Dieter Hüsch, 1925 in Moers geboren, wuchs in einer Zeit auf, als der niederrheinische Dialekt noch in der Luft lag. Ob er ihn selbst erlernt hat? *Ehrlich gesacht, ich weißet nich. Kann sein, muss abber nich.* Kindheit und Jugend verbrachte er mit Menschen, deren gesprochenes Deutsch noch stark vom Dialekt geprägt war. Vieles von dem, was der kleine Hanns Dieter damals in Moers aufschnappte, taucht in Hüschs Texten später wieder auf.

In den Nachrufen, die nach seinem Tod 2005 erschienen, wurde immer wieder seine Loyalität gerühmt: Was er schrieb und auf die Bühne brachte, ging nicht zu Lasten der Menschen am Niederrhein. Er verspottete sie nicht, verlachte sie nicht. Es gibt Kabarettisten und Comedians, die ihre Figuren dem Spott des Publikums preisgeben und dabei auf den Faktor Sprache setzen, *davon gibbet satt un genuch.* Ihre Bühnenfiguren sind dann nicht nur doof, sondern sprechen auch so; oder umgekehrt: sobald sie den Mund aufmachen, weiß jeder im Publikum, wes Geistes Kind sie sind (sein sollen). Das war Hanns Dieter Hüschs Art nicht.

Es muss so gewesen sein, dass die niederrheinische Kolorierung seiner Texte Teil seiner eigenen Sprache war. Einer Sprache, deren sich der Meister nicht schämte, so dass er deren Sprecher auch nicht über Gebühr karikieren oder lächerlich machen musste. Für Hüsch, der lange als Synchronsprecher (so für „Dick-und-Doof"-Filme) gearbeitet hatte, zählte eben nicht nur neutrales Hochdeutsch. Das zeigen auch die Verschriftungen mehrerer Interviews, die er dem Journalisten Martin Buchholz im Laufe der Jahre gab. Auch wenn man davon ausgehen darf, dass die in Buchholz' Hüsch-Buch „Was machen wir hinterher?" veröffentlichten Interviews in einem Verfahren bearbeitet wurden, wie es für diese Textsorte üblich ist – an vielen Stellen wird doch sichtbar, dass der Interviewte in der Regionalsprache zu Hause war.

133

So, wenn Hüsch beschreibt, dass sich sein Kabarett nicht mehr zur Comedy gewandelt hat: „da bin ich mittlerweile zu alt drüber geworden". Es wäre ein Leichtes gewesen, diesen sprechsprachlichen Satz zu verschriftsprachlichen (‚darüber bin ich mittlerweile zu alt geworden'). Buchholz lässt ihn stehen: er passt zu Hüsch. In demselben Interview geht Hüsch auf Kritiker ein, die nun den (früheren) Ernst seiner Programme vermissen und in ihm nur noch einen Spaßmacher sehen. Denen legt er in den Mund: „Und nun hat er [Hüsch] seinen Niederrhein entdeckt und da reitet er jetzt drauf rum." ‚Und darauf reitet er jetzt herum' hätte die Alternative gelautet, aber Hüsch und Buchholz wollten es regional: mit dem niederrheinisch auseinander gerissenen und teilverdoppelten *da drauf* und dem sprechsprachlichen *rumreiten*.

> Wie schreibt mensch *Mäusekötel*?
> Vielleicht ist es Ihnen auch schon einmal so ergangen, als Sie versucht haben, das Wort *Mäusekötel* mit dem PC zu schreiben: Das Rechtschreibprogramm zeigt Ihnen an, dass mit diesem Wort etwas nicht stimmt. Sie korrigieren zu *Mäuseköttel* – und schon scheint alles in Ordnung zu sein. Wenn Sie dann aber sicherheitshalber zum Duden-Rechtschreibwörterbuch greifen, werden Sie eines Besseren belehrt. Es müsse *Kötel* heißen, steht da; *Köttel* wird nicht verzeichnet. Der Wahrig führt weder die eine noch die andere Variante auf; da möchte man ja schon einmal wissen, wie man dieses auch außerhalb von Mühlen vorkommende Abfallprodukt der Fauna denn sonst nennen könnte. Wie dem auch sei – am Niederrhein ist die Aussprache *Köttel* auf jeden Fall bestens bekannt.

‚Schwarz' heißt in den Dialekten des Niederrheins *schwatt*, um Kleve herum auch *schwort*. Dasselbe *t* taucht in Wörtern wie *sitte, Water, äte* oder *witt* auf. Das niederrheinische Alltagsdeutsch schließt sich in diesen Fällen mit seinem *z* oder *s* dem Standarddeutschen an, es heißt dann also *sitzen, Wasser, essen, weiß*. Ausnahmen von dieser Regel bilden die Dialektwörtchen *dat, wat* und *et*, die auch im regionalen Alltagsdeutsch üppig verwendet werden. *Ich geh noch wat Wasser holen, fangt schonn ma an zu essen* könnte also eine Hausfrau oder ein Hausmann sagen, die (oder der) das dampfende Essen auf den Tisch gestellt hat, um dann feststellen zu müssen, dass das Mineralwasser noch fehlt. Im niederrheinischen Deutsch ist – oder war – allerdings auch schon mal *schwatt* zu hören: Eine *Schwatte* ist dann zum Beispiel eine Frau mit schwarzen Haaren oder schwarzer Hautfarbe. *Dat schwatte Schaf vom Niederrhein* wäre seinerzeit also als Titelvariante des Hüsch-Programms durchaus möglich gewesen – zumindest bei Auftritten am Niederrhein, *wose dat drekt verstanden hätten.*

Ausblick

Von ömmelig bis oselig
Eine Alt-Gocher Wortliste

Eine Gocherin schickte, als sie 2002 den Sprachfragebogen 7 ausgefüllt hatte, eine eigene Wortliste mit. Darauf waren Verben zu finden wie *knüngeln, rüseln* oder *löllen* und Wendungen wie *für de Geck halten* und *sich ömmelig lachen*. Viele Leser und Leserinnen dieses Buches werden jetzt nur Bahnhof verstehen, vor allem Menschen im Süden des Niederrheins, selbst wenn sie von Hause aus Dialektsprecher sind. Hier sind Gocher Wörter zusammengestellt worden, die dem örtlichen Dialekt zu verdanken sind. In anderen Städten und Dörfern, in denen der Dialekt nicht über die entsprechenden Ausgangswörter verfügt, wird man sie auch kaum im Regiolekt erwarten können.

Wer etwa weiß, was *rüseln* und *löllen* bedeutet, wird wohl am nördlichen Niederrhein zu Hause sein – und nicht mehr zu den Jüngsten gehören. Denn der Gocherin ging es offensichtlich um so etwas wie eine Rote Liste bedrohter Regionalwörter, um Wörter, die älteren und dialektkompetenten Menschen noch geläufig sind und jüngeren Leuten oft schon nicht mehr. Die Liste ist ein Dokument der Alt-Gocher Alltagssprache, auch *Fitütten, Gedrüss, Pönneken* und *Schöpper* tauchen darauf auf. Weitere Verben sind *klätschen, knötzeln* und *krässen* und auch *oselig* fehlt nicht.

Hier nun die Verstehenshilfen, die weitgehend den Angaben der Gocher Gewährsfrau folgen: *knüngeln* – ein Liebesverhältnis haben (das verheimlicht werden soll); *rüseln* – intensiv beschäftigt sein (mit verschiedenen Tätigkeiten/an verschiedenen Orten); *löllen* – viel (Quatsch) erzählen; *für de Geck halten* – zum Narren halten; *sich ömmelig lachen* – sich kugeln vor Lachen; *Fitütten* – Macken, Angewohnheiten; *Gedrüss* – Lärm; *Pönneken* – Nachthemd; *Schöpper* – Suppenkelle; *klätschen* – klatschen (etwa Sahne auf den Kuchen klatschen); *knötzeln* – (mühsam) basteln; *krässen* – schreien; *oselig* – ungemütlich kalt. *Ömmelig* erklärt Peter Honnen in „Kappes, Knies und Klüngel" mit „unscheinbar, gering, enttäuschend, unansehnlich". *Dat is aber ömmelig, watte hier zu essen kriss* lautet eins seiner Satzbeispiele.

Knickern is geil
Durch die Generationenbrille betrachtet

Nehmen wir einmal an, irgendein Scherzkeks habe auf eine Mauer das Bekenntnis *Knickern is geil* gesprüht. Ältere Menschen, die den Satz lesen, werden vielleicht wieder einmal daran erinnert, wie schwer sie sich an diesen Bedeutungswandel von *geil* gewöhnen. Junge Leute werden sich über das *Knickern* den Kopf zerbrechen. Hat sich hier ein Grufti als Sprayer versucht? *Knickern*? Könnte zu *knickrig* gehören; *knickrig* heißt soviel wie ‚geizig'. Meinte hier jemand also „Geiz ist geil"?

Knickern ist ein Wort, mit dem die Älteren am Niederrhein groß geworden sind; es bedeutet ‚mit Murmeln spielen'. Nun sind die zahlreichen Murmelspiele mit all ihren Varianten und Variationen seit langem aus der Mode. Schon in der heutigen Elterngeneration werden viele nicht einmal die Regeln auch nur einer Spielvariante erklären können – von ihren Kindern einmal ganz zu schweigen. *Knickern* – das ist aus der Perspektive der Kids schon *Anno Piefendeckel*. Wenn also ein jugendlicher Zeitungsleser am 18. November 2005 die Westdeutsche Zeitung aufgeschlagen haben und auf der Niederrhein-Seite auf die Überschrift „Als Knickern noch der Renner war" gestoßen sein sollte, wusste er gleich, woran er war: Vorzeit.

Unter dieser Überschrift war großformatig und in Farbe ein Buchumschlag abgebildet. „Kindheit am Niederrhein" lautete der Titel eines neuen Buches, das sich den Themen „Geburt – Erziehung – Schule – Spielwelten", so der Untertitel, widmete. Verfasserin war Helena Siemes, die Liedsätze stammten von Gerd Philips. „Als Knickern noch der Renner war" – dass sich das Buch nicht mit der gegenwärtigen Kinder- und Jugendkultur beschäftigt, sondern die Kinderwelt längst vergangener Zeiten darstellt, wollte die Niederrhein-Redaktion der WZ schon mit der Überschrift des Beitrages unmissverständlich rüberbringen. *Knickern* war dafür genau das richtige Wort. Heute wird nicht mehr *geknickert*, schon lange nicht mehr, und das Wort selbst ist schon *am aussterben.*

> *fußballen, karten, knickern*
> Zu den praktischen Verben, über die wir Niederrheiner verfügen, gehört neben *fußballen* oder *karten* (gesprochen *katen*) auch *knickern.* Wenn wir zum Hochdeutschen wechseln, müssen wir von *Fußball spielen* oder *Karten spielen* reden. Dem niederrheinischen Verb *knickern* entspricht im Hochdeutschen *murmeln*, das vom großen Duden-Wörterbuch (in der Bedeutung ‚mit Murmeln spielen') als landschaftlich eingestuft wird; das andere *murmeln* (‚leise sprechen') ist wieder gesamtdeutsch.

Das bisschen Haushalt macht Mamma doch mit links
Wie die Jugend spricht

Im April 2002 habe ich das Städtische Gymnasium Dülken besucht, um im Rahmen einer Deutschstunde Jugendliche nach ihren regionalen Sprachkenntnissen und ihrem Sprachgebrauch zu befragen; zu dem Oberstufenkurs, bei dem ich zu Gast war, gehörten 27 Schülerinnen und Schüler. Bei Wörtern wie *Pott* und *Pulle*, *Kopp* und *Köpper* waren sich die Kursteilnehmer weitgehend einig: alle oder doch fast alle meinten, sie zu kennen und auch selbst zu benutzen. Nicht viel anders sah es aus bei *kloppen* und *schnibbeln*, *pesen*, *veräppeln* oder *sich beömmeln*. Andere Wörter dagegen waren den Jugendlichen zwar noch recht gut bekannt, sie wurden von ihnen aber viel seltener dem eigenen aktiven Sprachgebrauch zugerechnet; das waren beispielsweise *Bütterken* (bei 24 bekannt, von 9 benutzt) oder *Quetschkommode* (20 – 8).

Auch das typisch niederrheinische *bissken* fiel mit einem Verhältnis von 25 zu 13 in die Kategorie „abnehmende Verwendung". Überraschend niedrig lag der Bekanntheitswert von *plästern* (8). Unterboten wurde er noch, als ich nach *bott* ‚(zu) grob' fragte: Nur zwei der 27 Jugendlichen meinten, dieses niederrheinische Wort noch zu kennen! Ein Jahr vorher hatte ich eine Gastunterrichtsstunde am Gymnasium St. Wolfhelm in Waldniel gegeben und dabei von den Schwalmtaler Jugendlichen ähnliche Auskünfte bekommen. Auch Befragungsergebnisse aus Bonn und Lammersdorf (Nordeifel) aus den letzten Jahren legen die Vermutung nahe, dass junge Leute heute viele Regionalwörter nicht mehr benutzen, einige auch gar nicht mehr kennen. Ihre passive Sprachkompetenz ist, wenn es um den regionalen Wortschatz geht, eine andere als die älterer Niederrheiner. Das gilt vermutlich auch für ihr tatsächlich gesprochenes Niederrheinisch. Diese und andere Beobachtungen haben mich bei der rheinlandweiten Fragebogenerhebung des Jahres 2005 besonders auf die Antworten junger Leute gespannt sein lassen.

Krefeld schoss mit 78 ausgefüllten Fragebögen der Altersgruppe 4 (16–24 Jahre alt) den Vogel bei dieser Erhebung ab. Mehr Antworten gingen aus keinem Ort des Niederrheins wie des gesamten Rheinlands ein. In einer Reihe von Städten und Gemeinden wurden mit der Unterstützung von Lehrpersonen und Schulleitungen gezielt Nacherhebungen an Schulen durchgeführt, da die Ergebnisse von Jung und Alt miteinander verglichen werden sollten. Niederrheinische Orte mit einem erfreulich hohen Rücklauf für die Altersgruppe 4 sind neben Krefeld noch Mönchengladbach (46), Düsseldorf (43), Kevelaer (23), Viersen (22), Duisburg (rechtsrheinisch, 18), Geldern (14), Neukirchen-Vluyn (13) und Wesel (12). Auch in Erkrath (23) und Essen (15) wurde der Fragebogen von überdurchschnittlich vielen Jugendlichen ausgefüllt.

Das Kapitel „Niederrheinischer Sprachatlas" enthält Sprachkarten, die auf dem Fragebogen von 2005 basieren, darunter auch eine Kontrastkarte für die Altersgruppe 4; darauf ist der Rückgang der regionalen Variante *Söller* und die Annäherung an das Standarddeutsche (*Dachboden*) zu beobachten (siehe S. 66). An anderen Stellen in diesem Buch wurden Generationenvergleiche innerhalb einzelner Orte angestellt; so votierten in Viersen die Jugendlichen stark für *Regenrinne*, während ihren älteren Mitbürgern *Kalle* noch gut bekannt ist (siehe S. 69). In Düsseldorf, um ein zweites Beispiel zu nennen, scheinen

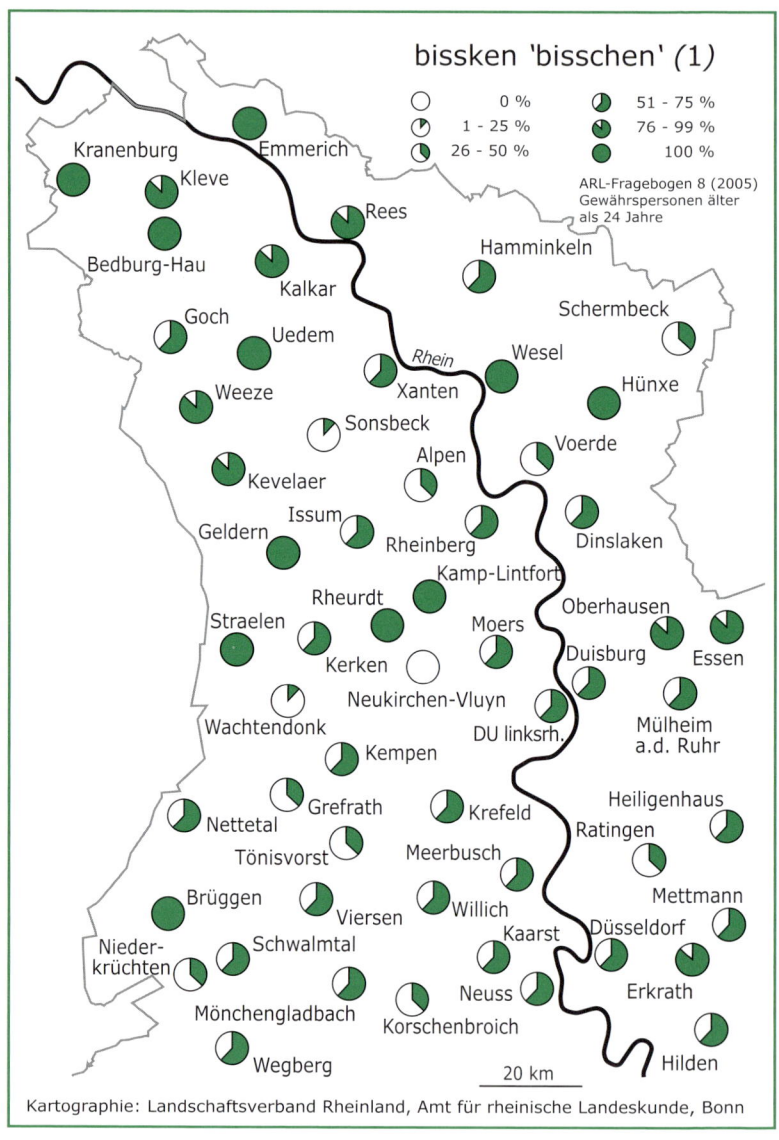

bissken 'bisschen' *(1)*

○ 0 %

◔ 1 - 25 %

◑ 26 - 50 %

◕ 51 - 75 %

◕ 76 - 99 %

● 100 %

ARL-Fragebogen 8 (2005)
Gewährspersonen älter
als 24 Jahre

Kartographie: Landschaftsverband Rheinland, Amt für rheinische Landeskunde, Bonn

die Schüler und Schülerinnen heute *Hüppekästchen/Hüpfkästchen* zu sagen, während die ältere Generation an der Düssel dieses Kinderspiel als *hicken* oder *hinkeln* kennt (siehe S. 98).

Von *bissken* heißt es weiter vorn in diesem Buch, es gehöre zum Kernbestand des niederrheinischen Wortschatzes (siehe S. 18); aber auch an diesem *bissken* nagt der Zahn der Zeit. Das deutet sich bereits an, wenn die Hälfte der Jugendlichen in Waldniel sagt, es nicht mehr zu verwenden; das wird durch die Resultate der Fragebogenaktion von 2005 zur Gewissheit. Die Antworten der Altersgruppen 1 bis 3 zeigt die erste Karte: Fast überall bestätigt die Mehrzahl der Gewährsleute das regionale *bissken*. Neukirchen-Vluyn fällt mit seiner Fehlanzeige völlig aus dem Rahmen; aber hier haben auch nur zwei Personen den Fragebogen ausgefüllt. Bei den Jugendlichen zwischen 16 und 24, deren Auskünfte für die Kontrastkarte verarbeitet wurden, ergab sich ein sehr viel niedrigerer Durchschnittswert, weil *bissken* vielerorts gar nicht mehr angekreuzt wurde und auch sonst deutlich weniger Zustimmung erhielt. Interessant sind natürlich die Ergebnisse dort, wo sich viele junge Leute beteiligt haben. Die *bissken*-Meldungen bewegen sich in diesen Orten zwischen 15 und 50 Prozent: Geldern hat 50, Mönchengladbach 43 Prozent, während Duisburg mit 17 und Neukirchen-Vluyn mit 15 Prozent am anderen Ende der Skala angesiedelt sind. In Krefeld haben von den 78 Jugendlichen 15 ein Kreuzchen bei *bissken* gemacht, das entspricht 19 Prozent.

Dachboden statt *Söller*, *Regenrinne* statt *Kalle*, *Hüpfkästchen* statt *hicken*, *bisschen* statt *bissken* – das Alltagsdeutsch am Niederrhein verändert sich zusehends; es verliert offenkundig Lokalkolorit und Regionalprofil. Das ist im rheinischen Gebiet rund um Köln übrigens nicht anders. Die Jugendlichen von heute, ohne eigene Dialektkenntnisse aufwachsend und von Eltern erzogen, die vielleicht selbst schon kein Platt mehr sprechen, kennen viele Wörter und Formen der Region nicht mehr, die den Älteren noch geläufig sind. Was werden sie wohl ihren eigenen Kindern sprachlich mit auf den Weg geben, wenn sie in einigen Jahren selbst Mutter oder Vater sein werden?

Vielleicht werden die jungen Leute von heute dann ganz auf das niederrheinische *dat*, auch auf *wat* und *et* verzichten. Dafür gibt es zahlreiche Anhaltspunkte, auch der Fragebogen von 2005 lieferte entsprechende Hinweise. Dort war unter anderem nach dem Satz *Ich warte, bis dat et vorbei is* gefragt worden. Als Alternative wurde *...bis et vorbei is* angeboten; es ging also eigentlich um die Bekanntheit der

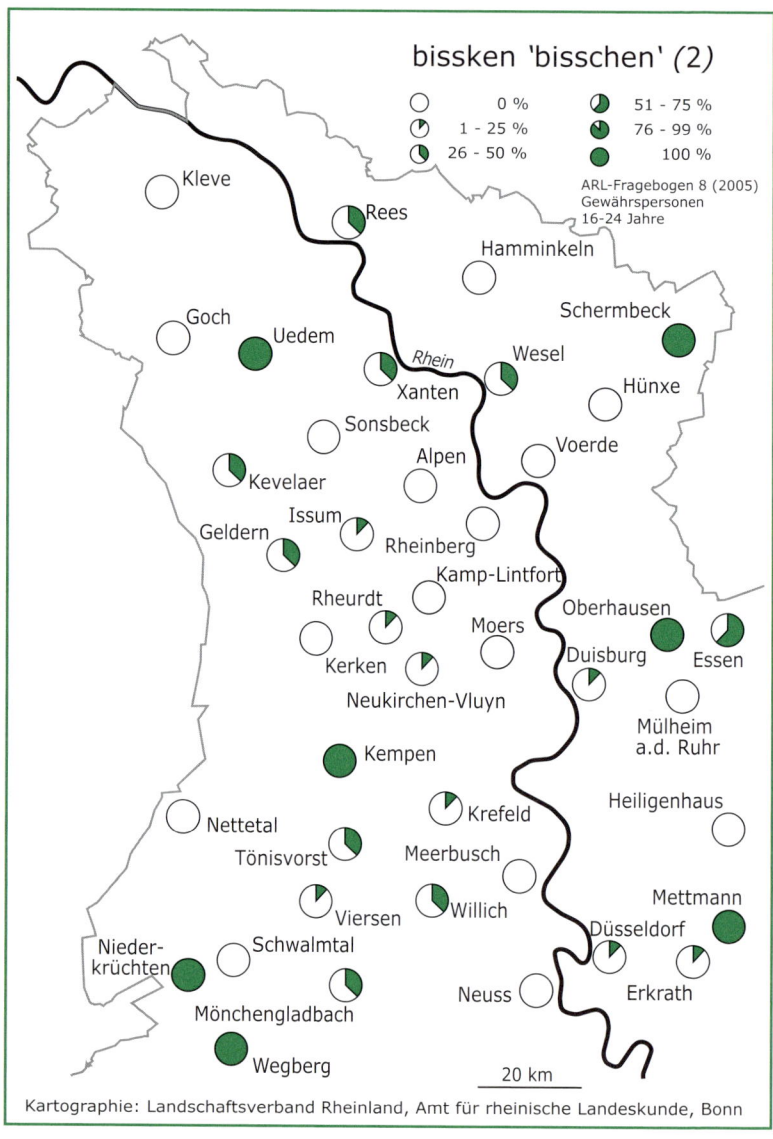

bissken 'bisschen' (2)

- ○ 0 %
- ◔ 1 - 25 %
- ◑ 26 - 50 %
- ◕ 51 - 75 %
- ◕ 76 - 99 %
- ● 100 %

ARL-Fragebogen 8 (2005)
Gewährspersonen
16-24 Jahre

Kartographie: Landschaftsverband Rheinland, Amt für rheinische Landeskunde, Bonn

20 km

Doppelkonjunktion *bis dat.* Viele der jugendlichen Gewährspersonen lehnten aber gleich beide Versionen des Fragebogens ab und ersetzten sie handschriftlich durch *…bis das vorbei is(t)* oder *…bis es vorbei is(t).* Ohne *dat*, ohne *et.*

Sprachfragebögen, die verschickt werden, haben Vor- und Nachteile. Zu ihren Pluspunkten gehört die Untersuchungsökonomie: mit relativ wenig Aufwand kommt der Forscher oder die Forscherin an eine Fülle von Material. Die Ergebnisse lassen sich zu übersichtlichen Sprachkarten verarbeiten. Dem stehen manche Unwägbarkeiten der Methode gegenüber: Wenn ein Informant nun die eine und nicht die andere Variante ankreuzt – was lässt sich eigentlich daraus ablesen? Dass er die bestätigte Variante kennt? Dass er sie für typischer hält als die andere? Dass ihm die zweite Variante unbekannt ist? Dass er die angekreuzte Variante selbst benutzt? Dass er sie häufiger benutzt als die andere?

Was die Sprachforschung braucht, um ein genaueres Bild vom Sprachalltag der Region entwerfen zu können, sind detaillierte Dokumentationen des tatsächlichen Sprachverhaltens: Wer spricht wann wie mit wem? Dieses „wie?" hat es in sich. Denn wir können innerhalb ein und derselben Gespächssituation unsere Sprache variieren, können einmal vom *Söller* und dann vom *Dachboden* sprechen, können zwischen *das* und *dat* wechseln und mit bestimmten Varianten spielen. Hier kommt die Forschung an Tonmitschnitten natürlicher Sprache nicht vorbei. Zum Beispiel an Mitschnitten von Gemeinderatssitzungen, wie sie der Marburger Sprachwissenschaftler Alfred Lameli kürzlich ausgewertet hat. Leider hat er sich bei seiner Untersuchung nicht für niederrheinische Städte wie Wesel oder Mönchengladbach entschieden, sondern für Mainz und Neumünster (Schleswig-Holstein). Sonst wüssten wir heute mehr darüber, welche Regionalvarianten niederrheinische Stadträte in ihren Redebeiträgen benutzen, welche nicht und mit welchen Spielformen der Varianz zu rechnen ist.

„Regionalismen im diachronen Längsschnitt" lautet der Untertitel von Lamelis Arbeit, in der er Mitschnitte von Ratssitzungen aus den 1950er und 1990er Jahren vergleichend analysiert. In Neumünster, um einen Punkt herauszugreifen, verschwindet in der zweiten Hälfte des 20. Jahrhunderts die charakteristische Aussprache des *s-pitzen S-teins* weitgehend aus den Wortmeldungen der dortigen Stadträte, die in den 1950er Jahren noch häufiger zu hören war. Am Niederrhein, so ließe sich ergänzen, gab es ein Jahrzehnt nach dem Ende des Zweiten Weltkriegs ebenfalls noch Menschen, die in Worten wie *spitz, spinnen, Stein* oder *Straße* einen *s*-Anlaut wie in Norddeutschland hören ließen, zumindest wenn sie Platt sprachen. Der damalige Bürgermeister von Asperden (bei Goch), ein älterer Herr, gehörte noch zu dieser Gruppe; das belegt eine Dialektaufnahme aus dem Jahr 1958, die 2005 auf der CD „Platt in Kleve und Umgebung" veröffentlicht wurde: *s-tellekes* ‚still' sagt er da, auch *S-troot* ‚Straße', ferner *s-lemm* ‚schlimm' oder *S-wang* ‚Schwang'. Wie dieser Bürgermeister aber in der Gemeinderatssitzung sprach, wenn er zum Hochdeutschen oder zum niederrheinischen Deutsch wechselte, wissen wir nicht. In den 1990er Jahren, so steht zu vermuten, wird wohl kaum ein niederrheinisches Gemeinderatsmitglied mit dieser ursprünglich im Dialekt beheimateten Phonetik auf sich aufmerksam gemacht haben. Der *schpitze Schtein* ist am Niederrhein ebenso Trumpf wie in Neumünster oder Mainz.

„Wir sind hier absolute S-pitze"
Willi Lemke, Bremer Senator für Bildung und Wissenschaft, aufgewachsen in Hamburg, in einer ZDF-Nachrichtensendung am 1. November 2006. Niederrheinische Spitzenpolitiker sprechen anders.

Ein Referendar, der dat und wat sagte
Gute Noten, schlechte Noten II

Zu den Bearbeitern des ARL-Fragebogens von 2005 gehörte auch ein pensionierter Gymnasialdirektor vom Niederrhein, der die freie Rückseite des Bogens für einen längeren Kommentar nutzte; der begann mit den Worten: „Bearbeiter ist ein für Sie schlechter Proband". Warum er den Aussagewert des eigenen Fragebogens so niedrig ansetzte, erklärte er in den folgenden Zeilen: In Westfalen geboren, wuchs er selbst ohne Dialektkenntnisse auf. Später wurde er Gymnasiallehrer, bildete dann Studienreferendare, also angehende Lehrer, aus und war jahrzehntelang Direktor eines niederrheinischen Gymnasiums.
Weiter heißt es in diesem Begleitschreiben: „Daher sind meine Bekannten und Freunde aus Kreisen, die eine gepflegte Umgangsspra-

che für selbstverständlich halten. Insofern ist Ihr Proband kein gutes Beispiel. Mit Handwerkern und dem sprichwörtlichen ‚Mann von der Straße' bestehen kaum Berührungen; selbst unsere tüchtige Haushilfe spricht gepflegtes Deutsch. Daher sind die umseitigen Angaben nicht repräsentativ und für Sie vermutlich ohne Wert." Dann der Schlusssatz: „Trotzdem habe ich den Bogen gern ausgefüllt."

Zurückblickend auf seine Zeit am Gymnasium schrieb der Niederrheiner noch: „Ein Referendar, der dat und wat sagte, spielte mit seiner Examensnote." Studienreferendare sind junge Leute, die ihr Studium erfolgreich absolviert, ihr Erstes Staatsexamen also in der Tasche haben und sich in der zweiten Ausbildungsphase an der Schule befinden. Das Referendariat endet mit dem Zweiten Staatsexamen, für dessen Bestehen die Noten der Fachleiter und Hauptseminarleiterinnen den Ausschlag geben. Viele junge Akademiker mussten in den vergangenen Jahrzehnten nach bestandenem Zweiten Examen die Erfahrung machen, dass ihre Note nicht gut genug war: für sie öffnete sich das Tor zum Schuldienst nicht. Welcher Referendar wollte unter solchen Umständen ‚mit seiner Examensnote spielen'?

Zum anderen Lager gehört ein niederrheinischer Gymnasiallehrer, der mir schrieb: „Ich spreche noch meinen Dialekt und er geht auch manchmal in meine Alltagssprache ein, mitunter tobe ich mich darin in meinem Kollegium geradezu aus. Während meiner Schulzeit am Gymnasium war dies verpönt. Als junger Lehrer musste ich deshalb noch oft bei meinem Chef vorstellig werden: am Gymnasium muss ja schließlich die Hochsprache als Bildungssprache vermittelt werden." Auch hier gab es schlechte Noten: „Wer zwischendurch ‚Platt' sprach oder dies in seine Umgangssprache einfließen ließ, galt als ungebildet, gehörte zu den unteren Gesellschaftsschichten, Beförderung vorerst ausgeschlossen."

Natürlich waren und sind nicht alle Lehrerausbilder und Gymnasialdirektoren in Nordrhein-Westfalen einseitige Hochdeutschsprecher; aber die Zahl der Alltagsdeutschverächter unter ihnen ist vermutlich groß, mag ihnen ihre eigene Haltung nun bewusst sein oder nicht. Wer *dat* und *wat* gebraucht – so lautet die Kurzformel dieser Denkrichtung –, disqualifiziert sich selbst; seine Leistung liegt jedenfalls unter der eines „gepflegt" sprechenden Kollegen. *Wat soll man dazu sagen?*

Putzfrauensprache?
Sprachkenntnisse, Sprachbewertung, Sprachverwendung

„In ausgedehnten Dialektgebieten des deutschsprachigen Raumes hat der Dialekt derzeit eine negative Funktion für die gesellschaftliche Einordnung der Personen. Dialekt gilt hier als Sprache der Unterschicht." Dieses Zitat stammt aus einem 1980 erschienenen Fachbuch für Dialektforscherinnen und Studierende der Germanistik. Dem Verfasser des Buches, Klaus J. Mattheier, stand, als er von den „ausgedehnten Dialektgebieten" mit gebrandmarkten Dialektsprechern sprach, sicherlich nicht der Süden Deutschlands vor Augen. In Bayern und in Baden-Württemberg war der Dialekt damals keine Restsprache der gesellschaftlich schlechter Gestellten, sondern, mehr oder weniger, in aller Munde. In Nordrhein-Westfalen und damit auch am Niederrhein sah es um 1980 jedoch anders aus. Wer hier Platt sprach, dem trauten die Mitbürger keine großen Sprünge, weder intellektuell noch im gesellschaftlichen Leben, zu.

Zu dem Zeitpunkt, als Klaus J. Mattheier sein Buch veröffentlichte, trat allerdings eine entscheidende Wende in der sprachhistorischen Entwicklung am Niederrhein (und in anderen Teilen Deutschlands) ein. Die Eltern hörten auf, mit ihren Kindern Platt zu sprechen. Viele hatten schon vorher auf den Dialekt in der Kindererziehung verzichtet, jetzt folgten die letzten Erziehungsberechtigten; dass es vereinzelte Ausnahmen auch danach noch gegeben haben mag, ist natürlich möglich, ändert aber nichts am Gesamtergebnis. Gleichzeitig entfaltete sich die so genannte Mundartwelle, die den Dialekt in Bücherregale und auf Veranstaltungsbühnen spülte. Platt war dank dieser auch Dialektrenaissance genannten Bewegung keine Sache der „Unterschicht" (Mattheier) mehr: Man sprach am Niederrhein zwar immer weniger Platt im Alltag, dafür wurde es jedoch immer häufiger gelesen und vorgetragen. Damit bahnte sich ein Prozess an, dessen Resultat wir heute gut beobachten können: Platt ist die Sprache der Älteren am Niederrhein und wird bald, um es einmal deutlich zu sagen, zu einem Gerontolekt geworden sein.

„In ausgedehnten Regiolektgebieten des deutschsprachigen Raumes hat der Regiolekt derzeit eine negative Funktion für die gesellschaftliche Einordnung der Personen. Regiolekt gilt hier als Sprache der Unterschicht." Dieses Zitat ist natürlich kein Zitat, sondern die an drei Stellen veränderte Beschreibung der gesellschaftlichen Position des Dialekts, wie sie Klaus J. Mattheier vor gut zweieinhalb Jahrzehnten zu Papier gebracht hat. Wenn der Dialektrückgang nach dem Zweiten Weltkrieg so dramatische Formen angenommen und sich auch nach der Mundartwelle ungebrochen fortgesetzt hat, dann ist das, so die wohl einhellige Meinung der Forschung, nicht zuletzt der Bewertung des Dialekts in der Gesellschaft zu danken.

Wer im Hinblick auf den heutigen Regiolekt, auf das regionale Deutsch unserer Tage, die Frage nach den Zukunftschancen stellt, muss seinen Blick also auf soziale Bewertungssysteme und Beurteilungsstereotype lenken. Ein Pessimist wird nach der Lektüre des vorliegenden Buches geneigt sein, seine Grundhaltung bestätigt zu sehen: das niederrheinische Deutsch als Putzfrauensprache (siehe S. 126), als Karrierekiller (siehe S. 145). Viele schauen vermutlich heute auf die Sprecher und Sprecherinnen des Regiolekts in ähnlicher Weise hinab, wie es die Älteren noch aus der Zeit der Dialektverachtung kennen. Wem das niederrheinische Deutsch als Sprache der Region am Herzen liegt, der muss, wenn er sich denn in Optimismus üben will, darauf hoffen, dass in Zukunft mehr Niederrheiner und Niederrheinerinnen entdecken, dass es kein Ding der Unmöglichkeit ist, gut niederrheinisch und „gepflegt" hochdeutsch zu sprechen. *Dat eine tun, ohne dat andere zu lassen.*

Ein Mensch, der viel liest, der vielleicht regelmäßig die Tageszeitung studiert, nicht ohne seine Romanlektüre einschlafen kann oder sogar von sich behaupten darf, in ruhigen Stunden zu Gedichtbänden zu greifen, wird sich immer wieder über die Sprachschnitzer seiner Zeitgenossen amüsieren. Die verwechseln die Fälle, gebrauchen Fremdwörter falsch, nennen den Dachboden *Söller*, wissen aber nicht, was ein *Altan* ist, oder lassen Sätze hören wie *Der Auto sieht aber schick aus.* Manchem wird es nicht möglich sein, sich das innere Lächeln ob solcher Äußerungen abzutrainieren. Was uns aber vielleicht gelingen könnte, wäre, die, die so sprechen, nicht mehr auszulachen. In regionaler Solidarität sozusagen.

Ich bin ein Regiolektiker!
Die eigene Sprache

„Viel Erfolg mit Ihrer Studie und vielen Dank, dass wir daran teilnehmen durften!" Das schrieb im Dezember 2005 eine AWO-Mitarbeiterin vom Niederrhein, nachdem sie 36 ausgefüllte Fragebögen eingesammelt und nach Bonn geschickt hatte. „Uns hat das Ausfüllen viel Spaß gemacht! [Uns] als Einrichtung, die in der Jugendhilfe, Erwachsenenbildung und beruflichen Rehabilitation und Integration tätig ist, diente der Fragebogen oft als Unterrichtseinstieg oder als Energiegeber zwischen den Unterrichtseinheiten." Es macht Spaß, die eigene Sprache zu entdecken. Diese Erfahrung spricht aus vielen Reaktionen, die ich im Rahmen solcher Fragebogenerhebungen bekomme. Der Spaß, der dabei aufkommt, hat wohl wenig mit dem atemlosen Fun unserer „Spaßgesellschaft" zu tun. Man kann „Spaß" durch „Freude" ersetzen: Vielen Menschen bereitet es tatsächlich Freude, die eigene Sprache zu entdecken.

Manche Leser und Leserinnen werden bei der Lektüre des Buches, auf dessen letzten Seiten sie jetzt angekommen sind, gedacht haben, vielleicht sogar zum ersten Mal in ihrem Leben gedacht haben, dass sie selbst ja auch niederrheinisches Deutsch sprechen. Dass sie, um es mit einem von der Rheinischen Post geprägten Begriff zu sagen, selbst „Regiolektiker" sind. So nannte die RP vor einigen Jahren den Rheinländer Reiner Calmund wegen seiner so auffällig regional gefärbten Sprache. Nun könnte man gegen den Begriff ‚Regiolektiker' einwenden, er sei ja nicht ganz stimmig, weil er eigentlich von „Regiolektik" und nicht von „Regiolekt" abgeleitet ist. Und die niederrheinische Alltagssprache ist nun einmal ein Regiolekt. Man könnte gegen „Regiolektiker" weiter ins Feld führen, dass ein Dialektsprecher schließlich auch nicht „Dialektiker" genannt werde, auch wenn er vielleicht das eine oder andere Mal dialektisch argumentiert. Aber sie klingt gut, die ein wenig gelehrt daherkommende Bezeichnung Regiolektiker; niemand wird auf die Idee kommen, bei einem Regiolektiker oder einer Regiolektikerin „Putzfrauensprache" zu diagnostizieren.

„Eigen" ist die eigene Sprache sowohl dem Individuum als auch der Sprachgemeinschaft. Wer so spricht wie ich, dessen Sprache klingt vertraut, dem fühle ich mich vielleicht nahe. Dort, wo die Menschen so sprechen wie ich, bin ich zuhause. Sprache eignet sich in ganz besonderer Weise, Identifikation zu erleben und Verbundenheit zum Ausdruck zu bringen. Wo es niederrheinisch klingt, ist Niederrhein. Das Ganze hat aber eine Kehrseite; denn dieselbe Sprache, die Verbindung stiftet, kann ausgrenzen und diskriminieren. Wer nicht so spricht wie wir…

Daniel Kehlmann spricht anders. Mit seinem Roman „Die Vermessung der Welt" hat der noch junge Autor kürzlich einen sensationellen Erfolg gelandet, lange Zeit stand das Buch auf dem ersten Platz der Spiegel-Bestsellerliste. Im Februar 2006 fand sich dazu ein Beitrag auf der Literaturseite einer großen deutschen Tageszeitung, der mit „Der red so komisch" überschrieben war. Das Zitat hatte Kehlmann im Gespräch mit der Zeitungsautorin verwendet, um zu verdeutlichen, wie die Österreicher ihm begegnen.

Nun muss man wissen, dass Daniel Kehlmann zwar in Deutschland geboren wurde, aber in Wien den bislang größten Teil seines Lebens verbracht hat. Auf die nur relativ mäßigen Verkaufszahlen seines Erfolgsromans in Österreich angesprochen, meinte Kehlmann: „Ich klinge nicht österreichisch. Nur für Deutsche klinge ich österreichisch. Für Österreicher klinge ich deutsch." Dann wird's spannend: „Und was wirklich zählt in Österreich, das ist immer und nur die Klangfarbe. ‚Der red so komisch' sagt man im Dorf zum Fremdling. Und das meint: Der gehört nicht zu uns." Kein Sprachwissenschaftler wird, wenn er denn an die Existenz dieser Kehrseite des sprachlichen Wir-Gefühls glaubt, behaupten, dass es sie nur in Österreich gibt. Sie ist vermutlich auch am deutschen Niederrhein zu beobachten.

Es ist wohl nicht unbedingt ausschlaggebend, wie die Einheimischen zu ihrer eigenen Sprache stehen. Ob sie sie selbstbewusst und selbstverständlich sprechen, ob sie sie stolz wie eine Fahne vor sich hertragen oder ob sie sich ihrer schämen, sie zu verbergen suchen: Die eigene Sprache ist in beiden Fällen die, die der Fremde nicht beherrscht.

Tschö, wa!
Das Tempo des Sprachwandels

Sprachlicher Wandel, der sich vor unseren Augen oder Ohren vollzieht, lässt uns nicht kalt. Nehmen wir das Wort *geil*. Die Älteren kämpfen damit, dass Jüngere es heute in der Bedeutung ‚super' benutzen, während es für sie doch ‚lüstern' bedeutet (siehe S. 137). Dass *geil* vor vielen Hundert Jahren auch ‚lustig' oder ‚fröhlich' bedeutet hat, interessiert dabei niemanden. Den Ausgangspunkt für die Wahrnehmung des Wandels bilden unsere eigenen Erfahrungen und Beobachtungen.

Für viele Menschen am Niederrhein wird *tschö* ein ganz normaler Abschiedsgruß sein, den sie „schon immer" verwenden. Dabei hat sich *tschö* erst im 20. Jahrhundert vom Süden her ausgebreitet. Robert Möller hat dies herausgefunden, indem er zwei *tschö-tschüss*-Karten miteinander verglichen hat, von denen die eine auf modernem Material basiert, während für die andere ein Sprachfragebogen von 1917 ausgewertet worden war. Nach Möllers Ergebnissen geht unser *tschüss* übrigens auf spanisches *adiós* zurück, mit *adjüs* als Übergangsform, während der Ursprung von *tschö* im französischen *adieu* zu suchen ist. Neben *tschö* ist am Niederrhein auch *tschökes* zu hören und auch *schö* und *schökes*.

Im 19. Jahrhundert hat sich die Sprachwelt des Niederrheins einschneidend gewandelt. Nachdem 1815 der heutige Niederrhein preußisch geworden war bzw. – das gilt für Kleve, Wesel oder Geldern – erneut preußisch geworden war, sorgte die Obrigkeit dafür, dass das Niederländische aus dem Schulunterricht verschwand. Noch im 18. Jahrhundert war diese Sprache in manchen Schulen der Region die einzige Unterrichtssprache gewesen. In der ersten Hälfte des 19. Jahrhunderts entstand dann als Folge der neuen Sprachpolitik die Situation, dass Kinder die Bücher nicht mehr lesen konnten, die ihre Eltern im Bücherschrank hatten. Und die Eltern konnten ihrem Nachwuchs nicht mehr bei den Schularbeiten oder Hausaufgaben helfen. Das war aus heutiger Sicht ein epochaler Umbruch in der Sprachgeschichte des nördlichen Niederrheins; den Menschen damals muss er sehr bewusst gewesen sein. Allerdings war er für die meisten ohne große Bedeutung, da nur wenig gelesen und geschrieben wurde (und „Bücherschränke" besaßen natürlich nur die allerwenigsten Niederrheiner). Miteinander sprach man weiterhin vor allem Platt, auch über die Generationengrenzen hinweg.

In der zweiten Hälfte des 20. Jahrhunderts brach die Kontinuität auf der Ebene der gesprochenen Sprache ab, in den Städten des Reviers schon lange vorher. Die Eltern hörten auf, den Dialekt an die nachfolgende Generation weiterzugeben. Am Niederrhein wuchsen in der Folge Kinder auf, die sich auch außerhalb des Elternhauses keine Dialektkenntnisse mehr aneigneten. Platt hatte als Sprache für den Dialog der Generationen ausgedient. Hochdeutsch und niederrheinisches Deutsch sind seitdem die Sprachformen, die (fast) alle beherrschen.

Wie wird es mit dem niederrheinischen Deutsch weitergehen? Das Amt für rheinische Landeskunde bleibt am Ball. *Tschö, wa!*

Kartenverzeichnis

Nachweise

Einleitung
Literatur: Blotevogel 1997; Feltgen 2007; Matenaar 1982; Kortländer/Grimm 2001; Tervooren 2000.
Zitate: „Als wir…", „Was wir aber…": Feltgen 2007, S. 266; „Paß mich…", „Ich geb dich…", „Diese Reihe…": Matenaar 1982, S. 24.

Kumma da, der Delphin! Leitwörter
Material: ARL-Sprachfragebögen 6 (2000) und 7 (2002).
Literatur: Cornelissen 2002; Eichhoff 1977; Honnen 2006.

Fümf fümmenfuffzich Gesprochene Sprache
Literatur: Cornelissen 2005, 2006e; Kohler 1995; König 1989.

Dawet en bissken mehr sein? Alltagsdeutsch und Platt
Literatur: Ammon u. a. 2004; Frings 1913; Kluge/Seebold 2002; Noever 2003; Nüsser o. J.; Rheinisches Wörterbuch 1928–1971 (Band 1); Seibicke 1983; Zehetner 2005.
Zitate: „Eigentlich…": Kluge/Seebold 2002, S. 126; *Jank…*: Noever 2003, S. 40 (in geänderter Schreibung).

Den Dickkopp treib ich dir aus! Platt und Alltagsdeutsch
Literatur: Cornelissen 2005; Elmentaler 2001, 2005; Mihm 2000; Honnen 2006.
Zitat: „Dä driev…": NRZ vom 24. 12. 2005 (Lokalausgabe Düsseldorf).

Mit „Krefelder Akzent"? Über Joseph Beuys und niederrheinische Sprachakzente
Literatur: Cornelissen 2006b; van der Grinten 1995; Stachelhaus 1991.
Zitate: „Umgeben von…": Süddeutsche Zeitung vom 7. 2. 2005 (Alexander Menden); „Beuys Charakter…": van der Grinten 1995, S. 60.

Hier hört der Spass auf! Kurze Laute
Material: ARL-Sprachfragebogen 6 (2000).
Literatur: Cornelissen 2005; Elmentaler 2001, 2005; Elspaß/Möller I, II; Mihm 2000; König 1989.

152

Hasse se noch all? Wortmoleküle
Material: ARL-Sprachfragebogen 8 (2005).
Literatur: Duden-Grammatik 2005; Goossens 1994; Kohler 1995; Mihm 1995; Noever 2003; Schiering 2002.

Männchen machen oder Männekes machen? Der kleine (grammatische) Unterschied
Material: ARL-Sprachfragebogen 8 (2005).
Literatur: Ackermann 2003; Cornelissen 2005; Wrede 1908.

Is dat Laura ihr Stern oder is der von Lena? Richtig falsches Deutsch?
Literatur: Cornelissen 2005; Duden-Grammatik 2005; Eichhoff 2000; Zifonun 2003.
www: www.common-digital.de/baumhaus/autoren (Stand: 5. 10. 2005).
Zitate: „Dativ-Possesiv-Konstruktion", „Trotz ihrer Geläufigkeit…": Duden-Grammatik 2005, S. 1224.

Ich wa sowwat von am schwitzen Verlaufsformen, die sich nicht verkrümeln
Material: ARL-Sprachfragebogen 6 (2000).
Literatur: Bhatt/Schmidt 1993; Drossard 2004; Elspaß/Möller II; Krause 2002; Noever 2003.

Tu ers ma wat essen! Was man mit *tun* alles machen kann
Material: ARL-Sprachfragebogen 8 (2005).
Literatur: Elspaß/Möller II, III; Hausmann/Versteegen/Versteegen 2005; Kölligan 2004.
Zitate: alle Zitate im Krefelder Dialekt nach Hausmann/Versteegen/Versteegen 2005, S. 67.

Da hat mein Schwager mich für ausgeschimpft Alltagsdeutsch, auch für sonntags
Literatur: Cornelissen 1995; Macha 1993; Peerenboom 1993.
Zitate: „Meine Kinder…", „Allerhöchstens…": Rheinische Post vom 22. 10. 2005 (Ausgabe Kleve); „primitiv", „nichts Halbes…": Peerenboom 1993, S. 52.

Die stanken aber ganz schön, wa? Eine Jugend in Uedem
Literatur: Arts 1997.

Zitate: *Gibt et da…*, „Gott sei…": Arts 1997, S. 60, 118; alle übrigen Zitate S. 31/32.

Sind gerutsch wie sons wat Duisburger Hauptschüler unter sich
Literatur: Scholten 1988; Volmert 1995.
Zitate: *Un auf Wangerooge…*: Scholten 1988, S. 344 (mit geänderter Schreibung); „Identifikation…", „Die beobachteten…", „daß der Substandard…": Scholten 1988, S. 245, 245, 234.

73 im Juni krichtich dann Bescheid, dat die Rente duich wa, nä Varianz im Bergarbeiterdeutsch
Literatur: Lauf 1996; Menge 2000; Salewski 1998; Weigt 1989.
Zitate: *73 im Juni…*: Salewski 1998, S. 292 (mit geänderter Schreibung); „möglichst alltagssprachliche…", „die einer alltäglichen…": Salewski 1998, S. 21; *Da, da hammwi…*: Salewski 1998, S. 299 (mit geänderter Schreibung).

Der Flug der Orthographie Gute Noten, schlechte Noten I
Literatur: Hochholzer 2004; Kellermeier 1998; Klein/Mattheier/Mickartz 1978.
Zitate: *(…) und von innen…*: Cornelissen 2003a, S. 112 (zitiert nach Stenkamp 1991, S. 37); „relativ standardnah": Kellermeier 1998, S. 46.

Ich wohne hier in Zanten Was ist „gepflegtes" Hochdeutsch?
Literatur: Berger 1999; Cornelissen 2005; Kremer 2002; Löffler 2005b; Schmidt 2005.
Verschriftungen: Deutsche Welle, Sendung „Niederrheinisch" 2005; CD-Kopie im ARL.

Der hat sich nich mehr eingekricht „Hässliche" Wörter?
Literatur: Cornelissen 2002; Duden 1999; Sick 2004; Wahrig 2000.
Zitat: „Besonders hässlich…": Sick 2004, S. 192.

Wat soll der Sch…? Über das Derbe im Menschen
Literatur: Duden 1999; Wahrig 2000.

Mein Stadtteil ist proll Sprache und Sozialschicht
Literatur: Cornelissen 1997; Löffler 2005a; Macha 2000; Schönfeldt 1992.

Ihr seid euch auch nur am tergen Schlesierinnen und andere Zugezogene
Literatur: Dicks 1998; Gesamtkatalog 1992; Grimm 1956/1984; Lexer 1872/1979; Noever 2003; Rheinisches Wörterbuch 1928-1971 (Band 9); Ständer 1979; Wagener/Bausch 1997; Werner 2004.

Am Wochenende war ich in meiner Heimatstadt Krefeld
Fortgezogen vom Niederrhein
Literatur: Langensiepen 2003.
Zitate: „Es gibt…", „Aktuelle Befragungen…": www.mdr.de/geschichte/themen/kultur/3982.html (Stand: 20. 1. 2005).

Im Castello auwem Söller Dachboden
Material: ARL-Sprachfragebogen 8 (2005).
Literatur: Eichhoff 1977; Elspaß/Möller II; Kluge/Seebold 2002; Lausberg/Möller 2000; de Vries/de Tollenaere 1987; Rheinisches Wörterbuch 1928-1971 (Band 8).
Zitate: „Begegnung mit Wolf …", „Von uralten…": www.spiegel.de/reise/kurztipp/0, 1518, druck-404639,00.html (Swantje Strieder) (Stand: 10. 3. 2006).
Auflösung der Quizfrage: b) ist die richtige Antwort. Der *Balkan* (a) ist ein Gebirge in Südosteuropa und die danach benannte Halbinsel. Beim *Kaftan* (c) handelt es sich um ein orientalisches Gewand. *Rattan* (d) ist Peddigrohr. Aber was ist *Peddigrohr*?

Bei denen kamman auße Dachrinne trinken Dachrinne
Material: ARL-Sprachfragebogen 8 (2005).
Literatur: Lausberg/Möller 2000; Rheinisches Wörterbuch 1928-1971 (Band 4); Zehetner 2005.

Grüßen Sie Ihr I-Dötzchen Schulanfänger
Material: ARL-Sprachfragebogen 8 (2005).
Literatur: Ammon u. a. 2004; Duden 1996, 1999, 2006; Eichhoff 1993; Wahrig 2000; Zehetner 2005.
Zitate: „Grüßen Sie…", „Wünschen Sie…": Rheinische Post vom 20. 7. 2005; „Der 1. Schultag…", „Ist es vorstellbar…": Zehetner 2005, S. 9; „Kinder, Kinder!", „Die neuen…": „Zeit" vom 16. 4. 2003; „In Baden-Württemberg…": www.spiegel.de/unispiegel/schule/0, 1518, druck-366301,00.html (Stand: 21. 7. 2006).

Nie mehr Schullabeiten Hausaufgaben
Material: ARL-Sprachfragebogen 8 (2005).
Literatur: Das rheinische Platt – Eine Bestandsaufnahme 1989.
Zitat: *Da krege we…*: Das rheinische Platt – Eine Bestandsaufnahme 1989, S. 95 (in geänderter Schreibung).

Mein Bruder is auf Jück unterwegs
Material: ARL-Sprachfragebogen 7 (2002).
Literatur: Ackermann 2003; Borner 2005; Fellsches/Küster 2003; Küpper 1993; Rheinisches Wörterbuch 1928-1971 (Band 2); Straver 1997.
Zitate: „Stumpfsinn…“, „ausgelassen sein…“: Küpper 1993, S. 843; „herumjagen…“, „Über die Strasse…“: Rheinisches Wörterbuch 1928–1971 (Band 2), Sp. 1504; *Do böös…*: Ackermann 2003, S. 696 (in geänderter Schreibung); *Ech habb…*: Straver 1997, S. 68 (in geänderter Schreibung); „schleppen“ usw.: Borner 2005, S. 19.

…obwohl ich tief im Herzen finde, das heißt Stutenkerl Weckmann
Material: ARL-Sprachfragebogen 8 (2005).
Literatur: Cornelissen 2006d; Döring 2006; Kunze 1998; Rheinisches Wörterbuch 1928-1971 (verschiedene Bände).
Zitate: *synt Crispinus…*: Stadtarchiv Geldern (mit Dank an Dr. Stefan Frankewitz); *Nicolai…*: Kunze 1998, S. 80/81.

Mit der Fiets auf Radtour Fahrrad
Material: ARL-Sprachfragebogen 8 (2005).
Literatur: Cornelissen 2006c; Cornelissen/Krieger 1990; Dialekt à la carte 1993; van Veen/van der Sijs 1997; de Vries/de Tollenaere 1987.

Der Auto steht vor de Tür Auto (Wortgeschlecht)
Material: ARL-Sprachfragebogen 8 (2005).
Literatur: Ackermann 2003; Ammon u. a. 2004; Cox 1986; Dicks 1998; Duden 1999; Hausmann/Versteegen/Versteegen 2005; Kluge/Seebold 2002.
Zitate: *Ich jlöf…*: Ackermann 2003, S. 91 (mit geänderter Schreibung); *Hä kömpt…*: Dicks 1998, S. 77 (mit geänderter Schreibung).

Jupp wurde ungefähr als erster aufgerufen Vornamen mit und ohne Artikel
Material: ARL-Sprachfragebogen 8 (2005).

Literatur: Cornelissen 2005, 2006a (mit Tonaufnahme von Gerhard Siebers); Das rheinische Platt – Eine Bestandsaufnahme 1989; Duden-Grammatik 2005; Eichhoff 2000; Schönberner 1998.
www: www.gfds.de/index.php?id=63 (Stand: 15. 9. 2006) (Vornamenliste 2005).
Verschriftung: *Als dat Frollein…*: übersetzt nach der Dialektverschriftung in Das rheinische Platt – Eine Bestandsaufnahme 1989, S. 54/55.

Auf Bürgersteigen oder Schulhöfen hinkeln

Material: ARL-Sprachfragebogen 8 (2005).
Literatur: Eichhoff 1993; Fadel 1993; Rheinisches Wörterbuch 1928 bis 1971 (Band 3); Ständer 1979; de Vries/de Tollenaere 1987; Werner 2004; Wilhelm 2005.
Zitate: „Auf Bürgersteigen…", „Auf dem breiten…": Fadel 1993, S. 106; „Nationalgerichten": Wilhelm 2005, S. 206.

Schlinders du noch oder schlidders du schonn? schlittern (gleiten)

Material: ARL-Sprachfragebogen 7 (2002).
Literatur: Cornelissen 2007; Dicks 1998; Duden 1999; Kluge/Seebold 2002; Noever 2003; Piirainen/Elling 1992; Rheinisches Wörterbuch 1928–1971 (verschiedene Bände); Schleef 1967; Verdam 1981; de Vries/de Tollenaere 1987; Wahrig 1999.
Zitat: „Die Unfallgefahr…": www.leibniz-gym.de/?content=p_haus (Stand: 28. 9. 2006).

Inne Kehrwoche musste fegen fegen/kehren

Material: ARL-Sprachfragebogen 8 (2005).
Literatur: Ammon u. a. 2004; Eichhoff 1977; Elspaß/Möller II; Goossens 1979.

Füßchen halten ein Bein stellen

Material: ARL-Sprachfragebogen 8 (2005).
Literatur: Dicks 1998; Goossens 1979; Werner 2004; Wrede 1999.
Zitat: „In der Verkleinerungsform…": Werner 2004, S. 315.

Ich versteh euch nich nicht

Material: Wenker-Fragebögen: Kopien im ARL-Spracharchiv; ARL-Sprachfragebogen 8 (2005).
Literatur: Cornelissen 2002, 2005; Elspaß/Möller II; Eichhoff 1978;

Herrgen 1986; Lenz 2003; Mitzka 1952.
Zitat: „Wer sich dieser…": Cornelissen 2005, S. 80.

Is dat nich schön? Niederrheinisch im „Spiegel"
Literatur: Felsches 1999; Honnen 2006; Rheinisches Wörterbuch 1928–1971 (Band 9).
Zitate: „Spiegel" vom 5. 9. 2005, S. 110/111.

Mit Schalke nach Bett Ungewöhnliche Überschriften
Literatur: Mihm 1995.
Zitate: „Ja wat denn…": Süddeutsche Zeitung vom 22. 5. 2006; „Wat'n herrlichet…": NRZ vom 16. 3. 2006 (Ausgabe Oberhausen); „Schnupp entsorgen", „Hierbei ist eher…": Kevelaerer Blatt vom 5. 1. 2006; „Mit Schalke…", „In meiner Verzweiflung…": Rheinische Post vom 8. 5. 2004 (Ausgabe Geldern); „Blau und Weiß…":www.schalke04.de/175_vereinslied/vereinslied.php (Stand: 21. 7. 2006).

Auf Kochpötten rumhauen Vom Reiz gesprochener Sprache
Zitate: „Mit den Jungs…": www.dietotenhosen.de/alldieganzenjahre_steckbriefe_campino.php (Stand: 17. 8. 2006); die übrigen Zitate: Süddeutsche Zeitung vom 14. 7. 2006.

Dat Gedöns mit dem Teebeutel Geschrieben und gedruckt
Literatur: Eßer 2002; Leenders/Bay/Leenders 1999; Müller 2000, 2001; Tervooren 2002.
Zitate: „Frau Korpok: Dann dat Gedöns…": Rheinische Post vom 29. 10. 2003 (Seite „Region Niederrhein"); „Dat fing…", „Abber diesma…", „(…) und er hat…": Müller 2000, S. 66, 66, 67; „Wie wichtig…", „Das Lokalkolorit…": www.wdr.de/themen/kultur/literatur/criminale_2004/ZZ (Stand: 28. 4. 2004); „Ja, hasset…", „Bleibs' du…", „Bissken viel…": Leenders/Bay/Leenders 1999, S. 18/19, 31, 31.

Wie schreibt man dat? Brauchen wir Sprachpäpste?
Zitate: „Mundart-Texte…": Rheinische Post vom 11. 8. 2005 (Seite „Mittlerer Niederrhein"); „Wir sehn uns…": Duisburger „Wochen Anzeiger" vom 30. 6. 1999.

Komm bei mich, bei dich is Patsche Sprachspott
Literatur: Cornelissen 2003a; Schleef 1967; Winkelströter(s) 1990;
Tervooren 1979.
Zitate: „verdammde Sauwäher", „Junge, du kass…": Winkelströter(s)
1990, S. 48; *Er ist bei mich gewesen…*: Tervooren 1979, S. 62.

Ich danke Sie! Willi ‚Ente' Lippens und sein legendäres Zitat
www: www.mitten-im-pott.de/willi.html (Stand: 3.3.2006); www.bun-
desliga.de/intern/archiv/30174.php (Franz Josef Colli: Herr Lippens, wir
danken Sie) (Stand: 3.3.2006).
Zitat: „Kohlenpott-Slang": Franz Josef Colli (siehe oben).

Jetz ma Butter bei die Fische! Sprachwahl
Literatur: Cornelissen 2005; Macha 1991; Mihm 2000; Löffler 2005a;
Peerenboom 1993.
Zitate: *Erzähl mir mal…, Vertell min es…, Erzähle mir einmal…*: Peeren-
boom 1993, S. 49 (mit geänderter Schreibung); „primitiv", „nichts
Halbes…", „eindeutig nur…": Peerenboom 1993, S. 52, 52, 53.

Dat schwatte Schaf vom Niederrhein Hanns Dieter Hüsch
Literatur: Buchholz 2005; Duden 1999, 2006; Eßer 2002; Hüsch 1997;
Krach 1924/1977; Wahrig 2000.
www: www.wdr.de/themen/kultur/personen/huesch/index.jhtml?ru-
brikenstyle=kultur (Stand: 16.9.2005).
Zitate: *Allen Anfang…", „Datt ös…", „Et ös…"*: Krach 1924/1977, S. 64,
65, 66; „In der Regel…": Krach 1924/1977, S. 64; „Alles hätt nen
Övergang…": Hüsch 1997, S. 74; „Poet vom Niederrhein": Rheinische Post vom 7.12.2005; „Alles, was ich…": www.wdr.de (siehe
oben); *Tach zusammen; Nahment zusammen*: Hüsch 1997, S. 7, 71;
„Wenn es den Niederrhein…": www.wdr.de (siehe oben); „da bin
ich…", „Und nun hat er…": Buchholz 2005, S. 242/243, 243.

Von ömmelig bis oselig Eine Alt-Gocher Wortliste
Literatur: Honnen 2006.
Zitate: „unscheinbar…", *Dat is aber…*: Honnen 2006, S. 139.

Knickern is geil Durch die Generationenbrille betrachtet
Literatur: Duden 1999; Siemes/Philips 2005.

Das bisschen Haushalt macht Mamma doch mit links Wie die Jugend spricht
Material: ARL-Sprachfragebogen 8 (2005).
Literatur: Cornelissen 2003b, 2004, 2005, 2006a; Lameli 2004.
Verschriftung: „Wir sind…": Willi Lemke im „heute-journal" am 1. 11. 2006.

Ein Referendar, der dat und wat sagte Gute Noten, schlechte Noten II
Literatur: Hochholzer 2004.

Putzfrauensprache? Sprachkenntnisse, Sprachbewertung, Sprachverwendung
Literatur: Mattheier 1980; Mihm 1985, 2000.
Zitat: „In ausgedehnten…": Mattheier 1980, S. 10.

Ich bin ein Regiolektiker! Die eigene Sprache
Zitate: „Regiolektiker": Rheinische Post vom 2. 4. 2003, zitiert nach Cornelissen 2005, S. 56; „Ich klinge nicht…", „Und was wirklich…": Süddeutsche Zeitung vom 9. 2. 2006 (Beitrag von Ijoma Mangold).

Tschö, wa! Das Tempo des Sprachwandels
Literatur: Cornelissen 1986, 2003a; Kluge/Seebold 2002; Kremer 2002; Lexer 1872/1979; Macha/Neuss/Peters 2000; Merges 1977; Möller 2003.

Literaturverzeichnis

ACKERMANN, HERBERT: Grefrather Mundartwörterbuch. Krefeld 2003.

AMMON, ULRICH u. a. (Hrsg.): Variantenwörterbuch des Deutschen. Die Standardsprache in Österreich, der Schweiz und Deutschland sowie in Liechtenstein, Luxemburg, Ostbelgien und Südtirol. Berlin/New York 2004.

ARTS, HANS-JOSEF: Zwischen Kirchturm, Kornfeld und Karl May. Kindheit in den Flegeljahren der Republik. Teil 2. Zeichnungen: Marion Hellwig. Uedem 1997.

BERGER, DIETER: Geographische Namen in Deutschland. Herkunft und Bedeutung der Namen von Ländern, Städten, Bergen und Gewässern. 2., überarbeitete Aufl. (= Duden-Taschenbücher 25). Mannheim u. a. 1999.

BHATT, CHRISTA/SCHMIDT, CLAUDIA MARIA: Die am + Infinitiv-Konstruktion im Kölnischen und im umgangssprachlichen Standarddeutschen als Aspekt-Phrasen. In: Werner Abraham/Josef Bayer (Hrsg.): Dialektsyntax. (= Linguistische Berichte, Sonderheft 5). Opladen 1993, S. 71–98.

BLOTEVOGEL, HANS HEINRICH: Gibt es eine Region Niederrhein? Über Ansätze und Probleme der Regionsbildung am unteren Niederrhein aus geographisch-landeskundlicher Sicht. In: Geuenich 1997, S. 155–184.

BORNER, MATTHIAS E.: Pölter, Plörre und Pinöckel. 4. Aufl. Gütersloh 2005.

BUCHHOLZ, MARTIN: Was machen wir hinterher? Hanns Dieter Hüsch – Bekenntnisse eines Kabarettisten. Moers 2005. (Mit CD)

CORNELISSEN, GEORG: Das Niederländische im preußischen Gelderland und seine Ablösung durch das Deutsche. Untersuchungen zur niederrheinischen Sprachgeschichte der Jahre 1770 bis 1870. (= Rheinisches Archiv 119). Bonn 1986.

CORNELISSEN, GEORG: Kleverländisch/Kleverlands heute. Funktionsverlust, Funktionsersatz, Funktionsteilung. In: José Cajot u. a. (Hrsg.): Lingua Theodisca. Beiträge zur Sprach- und Literaturwissenschaft. Jan Goossens zum 65. Geburtstag. Band 1. (= Niederlande-Studien 16/1). Münster 1995, S. 633–640.

CORNELISSEN, GEORG: Zur Sprache des Niederrheins im 19. und 20. Jahrhundert. Grundzüge einer regionalen Sprachgeschichte. In: Geuenich 1997, S. 87–102.

CORNELISSEN, GEORG: Regiolekte im deutschen Westen. Forschungsansätze. In: Niederdeutsches Jahrbuch 122, 1999, S. 91–114.

CORNELISSEN, GEORG: Muster regionaler Umgangssprache. Ergebnisse einer Fragebogenerhebung im Rheinland. In: Zeitschrift für Dialektologie und Linguistik 69, 2002, S. 275–313.

CORNELISSEN, GEORG: Kleine niederrheinische Sprachgeschichte (1300–1900). Eine regionale Sprachgeschichte für das deutsch-niederländische Grenzgebiet zwischen Arnheim und Krefeld. Met een Nederlandstalige inleiding. Geldern/Venray 2003. (zit. 2003a)

CORNELISSEN, GEORG: Regionale Umgangssprache bei Jugendlichen im Kreis Viersen. In: Heimatbuch des Kreises Viersen 2003, S. 295–298. (zit. 2003b)

CORNELISSEN, GEORG: Zum Regiolekt junger Leute im Rheinland. Befragungsergebnisse. In: Helen Christen (Hrsg.): Dialekt, Regiolekt und Standardsprache im sozialen und zeitlichen Raum. Beiträge zum 1. Kongress der Internationalen Gesellschaft für Dialektologie des Deutschen, Marburg/Lahn, 5.–8. März 2003. Unter Mitarbeit von Agnès Noyer. Wien 2004, S. 179–198.

CORNELISSEN, GEORG: Rheinisches Deutsch. Wer spricht wie mit wem und warum? 2. Aufl. Köln 2005.

CORNELISSEN, GEORG (Hrsg.): Platt in Kleve und Umgebung. 25 Sprachaufnahmen aus den Jahren 1958–2004. Kleve 2006. (zit. 2006a)

CORNELISSEN, GEORG: Joseph Beuys' Platt. In: Wir im Rheinland 24, 2006, Heft 1, S. 15–17. (zit. 2006b)

CORNELISSEN, GEORG: Rad, Fitz und Leeze. Das ‚Fahrrad' in der regionalen Umgangssprache von Nordrhein-Westfalen. In: Wir im Rheinland 24, 2006, Heft 1, S. 48–53. (zit. 2006c)

CORNELISSEN, GEORG: Weckmann kontra Stutenkerl. Sprachliche Verdrängungswettbewerbe im Rheinland. In: Wir im Rheinland 24, 2006, Heft 2, S. 6–14. (zit. 2006d)

CORNELISSEN, GEORG: Neue niederrheinische Dialektkarten – *fünf* und *wie* im Kartenbild. In: Kalender für das Klever Land 2006, S. 147–152. (zit. 2006e)

CORNELISSEN, GEORG: Litschen verboten! Alltagssprachliche Varianten im Kreis Viersen. In: Heimatbuch des Kreises Viersen 2007, S. 283–287.

CORNELISSEN, GEORG/KRIEGER, MICHAEL: Das Fahrrad in den Mundarten des Rheinlandes. Ergebnisse einer Fragebogenerhebung. In: Volkskultur an Rhein und Maas 9, 1990, Heft 1, S. 3–11.

Cox, H. L.: van Dale. Groot woordenboek Nederlands – Duits. In samenwerking met F. C. M. Stoks u.a. Utrecht/Antwerpen 1986.

Das rheinische Platt – Eine Bestandsaufnahme: Handbuch der rheinischen Mundarten, Teil 1: Texte. Hrsg. von Georg Cornelissen/Peter Honnen/Fritz Langensiepen. (= Rheinische Mundarten 2). Köln 1989. (Mit Tonkassette)

Dialekt à la carte. Dialektatlas Westmünsterland – Achterhoek – Liemers – Niederrhein. Unter Mitarbeit von Christa Hinrichs hrsg. von Georg Cornelissen/Alexander Schaars/Timothy Sodmann. (= Rheinische Mundarten 5; Westmünsterland. Quellen und Studien 3). Doetinchem/Köln/Vreden 1993.

Dicks, Karl: Vogteier Wörterbuch. Eine Dokumentation der Mundart in der Vogtei Gelderland. Mit einer Einführung von Georg Cornelissen. Niekerk 1998.

Döring, Alois: Rheinische Bräuche durch das Jahr. Köln 2006.

Drossard, Werner: Aktionsarten in der Stadtkölner Mundart. In: Patocka/Wiesinger 2004, S. 119–143.

Duden. Rechtschreibung der deutschen Sprache. 21., völlig neu bearbeitete und erweiterte Aufl. Hrsg. von der Dudenredaktion. Auf der Grundlage der neuen amtlichen Rechtschreibregeln. (= Der Duden in 12 Bänden 1). Mannheim u. a. 1996.

Duden. Das große Wörterbuch der deutschen Sprache. In zehn Bänden. 3., völlig neu bearbeitete und erweiterte Aufl. Hrsg. vom Wissenschaftlichen Rat der Dudenredaktion. Mannheim u. a. 1999.

Duden. Die deutsche Rechtschreibung. 24., völlig neu bearbeitete und erweiterte Aufl. Hrsg. von der Dudenredaktion. Auf der Grundlage der neuen amtlichen Rechtschreibregeln. (= Der Duden in zwölf Bänden 1). Mannheim u. a. 2006.

Duden. Die Grammatik. Unentbehrlich für richtiges Deutsch. 7., völlig neu erarbeitete und erweiterte Aufl. Hrsg. von der Dudenredaktion. (= Der Duden in zwölf Bänden 4). Mannheim u. a. 2005.

Ehlich, Konrad/Elmer, Wilhelm/Noltenius, Rainer (Hrsg.): Sprache und Literatur an der Ruhr. Redaktion: Stephan Schlickau. (= Schriften des Fritz-Hüser-Instituts der Stadt Dortmund, Reihe 2/10). Essen 1995.

Eichhoff, Jürgen: Wortatlas der deutschen Umgangssprachen. Band 1–4. Bern/München 1977, 1978, 1993, 2000.

Eichinger, Ludwig M./Kallmeyer, Werner (Hrsg.): Standardvariation. Wie viel Variation verträgt die deutsche Sprache? (= Institut für deutsche Sprache, Jahrbuch 2004). Berlin/New York 2005.

ELMENTALER, MICHAEL: Sprachgrenzen und Sprachschichtungen im Rheinland. Zur sprachlichen Genese des „Rheinischen". In Kortländer/Grimm 2001, S. 119–144.

ELMENTALER, MICHAEL: Die Rolle des überregionalen Sprachkontakts bei der Genese regionaler Umgangssprachen. In: Zeitschrift für deutsche Philologie 124, 2005, S. 395–415.

ELSPASS, STEPHAN/MÖLLER, ROBERT: Atlas zur deutschen Alltagssprache (AdA). www.philhist.uni-augsburg.de/lehrstuehle/germanistik/sprachwissenschaft/ada (I.Runde, II. Runde, III. Runde).

ESSER, PAUL: Jenseits der Kopfweiden. Sprache und Literatur am Niederrhein. Mit 5 Holzschnitten von Cyrus Overbeck. Düsseldorf 2002.

FADEL, AYTEN: … und dennoch spielen sie. Erste Ergebnisse der Erhebung „Spielwelten der Kinder im Rheinland von der Jahrhundertwende bis heute". In: Spielwelten der Kinder an Rhein und Maas. Begleitband und Katalog zur Ausstellung des Landschaftsverbandes Rheinland, Amt für rheinische Landeskunde, Rheinisches Museumsamt, in Zusammenarbeit mit Limburgs Volkskundig Centrum, Musée de la vie Wallonne, Liège, Ministère des Affaires culturelles Grand-Duché Luxembourg. Köln 1993, S. 95–156.

FELLSCHES, JOSEF: Duisburger Wortschätzchen. Mit Zeichnungen von Johannes Habig. 3. Aufl. o. O. 1999.

FELLSCHES, JOSEF/KÜSTER, RAINER: Bochumer Wortschätzchen. Mit Zeichnungen von Johannes Habig. 6. Aufl. o. O. 2003.

FELTGEN, CHRISTA: Nicht nur die Sprachen sind verschieden. In: Jahrbuch des Landkreises Vulkaneifel 2007, S. 266.

FRINGS, THEODOR: Studien zur Dialektgeographie des Niederrheins zwischen Düsseldorf und Aachen. Mit einer Karte. (= Deutsche Dialektgeographie 5). Marburg 1913.

GESAMTKATALOG DER TONAUFNAHMEN DES DEUTSCHEN SPRACHARCHIVS. Teil I: Katalog. Erarbeitet von Mitarbeiterinnen und Mitarbeitern des Instituts für deutsche Sprache. (= Phonai 38). Tübingen 1992.

GEUENICH, DIETER (Hrsg.): Der Kulturraum Niederrhein. Im 19. und 20. Jahrhundert. Bottrop/Essen 1997.

GOOSSENS, JAN: Zum Verhältnis von mundartlichem und umgangssprachlichem Wortschatz in Niederdeutschland. In: Wolfgang Kramer/Ulrich Scheuermann/Dieter Stellmacher (Hrsg.): Gedenkschrift für Heinrich Wesche. Neumünster 1979, S. 39–51.

GOOSSENS, JAN: Sprachatlas des nördlichen Rheinlands und des süd-östlichen Niederlands. „Fränkischer Sprachatlas". Zweite Lieferung. Marburg 1994.

GRIMM, JACOB/GRIMM, WILHELM: Deutsches Wörterbuch von J. und W. Grimm. Band 15. Bearbeitet von Moriz Heyne/Henry Seedorf/Hermann Teuchert. Leipzig 1956. Nachdruck München 1984.

GRINTEN, FRANZ JOSEPH VAN DER: Joseph Beuys am Niederrhein. Eine Wegleite. Mit Photographien von Stefan Möller. Kranenburg 1995.

HAUSMANN, KURT/VERSTEEGEN, URSULA/VERSTEEGEN, THEO: Krieewelsch op de Reeh jebreit. Kurzgrammatik der Krefelder Mundart. Krefeld 2005.

HERRGEN, JOACHIM: Koronalisierung und Hyperkorrektion. Das palatale Allophon des /ch/-Phonems und seine Variation im Westmitteldeutschen. (= Mainzer Studien zur Sprach- und Volksforschung 9). Stuttgart 1986.

HOCHHOLZER, RUPERT: Konfliktfeld Dialekt. Das Verhältnis von Deutschlehrerinnen und Deutschlehrern zu Sprache und ihren regionalen Varietäten. (= Regensburger Dialektforum 4). Regensburg 2004.

HONNEN, PETER: Kappes, Knies und Klüngel. Regionalwörterbuch des Rheinlands. 5. Aufl. Köln 2006.

HONNEN, PETER: Wie nennt man wen in Duisburg? In: Duisburger Jahrbuch 2007, S. 155–163.

HÜSCH, HANNS DIETER: Das schwarze Schaf vom Niederrhein. Texte und Lieder vom flachen Land. 10. Aufl. München 1997.

KELLERMEIER, BIRTE: Sprachvariation und Schulerfolg in Duisburg. In: Dieter Heimböckel (Hrsg.): Sprache und Literatur am Niederrhein. (= Schriftenreihe der Niederrhein-Akademie 3). Bottrop/Essen 1998, S. 35–54.

KLEIN, EVA/MATTHEIER, KLAUS J./MICKARTZ, HEINZ: Rheinisch. (= Dialekt/Hochsprache – kontrastiv 6). Düsseldorf 1978.

KLUGE. Etymologisches Wörterbuch der deutschen Sprache. Bearbeitet von Elmar Seebold. 24., durchgesehene und erweiterte Aufl. Berlin/New York 2002.

KOHLER, KLAUS J.: Einführung in die Phonetik des Deutschen. 2., neubearbeitete Aufl. (= Grundlagen der Germanistik 20). Berlin 1995.

KÖLLIGAN, DANIEL: Zur präteritalen *tun*-Periphrase im Ripuarischen. In: Patocka/Wiesinger 2004, S. 429–452.

KÖNIG, WERNER: Atlas zur Aussprache des Schriftdeutschen in der Bundesrepublik Deutschland. Band 1: Text. Band 2: Tabellen und Karten. Ismaning 1989.

KORTLÄNDER, BERND/GRIMM, GUNTER E. (Hrsg.): „Rheinisch". Zum Selbstverständnis einer Region. Stuttgart/Weimar 2001.

KRACH, GOTTFRIED: Min Modersprok. Die Mundart in der ehemaligen Grafschaft Moers. Moers 1924. Nachdruck Moers 1977.

KRAUSE, OLAF: Progressiv im Deutschen. Eine empirische Untersuchung im Kontrast mit Niederländisch und Englisch. (= Linguistische Arbeiten 462). Tübingen 2002.

KREMER, LUDGER: Rezente Entwicklungen in Dialekt und Umgangssprache (am Beispiel des westlichen Rheinlands). In: Germanistische Mitteilungen 56, 2002, S. 67—81 und 98–102.

KUNZE, KONRAD: dtv-Atlas Namenkunde. Vor- und Familiennamen im deutschen Sprachgebiet. Mit 105 Abbildungsseiten in Farbe. Graphiker Hans-Joachim Paul. München 1998.

KÜPPER, HEINZ: Wörterbuch der deutschen Umgangssprache. Stuttgart/Dresden 1993.

LAMELI, ALFRED: Standard und Substandard. Regionalismen im diachronen Längsschnitt. (= Zeitschrift für Dialektologie und Linguistik, Beihefte 128). Stuttgart 2004.

LANGENSIEPEN, FRITZ: Vom Mehrwert des Regionalen. Alltagskultur als Basis regionaler Identität. In: Volkskultur an Rhein und Maas 21, 2003, VRM-Spezial: Regionale Identitäten im rheinisch-limburgischen Grenzraum, S. 7–16.

LAUF, RAPHAELA: „Regional markiert": großräumliche Umgangssprache(n) im niederdeutschen Raum. In: Niederdeutsches Jahrbuch 119, 1996, S. 193–218.

LAUSBERG, HELMUT/MÖLLER, ROBERT: Rheinischer Wortatlas. Bonn 2000.

LEENDERS, HILTRUD/BAY, MICHAEL/LEENDERS, ARTUR: Ackermann tanzt. Kriminalroman. Dortmund 1999.

LENZ, ANDREA N.: Struktur und Dynamik des Substandards. Eine Studie zum Westmitteldeutschen (Wittlich/Eifel). (= Zeitschrift für Dialektologie und Linguistik, Beihefte 125). Stuttgart 2003.

LEXER, MATTHIAS: Mittelhochdeutsches Handwörterbuch. Zugleich als Supplement und alphabetischer Index zum Mittelhochdeutschen Wörterbuch von Benecke – Müller – Zarncke. Leipzig 1872–1878. Nachdruck Stuttgart 1979.

LÖFFLER, HEINRICH: Germanistische Soziolinguistk. (= Grundlagen der Germanistik 28). 3., überarbeitete Aufl. Berlin 2005. (zit. 2005a)

LÖFFLER, HEINRICH: Wieviel Variation verträgt die deutsche Standardsprache? Begriffsklärung: Standard und Gegenbegriffe. In: Eichinger/Kallmeyer 2005, S. 7–27. (zit. 2005b)

MACHA, JÜRGEN: Der flexible Sprecher. Untersuchungen zu Sprache und Sprachbewußtsein rheinischer Handwerksmeister. Köln/Weimar/Berlin 1991.

MACHA, JÜRGEN: „Wie die Alten sungen…?" Generation und Sprache im Rheinland. In: Klaus J. Mattheier u. a. (Hrsg.): Vielfalt des Deutschen. Festschrift für Werner Besch. Frankfurt a. M. u. a. 1993, S. 601–618.

MACHA, JÜRGEN: Nordrheinische Sprachgeschichte im 20. Jahrhundert. In: Macha/Neuß/Peters 2000, S. 293–313.

MACHA, JÜRGEN/NEUß, ELMAR/PETERS, ROBERT (Hrsg.): Rheinischwestfälische Sprachgeschichte. Unter Mitarbeit von Stephan Elspaß. Köln/Weimar/Wien 2000.

MATENAAR, FRANZ: Hochdeutsch auf Klumpen. In: Rund um den Schwanenturm 1982, Heft 2, S. 24.

MATTHEIER, KLAUS J.: Pragmatik und Soziologie der Dialekte. Einführung in die kommunikative Dialektologie des Deutschen. (= Uni-Taschenbücher 994). Heidelberg 1980.

MENGE, HEINZ H.: Noch einmal von vorn? Zur Systematisierung der sprachlichen Variation im Ruhrgebiet. In: Ehlich/Elmer/Noltenius 1995, S. 35–51.

MENGE, HEINZ H.: Sprachgeschichte des Ruhrgebiets. In: Macha/ Neuß/ Peters 2000, S. 337–347.

MERGES, JOSEF KARL CHRISTIAN: Der untere Niederrhein. Studien zu seiner sprachlichen Entwicklung. Diss. Bonn 1977.

MIHM, AREND: Prestige und Stigma des Substandards. Zur Bewertung des Ruhrdeutschen im Ruhrgebiet. In: Arend Mihm (Hrsg.): Sprache an Rhein und Ruhr. Dialektologische und soziolinguistische Studien zur sprachlichen Situation im Rhein-Ruhr-Gebiet und ihrer Geschichte. Mit 22 Karten und 7 Abbildungen. (= Zeitschrift für Dialektologie und Linguistik, Beihefte 50). Stuttgart 1985, S. 163–193.

MIHM, AREND: Die Realität des Ruhrdeutschen – soziale Funktion und sozialer Ort einer Gebietssprache. In: Ehlich/Elmer/Noltenius 1995, S. 15–34.

MIHM, AREND: Die Rolle der Umgangssprachen seit der Mitte des 20. Jahrunderts. In: Sprachgeschichte. Ein Handbuch zur Geschichte der deutschen Sprache und ihrer Erforschung. 2. Aufl. Hrsg. von Werner Besch u. a. Teilband 2. (= Handbücher zur Sprach- und Kommunikationswissenschaft 2.2). Berlin/New York 2000, S. 2107–2137.

MITZKA, WALTHER: Handbuch zum Deutschen Sprachatlas. Marburg 1952.

MÖLLER, ROBERT: Das rheinische *tschö*. In: Rheinische Vierteljahrsblätter 67, 2003, S. 333–339.

MÜLLER, MIMI: Hömma, Härzken. Geschichten aus dem Pott. Mit Illustrationen von Thomas Plassmann. Duisburg 2000.

MÜLLER, MIMI: Nich mit mich! Neue Geschichten aus dem Pott. Duisburg 2001.

NOEVER, JOHANNES: Mönchengladbacher Mundartwörterbuch. Bearbeitet von Michael Walther unter Mithilfe von Kurt P. Gietzen. (= Unsere Heimat Mönchengladbach in Wort und Bild 13). Mönchengladbach 2003.

NÜSSER, HANNS: Düsseldorfer „Platt". „Mer schriewe wie mer spreche". Protokoll einer Sprache. Düsseldorf o. J.

PATOCKA, FRANZ/WIESINGER, PETER (Hrsg.): Morphologie und Syntax deutscher Dialekte und Historische Dialektologie des Deutschen. Beiträge zum 1. Kongress der Internationalen Gesellschaft für Dialektologie des Deutschen, Marburg/Lahn, 5.–8. März 2003. Wien 2004.

PEERENBOOM, ELISABETH: Zum Funktionsverlust des Dialekts am unteren Niederrhein. Ergebnisse einer Sprachstudie in Grietherort und Grietherbusch. In: Volkskultur an Rhein und Maas 12, 1993, Heft 2, S. 47–54.

PIIRAINEN, ELISABETH/ELLING, WILHELM: Wörterbuch der westmünsterländischen Mundart. Hrsg. vom Heimatverein Vreden unter Mitarbeit zahlreicher Gewährsleute. (= Beiträge des Heimatvereins Vreden zur Landes- und Volkskunde 40). Vreden 1992.

RHEINISCHES WÖRTERBUCH: Im Auftrag der Preußischen Akademie der Wissenschaften […] hrsg. und bearb. von Josef Müller u. a. Bonn/Berlin 1928–1971.

SALEWSKI, KERSTIN: Zur Homogenität des Substandards älterer Bergleute im Ruhrgebiet. (= Zeitschrift für Dialektologie und Linguistik, Beihefte 99). Stuttgart 1998.

SCHIERING, RENÉ: Klitisierung von Pronomina und Artikelformen. Eine empirische Untersuchung am Beispiel des Ruhrdeutschen. (= Arbeitspapier des Instituts für Sprachwissenschaft, Universität zu Köln, Neue Folge 44). Köln 2002.

SCHLEEF, WILHELM: Dortmunder Wörterbuch. (= Niederdeutsche Studien 13). Köln/Graz 1967.

SCHMIDT, JÜRGEN ERICH: Die deutsche Standardsprache: eine Varietät – drei Oralisierungsnormen. In: Eichinger/Kallmeyer 2005, S. 278–305.

SCHOLTEN, BEATE: Standard und städtischer Substandard bei Heranwachsenden im Ruhrgebiet. (= Reihe Germanistische Linguistik 88). Tübingen 1988.

SCHÖNBERNER, EGON: Wortschatz des unteren Niederrheins. Unter Mitarbeit von Ingrid Hüskes, Ernst Lamers, Johannes van Lier. Kleve 1998.

SCHÖNFELD, HELMUT: Die berlinische Umgangssprache im 19. und 20. Jahrhundert. In: Joachim Schildt/Hartmut Schmidt (Hrsg.): Berlinisch. Geschichtliche Einführung in die Sprache einer Stadt. Berlin 1992, S. 222–303.

SCHWITALLA, JOHANNES: Gesprochenes Deutsch. Eine Einführung. (= Grundlagen der Germanistik 33). Berlin 1997.

SEIBICKE, WILFRIED: Wie sagt man anderswo? Landschaftliche Unterschiede im deutschen Sprachgebrauch. (= Duden-Taschenbücher 15). 2., neu bearbeitete Aufl. Mannheim/Wien/Zürich 1983.

SICK, BASTIAN: Der Dativ ist dem Genitiv sein Tod. Ein Wegweiser durch den Irrgarten der deutschen Sprache. Köln 2004.

SIEMES, HELENA/PHILIPS, GERD: Kindheit am Niederrhein. Geburt – Erziehung – Schule – Spielwelten. Sammlung und Text H. S., Transkription der Noten und Liedsätze G. Ph. Duisburg 2005.

STACHELHAUS, HEINER: Joseph Beuys. 3. Aufl. Düsseldorf/Wien/New York 1991.

STÄNDER, HEINRICH CARL: Wie säht m'r dit on dat op Düsseldorfer Platt? Kleines Wörterbuch der Düsseldorfer Mundart […]. 3. Aufl. Düsseldorf 1979.

STENKAMP, HERMANN JOSEF: „Verlasung meiner Heimad nach Amerika den 17. April 1847". Das Tagebuch des Heinrich Küpper. In: Jahrbuch des Kreises Wesel 1991, S. 33–38.

STICKEL, GERHARD: Varietäten des Deutschen. Regional- und Umgangssprachen. (= Institut für deutsche Sprache, Jahrbuch 1996). Berlin/New York 1997.

STRAVER, HANS: Breyeller Wörterbuch. Grefrath 1997.

TERVOOREN, HELMUT: Er ist bei mich gewesen. Historische Beobachtungen zur Sprache am Niederrhein im 18. Jahrhundert. In: Geldrischer Heimatkalender 1979, S. 61/62.

TERVOOREN, HELMUT: Der Niederrhein. Zur Entstehung eines Landschaftsnamens. In: Dieter Geuenich (Hrsg.): Köln und die Niederrheinlande in ihren historischen Beziehungen (15.–20. Jahrhundert). Pulheim 2000, S. 9–27.

TERVOOREN, HELMUT: Dialekt, Regiolekt und Standardsprache in Erzählliteratur des Niederrheins. In: Niederdeutsches Wort 42, 2002, S. 117–128.

VEEN, P. A. F. VAN/SIJS, NICOLINE VAN DER: Etymologisch woordenboek. De herkomst van onze woorden. Utrecht/Antwerpen 1997.

VERDAM, J.: Middelnederlandsch Handwoordenboek. Onveranderde herdruk en van het woord *sterne* af opnieuw bewerkt door C. H. Ebbinge Wubben. 's-Gravenhage 1981.

VOLMERT, JOHANNES: Jugend und Ruhrgebietssprache: Die regionale Varietät in der Freizeit – und als Unterrichtsgegenstand? In: Ehlich/ Elmer/Noltenius 1995, S. 53–75.

VRIES, JAN DE: Nederlands Etymologisch Woordenboek. Met aanvullingen, verbeteringen en woordregisters door F. de Tollenaere. De woordregisters op grond van excerpten van Maaike Hogenhout-Mulder. Photomechanische herdruk. Leiden 1987.

WAGENER, PETER/BAUSCH, KARL-HEINZ (Hrsg.): Tonaufnahmen des gesprochenen Deutsch. Dokumentation der Bestände von sprachwissenschaftlichen Forschungsprojekten und Archiven. Bearbeitet und hrsg. von P. W. und K.-H. B. (= Phonai 40). Tübingen 1997.

WAHRIG, GERHARD: Deutsches Wörterbuch. Neu hrsg. von Renate Wahrig-Burfeind. Mit einem „Lexikon der deutschen Sprachlehre". Gütersloh/München 2000.

WEIGT, HANS-GEORG: Ruhrdeutsch: Mischsprache oder „Hochdeutsch auf Klompen"? In: Volkskultur an Rhein und Maas 8, 1989, Heft 1, S. 78–82.

WERNER, JOHANNES: Lexikon des alten Krefelder Platt. Wörter, Wendungen, Redensarten, ihre Bedeutung und ihre Herkunft. Aus dem Nachlaß hrsg., zu Ende geführt und bearbeitet von Paula Coerper-Berker. (= Krefelder Studien 13). Krefeld 2004.

WILHELM, JÜRGEN (Hrsg.): Das große Köln-Lexikon. Köln 2005.

WINKELSTRÖTER(S), HANS: Schwelmer Platt. In: Schwelmer Heimatbrief 67, 1990, S. 48.

WREDE, ADAM: Neuer kölnischer Sprachschatz. Mit Anhang: Altkölnisch, Kölnisch-Ripuarisch, Suchhilfe. 12. Aufl. Köln 1999.

WREDE, FERDINAND: Die Diminutiva im Deutschen. In: Deutsche Dialektgeographie 1, 1908, S. 71–144.

ZEHETNER, LUDWIG: Bairisches Deutsch. Lexikon der deutschen Sprache in Altbayern. 3. Aufl. Regensburg 2005.

ZIFONUN, GISELA: *Dem Vater sein Hut*. Der Charme des Substandards und wie wir ihm gerecht werden. In: Deutsche Sprache 31, 2003, S. 96–126.

Ortsregister

ohne Niederrhein, Rheinland, Deutschland

Personenregister

Wenker, Georg 110, 111
Westerwelle, Guido 56

Zehetner, Ludwig 74
Zwirner, Eberhard 57